U0873976

"十三五"职业教育国家规划教材

实战电商

教育部中等职业教育专业技能课立项教材

中等职业教育
实战型
电子商务规划教材

网店运营

主　编　庄标英
副主编　吴小玲　董夙愿　梁敏婷
参　编　段云璐　简三秀　梁小敏　刘　敏
　　　　马伟霞　许云宋　张少瑜　钟建珍

习题资源　PPT课件　微课视频　电子素材

中国人民大学出版社
·北京·

前言

“网店运营”是中等职业教育电子商务专业的一门核心课程，主要介绍网店运营的基本理论、基础知识和基本技能。本书根据中职生的特点和网店运营人才培养的基本要求，以网店运营的工作岗位为依据，体现理论与实践相结合的编写指导思想，可使学生在学习本书后对网店运营的基本知识和技能有一个较为全面的掌握，为今后的网店运营工作打下扎实的基础。

本书以网店运营的工作过程为导向，以淘宝网为平台，以项目任务式为编写结构，讲述了网店运营的基本知识和技能应用，按网店运营流程展开，从运营、美工、推广、客服四个主要岗位介绍网店运营内容，主要设计了“网店规划”“网店常规”“营销工具”“数据分析（生意参谋）”“我要推广”“活动报名”“无线运营”“运营实例”共八个学习情境。

本书遵循学生的认知规律，以行动导向教学模式为主导，在各学习任务设置了“任务导入”“知识探究”“任务实施”“同步实训”，突出系统化知识的提炼与总结，强调实践能力的培养。

下面以学习情境三中的任务一为例来介绍本书的框架结构：

学习情境三　营销工具

【情境介绍】设计本情境的背景和缘由

【学习目标】知识目标；技能目标

任务一　优惠促销工具

【任务导入】运营针对店铺实际情况下达的任务单

【知识探究】介绍完成任务单需要掌握的知识点

【任务实施】按运营下达的任务要求完成工作任务

【同步实训】为学生设置一个可操作的实训任务

【情境总结】对本情境知识点的总结归纳

【基础训练】对本情境学习内容的模拟训练

【拓展训练】把本情境学习的实操技能应用到自己店铺的训练

全书共分八个学习情境，建议每周 8 学时，共计 144 学时。具体分配如下：

学习情境	内容	理论学时	实训学时	学时合计
学习情境一	网店规划	4	8	12
学习情境二	网店常规	4	8	12
学习情境三	营销工具	4	8	12
学习情境四	数据分析（生意参谋）	12	24	36
学习情境五	我要推广	8	16	24
学习情境六	活动报名	4	12	16
学习情境七	无线运营	4	12	16
学习情境八	运营实例	4	12	16
总计学时		44	100	144

本书由中山市建斌中等职业技术学校庄标英担任主编；中山市建斌中等职业技术学校吴小玲、董夙愿，广东省经济贸易职业技术学校梁敏婷担任副主编；东莞市南华职业技术学校段云璐，中山市建斌中等职业技术学校简三秀、梁小敏，佛山市南海区信息技术学校刘敏，梧州市第二职业中等专业学校马伟霞，韶关市新丰县中等职业技术学校许云宋，中山市东升高级中学张少瑜，东莞市电子科技学校钟建珍参与编写。

庄标英设计完成本书框架并负责统稿。具体分工如下：学习情境一的任务一，学习情境三的任务二，学习情境七的任务一、任务二由庄标英完成；学习情境一的任务二、任务三，学习情境二的任务三、任务四由梁敏婷完成；学习情境一的任务四由张少瑜完成；学习情境二的任务一、任务二由刘敏完成；学习情境三的任务一由许云宋、庄标英完成；学习情境三的任务三、任务四，学习情境七的任务三、任务四由董夙愿完成；学习情境四的任务一、任务二、任务四由马伟霞完成；学习情境四的任务三、任务五、任务六由钟建珍完成；学习情境五的任务一、任务二由简三秀完成；学习情境五的任务三、任务四由段云璐完成；学习情境六由梁小敏完成；学习情境八由吴小玲完成。

本书在编写过程中得到了中山市诸多电商企业的支持和帮助，同时得到了钟鹏、陈佳武、曾令通、詹瑞楷等建斌学子对运营、美工、推广、客服四个岗位的实训支持，在此对诸位的热情参与和帮助表示深深感谢！

本书已力求严谨细致，但由于编者水平有限，书中难免有疏漏与不妥之处，恳请读者提出宝贵意见或建议。

编　者

2018 年 5 月

目录

学习情境一　网店规划 …… 1

任务一　行业分析 …… 2
任务二　竞争对手分析 …… 14
任务三　产品布局 …… 25
任务四　运营规划 …… 32

学习情境二　网店常规 …… 40

任务一　标题优化 …… 41
任务二　主图、详情页优化 …… 50
任务三　上下架布局 …… 65
任务四　新品破零 …… 74

学习情境三　营销工具 …… 82

任务一　优惠促销工具 …… 83
任务二　智能营销工具 …… 95
任务三　客户互动工具——买家秀 …… 102
任务四　淘金币专区 …… 112

学习情境四　数据分析（生意参谋） …… 120

任务一　实时分析 …… 121
任务二　流量分析 …… 140
任务三　商品分析 …… 152
任务四　交易、服务分析 …… 171
任务五　物流、营销分析 …… 183

任务六　取数分析 …… 192

学习情境五　我要推广 …… 211

任务一　免费试用推广小工具 …… 212
任务二　直通车推广 …… 220
任务三　淘宝客 …… 233
任务四　站外推广 …… 247

学习情境六　活动报名 …… 254

任务一　行业营销活动 …… 255
任务二　天天特价活动 …… 260
任务三　淘金币活动 …… 270

学习情境七　无线运营 …… 280

任务一　淘宝达人 …… 281
任务二　无线视频 …… 290
任务三　微淘营销 …… 298
任务四　其他营销 …… 304

学习情境八　运营实例 …… 319

任务一　运营计划制订 …… 319
任务二　店铺运营优化 …… 322
任务三　站内外推广 …… 327

参考文献 …… 329

学习情境一

网店规划

情境介绍

小营是一名中职在校学生，刚学习了如何开设淘宝店铺并发布商品，小营想好好把自己的店铺运营起来，真真切切地进行实操。但是小营没有足够的资金来囤货，于是他到阿里巴巴一件代发寻找货源。对于很多小店主来说，一件代发无疑是最适合不过的，没有资金和库存压力。那么，小营应该选择哪类商品进行网上销售？如何对竞争对手进行分析？哪款商品可作为网店的主推款？如何组建运营团队？小营需要对将要开展的网上开店进行前期筹备和规划。

学习目标

▶ 知识目标

1. 学习行业分析的知识
2. 学习分析竞争对手
3. 学习网店产品的布局
4. 学习运营规划知识

▶ 技能目标

1. 掌握网店的行业分析方法
2. 掌握竞争对手的分析方法
3. 掌握如何布局网店产品
4. 掌握网店运营的规划方法

任务一 行业分析

任务导入

阿里巴巴一件代发是全球领先的微商货源、微店货源、淘宝网店货源的代销分销平台，专业的微商、微店、网店货源批发市场。那么，小营应该选择哪些货源来进行一件代发呢？他应该从哪些方面去进行行业分析？有哪些商品适合在网上销售？主要购买人群是哪些？

知识探究

《孙子兵法》云：知己知彼，方能百战不殆。当接手运营一个网店时，首先要对公司情况、公司产品、市场行情、目标客户人群等有个细致的了解。

一、行业分析的定义和内容

什么是行业分析？所谓行业分析，就是分析这个行业的市场前景如何。简单来说，就是分析卖什么、卖给谁、有多少人愿意购买、愿意花多少钱购买。

为什么要进行行业分析？行业分析主要是为了研究产品在市场的销售潜力，从而帮助经营者采取正确的经营战略。2016 年是淘宝天猫规则频繁变动的一年，严抓刷单。从 2014 年开始，“小而美”是阿里巴巴一个重要的战略，做好行业分析是必不可少的环节。

如何进行行业分析呢？行业分析主要包括线下分析和线上分析。

1. 线下分析

线下分析主要有以下内容：

（1）向工厂要反馈数据，比如哪些产品比较热销，热销产品的具体属性，热销产品的进货商反馈，等等。

（2）向销售产品的商店或者超市了解销售情况。

2. 线上分析

线上分析可以借助工具，常用的数据分析工具主要有：

（1）淘宝网排行榜（https：//top. taobao. com），如图 1－1 所示。

通过淘宝网排行榜基本可以看到每个类目的市场状况，可以查看完整榜单，也可以知道哪些宝贝是热销的，上升最快的，市场的大概趋势是怎样的，基本可以做一个初级的判断。

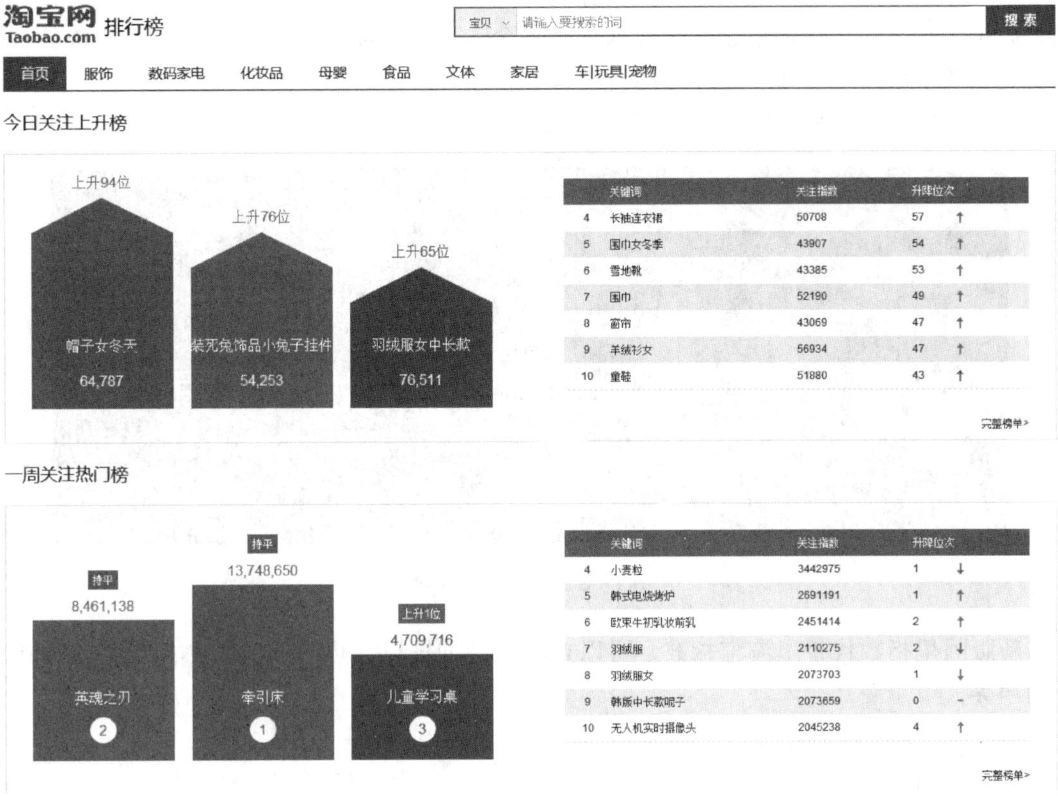

图 1-1　淘宝网排行榜

（2）阿里指数（https：//index. 1688. com），如图 1-2 所示。

图 1-2　阿里指数

阿里指数是淘宝卖家进行淘宝数据分析的一个重要工具，用于行业价格、供应、采购趋势分析，是定位于“观市场”的数据分析平台，旨在帮助中小企业用户、业界媒体、市场研究人员了解市场行情、查看热门行业、分析用户群体、研究产业基地等。

（3）新版阿里指数（https：//alizs. taobao. com），如图 1－3 所示。

图 1－3　新版阿里指数

新版阿里指数代替了淘宝指数，可以查看关键词排行、热门地区、热门类目、分析目标用户等。

（4）百度指数（https：//index. baidu. com），如图 1－4 所示。

图 1－4　百度指数

百度指数能够告诉用户：某个关键词在百度的搜索规模有多大，一段时间内的涨跌态势以及相关的新闻舆论变化，关注这些词的网民是什么样的、分布在哪里、同时还搜索了哪些相关的词，帮助用户优化数字营销活动方案。

（5）360 趋势（http：//trends. so. com），如图 1－5 所示。

360 趋势是基于 360 搜索，通过提取、分析用户搜索行为，提供的大数据分享平台。通过指数查询，可掌握关键字热度趋势，了解用户真实需求，了解关键字搜索的人群属性。

图 1－5　360 趋势

（6）生意参谋（https：//sycm. taobao. com），如图 1－6 所示。

图 1－6　生意参谋

生意参谋集数据作战室、市场行情、装修分析、来源分析、竞争情报等数据产品于一体，是商家统一数据产品平台，也是大数据时代下赋能商家的重要平台。

二、产品信息梳理

产品信息梳理容易被忽视，一些经营者认为其作用不大，其实不然，做好产品信息梳理可以让经营者对产品线有一个细致的了解。

产品信息包括产品名称、货号、型号、颜色、价格、材质、风格等，了解了这些，可以在短时间内了解公司产品，提升工作效率。

三、目标客户精准定位

刚开店的时候，不要把所有消费者都当成你的顾客，也没有一家网店可以把产品卖给所有人。开店的时候尽可能把顾客细分，精准定位自己网店的目标客户。

客户人群不等于消费人群。脑白金就是个例子，消费人群是老人，但是购买人群是青壮年。

产品的使用人群、主要购买人群、次要购买人群的性别、年龄、地域、职业、消费习惯、兴趣分别是什么？产品的高端消费人群、中端消费人群、低端消费人群分别喜欢什么样的产品？购买的动机是什么？购买下单的方式是什么？等等。认真研究你最了解的一群细分客户的最大需求，并销售最适合他们的产品。

任务实施

一、行业分析

1. 类目选择

行业分析就是类目分析，也就是选品的问题，选品的策略如下：

(1) 消耗快，重购率高；

(2) 利润比较高；

(3) 体积小，重量轻；

(4) 售后返修少；

(5) 退货率低；

(6) 熟悉的、了解的行业及产品。

根据阿里巴巴一件代发的类目（如图 1-7 所示），小营选择比较熟悉和了解的日用百货行业（如图 1-8 所示）中的杯子和办公文教行业中的笔进行分析。

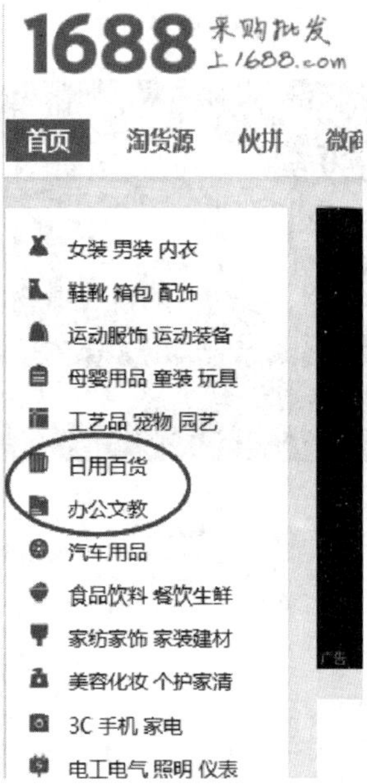

图 1-7 一件代发的类目

2. 利用免费工具进行类目分析

生意参谋的市场行情里，有一个模块“行业洞察”可以对行业进行分析，但是市场行情是付费模块。对于刚起步的经营者来说，可以利用免费工具进行类目大体分析。

(1) 淘宝网排行榜。

利用淘宝网排行榜查找不到杯子、笔所在类目的相关数据，只能查看到服饰，数码家电，化妆品，母婴，食品，文体，家居，车｜玩具｜宠物几个大的类目下的子类目的数据。

(2) 阿里指数。

打开阿里指数，依次查看杯子、笔两个类目关键词的数据。例如，搜索“笔”的数据，在搜索框输入类目关键词“笔”，点击查看“行业大盘”，右边勾选“淘宝采购指数”，底下的拖条可以查看所需的时间段，最长是一年时间，如图 1-9 所示。

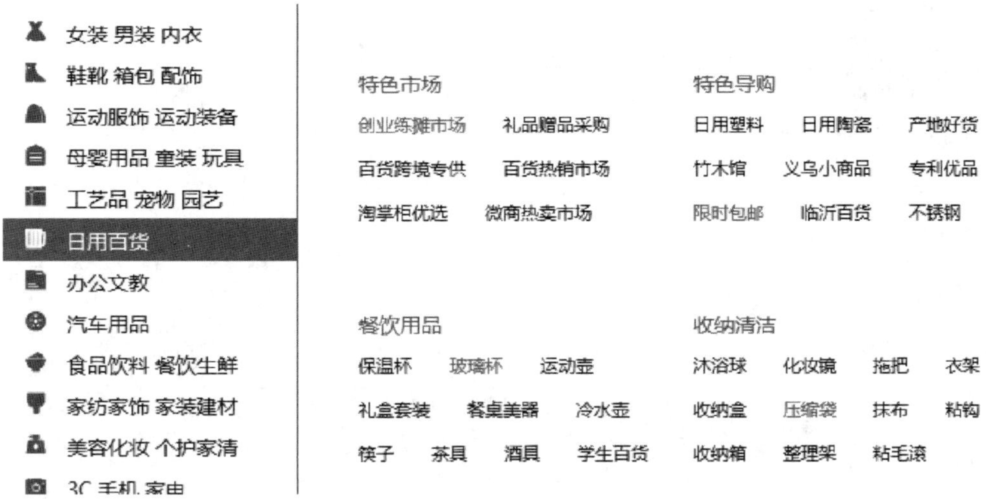

图 1－8　日用百货行业

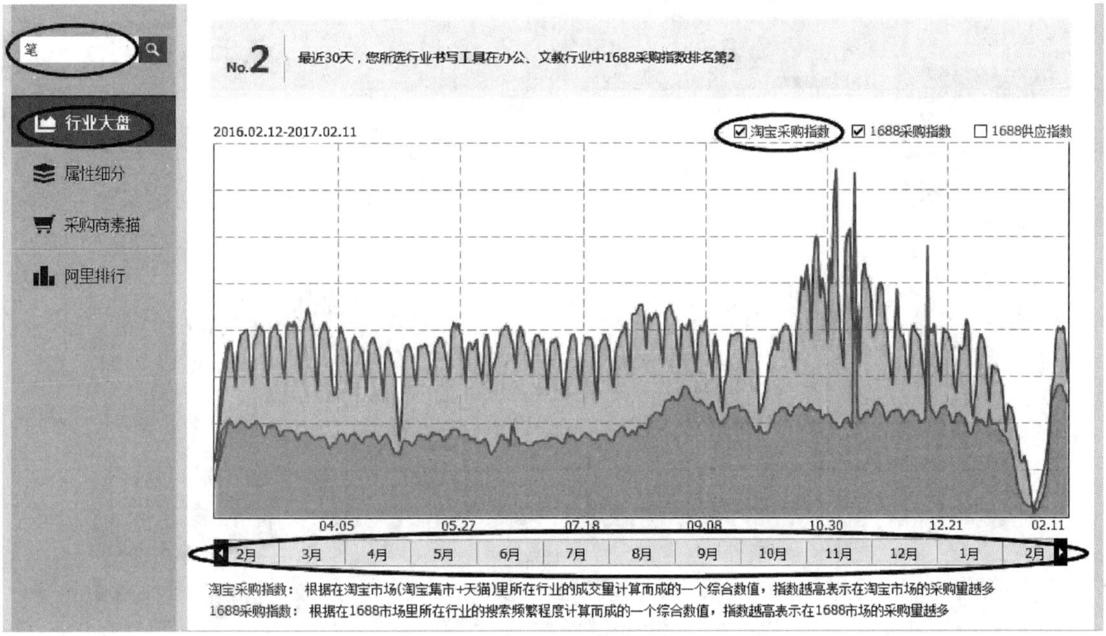

图 1－9　阿里指数搜索

依次查看笔、杯子两个类目关键词的数据，如图 1－10、图 1－11 所示，图片中以方框圈出平均的淘宝采购指数，以圆圈圈出购买的峰值。

(3) 查看淘宝宝贝数。

利用淘宝高级搜索查看淘宝宝贝数，了解宝贝的竞争情况。打开淘宝网首页，点击搜索框右边的“高级搜索”，如图 1－12 所示。

在搜索框输入类目关键词“笔”，如图 1－13 所示。

点击“搜索”，得出宝贝数“共 611.24 万件宝贝”，如图 1－14 所示。

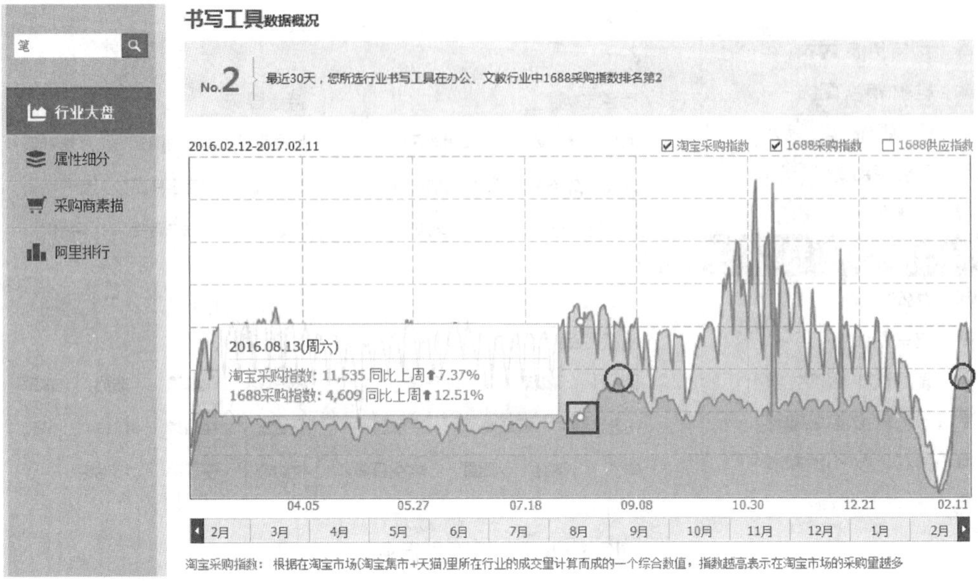

图 1-10　笔的数据概况

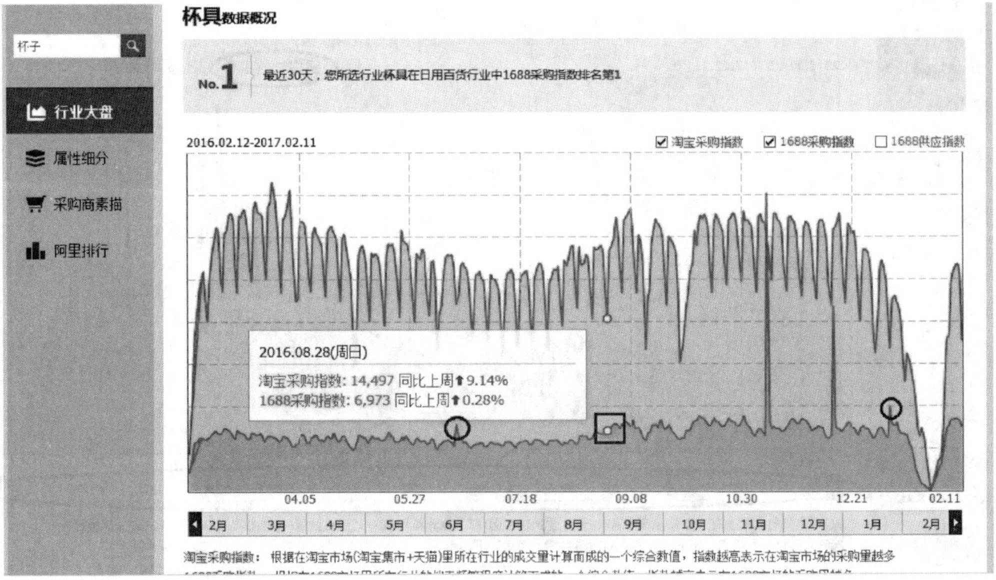

图 1-11　杯子的数据概况

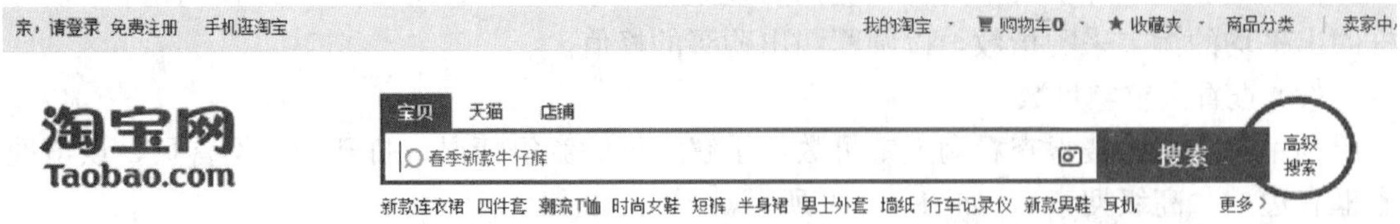

图 1-12　高级搜索功能

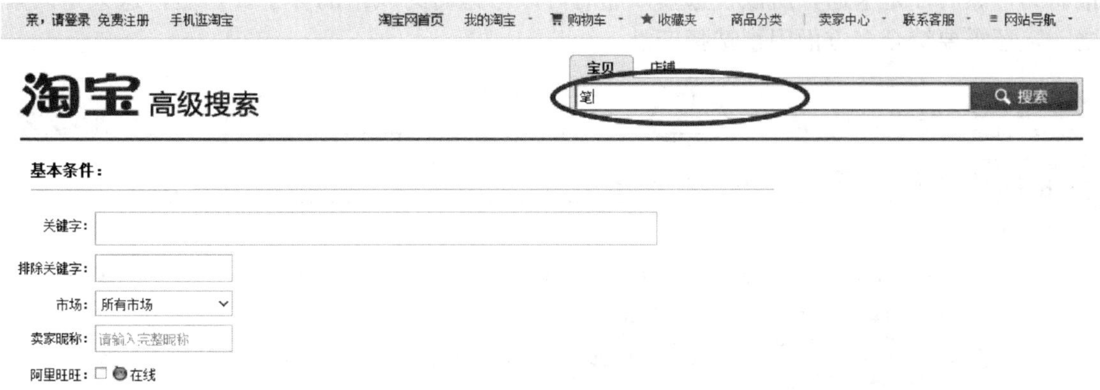

图 1-13　高级搜索框

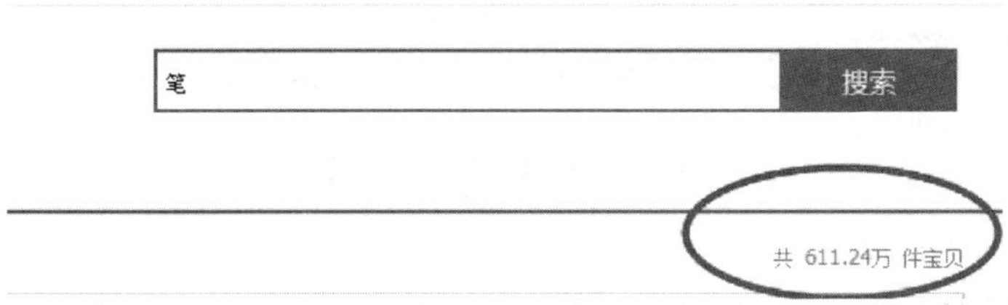

图 1-14　宝贝数

用同样的方法搜索杯子的淘宝宝贝数。将搜索到的数据填入类目分析数据表中，见表 1-1。

表 1-1　类目分析数据表

类目关键词	淘宝采购指数	购买高峰段	淘宝宝贝数
笔	11 535	2 月、9 月开学时段	611.24 万
杯子	14 497	1 月、6 月	234.75 万

经过统计，可以得出以下结论：

第一，杯子的淘宝采购指数比笔的采购指数大，说明杯子的市场容量大，市场容量大代表着产品的发展潜力大。

第二，杯子的数据波动较笔的数据波动小，说明杯子的季节性与需求变化趋势比笔的较小，说明杯子的购买较稳定。

第三，杯子在淘宝网上的宝贝数比笔的宝贝数少，说明杯子的竞争度小。

综合各种数据，可以做市场容量大、竞争度小的杯子类目，再选择杯子中的特色产品。因为产品有特色，竞争度就小，能轻松突围。

3. 细分类目，确定主营产品

（1）细分产品属性。

打开淘宝网搜索页面，搜索类目关键词“杯子”，如图 1-15 所示，可以看到在每一项属性词里，靠左边的属性词是淘宝网主要推荐的标签。例如，从风格上来看，淘宝网主推简约，然后才是卡通，所以在选择产品时可以考虑简约风格的杯子。当然，这只是因素之一，还需要综合多方面因素选择产品。

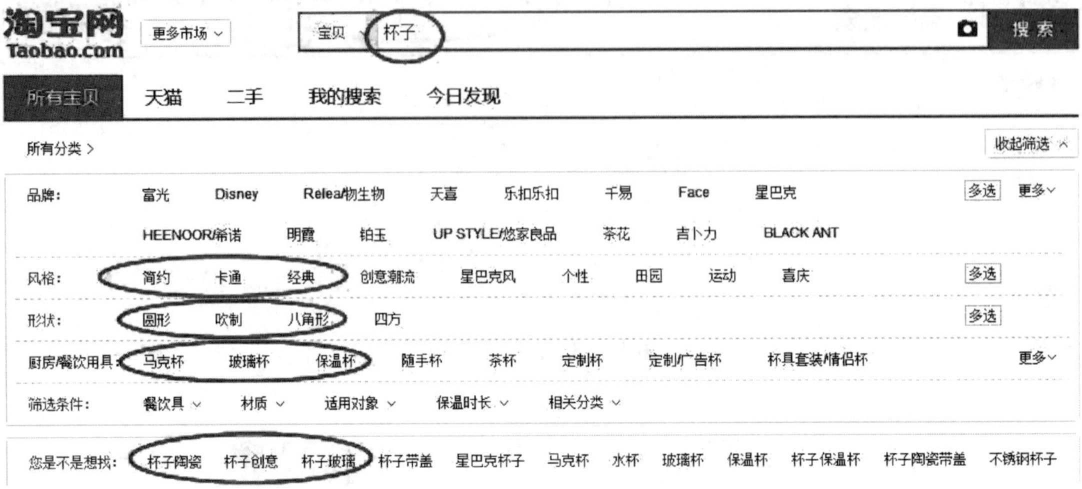

图 1-15 杯子的搜索页

（2）主推的价格区间。

打开淘宝网搜索页面，搜索类目关键词“杯子”，如图 1-16 所示，可以看到主流消费价位为 0～28 元。所以初步认定，这个价格区间的产品可以设定为主打区间产品。

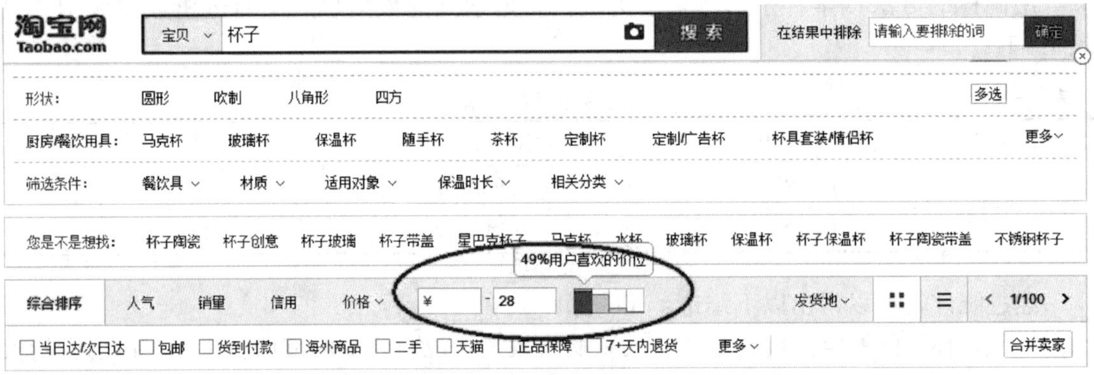

图 1-16 杯子的价格区间

根据数据分析，到阿里巴巴一件代发中选择简约的、卡通的、圆形的、价格在 1～28 元的马克杯、玻璃杯、保温杯，综合考虑产品品牌、厂家实力、代销价格、主图、详情页效果图等因素，挑选 10 件产品，点击“传淘宝”按钮，宝贝即可放到淘宝店铺的仓库中。

二、产品信息梳理

确定好 10 件杯子产品后，制作 Excel 表格进行产品信息梳理，整理结果如表 1-2 所示。

表 1-2　　产品信息表

序号	品牌	发货地	型号	图片	容量	售价（元）（暂定）	活动价（元）	代销价（元）	运费（元）	成本合计（元）	1688 产品链接	备注
1	丑八怪	江苏	m007		300～400ml	29		6.5	7	13.5	https://dgtall. 1688. com/offer/534135236327. html?spm= s26lv. 7663282. 0. 0. zYArpol	
					400～500ml			7.5		14.5		
2	喜喜多	浙江	提环杯（大白）	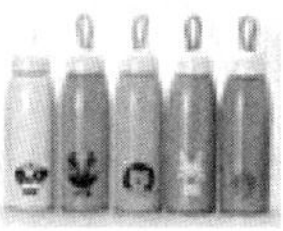	200ml	60		11	6	17	http://deall. 1688. com/offer/500991231098. html?spm=0. 0. 0. 0. Rrsf	
					300ml			12		18		
					500ml			13		19		
3					260ml	30		9	5	14	https://deall. 1688. com/offer/535594601312. html/?spm=0. 0. 0. 0. RraFAG&sk=consign	
					350ml			10.5		15.5		
					500ml			11		16		
4	俏啦	浙江	墙边		300ml	19.9		2.6	5.5	8.1	https://deail. 1688. com/offer/524292607541. html/?spm=0. 0. 0. 0. 4XA9CU&sk=consign	
5	卡西菲	浙江	K5210	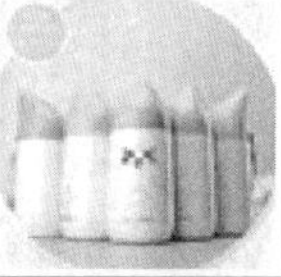	320ml	78		21	8	29	https://deail. 1688. com/offer/523939603668. html/?spm=0. 0. 0. 0. BQIjHq&sk=consign	
6			K620		430ml	39		18～19	8	26～27	https://deail. 1688. com/offer/536541772679. html/?spm=0. 0. 0. 0. efZGHX&sk=consign	
7			K611		400ml	59		18～19	8	26～27	https://deail. 1688. com/offer/533081436733. html/?spm=0. 0. 0. 0. 4XA9CU&sk=consign	

三、客户人群定位

确定了店铺的主营产品之后，接下来要做的就是客户人群分析。客户人群怎么分析呢？这个离不开市场行情的人群画像。生意参谋的市场行情里面，有一个模块“人群画像”可以对客户人群进行定位，但是市场行情是付费模块。借助百度指数或 360 指数，可以有个大概的人群画像。

打开 360 指数，输入关键词“杯子”，点击选择“人群特征”，搜索结果如图 1-17 所示。

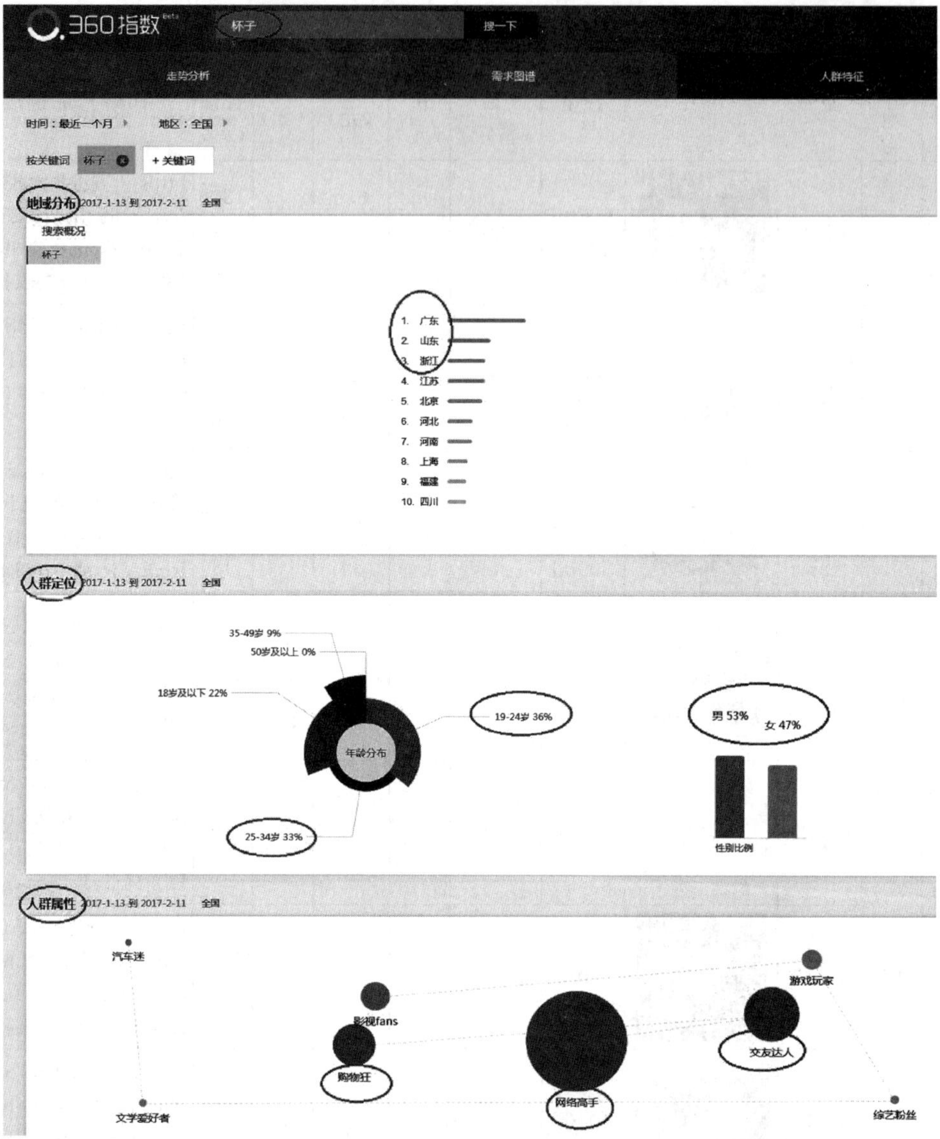

图 1－17 人群定位

可以得出结论：

（1）地域分布主要集中在广东、山东、浙江。

（2）搜索人群主要集中在19～34岁的有网购习惯的年轻人群，19～24岁的比重较大，男性群体占比略高于女性群体。

（3）人群属性主要是“购物狂”“网络高手”“交友达人”。

同步实训

▶ 任务描述

小明的爸爸是一位台灯生产商，学习电子商务专业的小明打算把爸爸工厂的台灯放到

网上销售，请你为小明做一下台灯的行业分析。(台灯资料详见电子素材)

▶ 操作指南

(1) 根据产品确定类目关键词，再利用阿里指数进行类目分析。

产品	类目关键词	淘宝采购指数	购买高峰段	淘宝宝贝数

(2) 根据类目分析结果细分类目，确定哪些产品可以作为网店的主营产品。

主营产品	理由

(3) 梳理主营产品信息并制作 Excel 表格。

货号	品名	品牌	尺寸	材质	重量	颜色	……

(4) 利用 360 指数或百度指数进行客户人群定位。

主营产品类别	客户人群定位

▶ 任务评价

评价内容	分值	评价		
		自我评价	小组评价	教师评价
提炼类目关键词正确	10			
类目分析合理	30			
确定主营产品的理由充分	15			
主营产品信息梳理正确、详细	30			
客户人群定位合理	15			
合计	100			

任务二 竞争对手分析

任务导入

网店大多是借助淘宝、易趣、拍拍、京东等大型网络贸易平台完成交易的。销售同一商品的网店多如牛毛，小营如何才能在众多销售同类商品的网店中脱颖而出，争取做到效益最大化呢？小营需要对竞争对手做深入的了解。

知识探究

一、如何定位竞争对手

需要注意的是，不是所有同一个类目的卖家都是你的竞争对手。那么，谁才是自己真正的竞争对手呢？下面从三个方面来讲述如何定位竞争对手。

1. 产品属性

没有一件产品能满足所有人群的需要。个体的差异化，导致对于同一类产品有不一样的需求。以女包为例，点开淘宝高级搜索，会发现女包的宝贝数有 790 多万个，如图 1-18 所示。

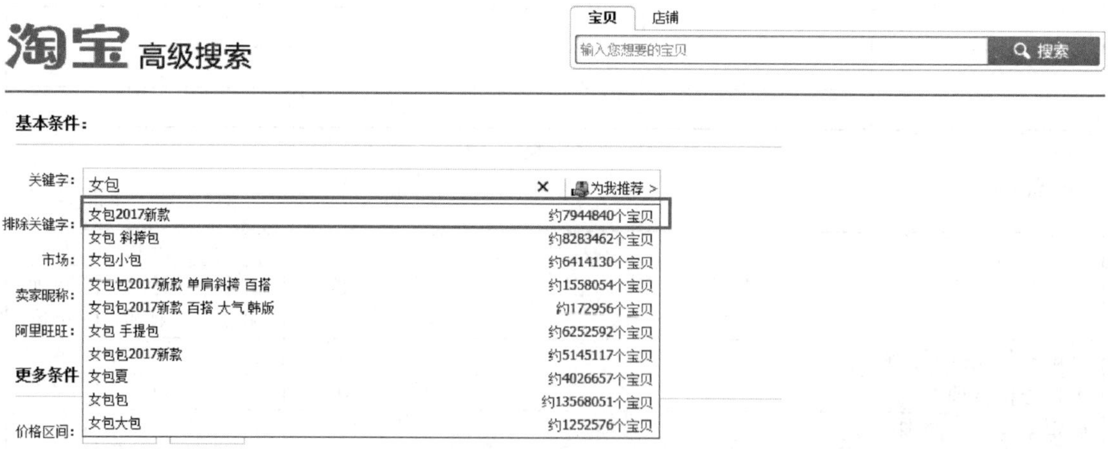

图 1-18　淘宝高级搜索“女包”的宝贝数量

如果单纯从这个角度去考虑的话，竞争会非常大。要想在这么多的宝贝中脱颖而出，对于小卖家而言简直是难于上青天。

但是有一点一定不能忽视，那就是女包的款式、风格、品牌、材质、每个人的购买热点等是非常多样性的。只有相同或相似的宝贝才有可能竞争，这样经过筛选后，竞争对手会少很多。女包这个大类目，在限制条件之后，类似的宝贝只有 1 页，如图 1－19 所示。

图 1－19　设置条件后的“女包”搜索结果

2. 价格

以女包为例，如图 1－20 所示，筛选后的价格带是这样的：25%的用户选择 0～44 元的；53%的用户选择 44～235 元的；16%的用户选择 235～960 元的；7%的用户选择 960 元以上的。这个是官方系统给出的数据，搜索关键词之后，首页就会有显示。当然，如果购买了生意经，那么里面有更详细的数据。根据自己所属的价格区间再一次筛选价格带，有助于剔除很多非真正的竞争对手。

要注意的是，产品的价格一定要根据自己产品的实际情况，并结合全网的价格分布去分析确定。一些卖家有经常变动价格的习惯，宝贝的转化率一下降就打折，提高了就提价。其实这样是很不好的，频繁变动价格，尤其是变动一口价格，极容易因为千人千面的推荐导致降权。

最好的方式就是，分析市场，确定一口价，期间可以微调，但是不可以大幅度或者频繁改动价格。当转化率降低时，可通过关联销售提高销量。

图 1-20　淘宝网“女包”的价格带

3. 销量

确定了产品与价格之后，就可以去了解销量了。你会发现，竞争对手有销量上万的，也有几千几百甚至几十的，如图 1-21 所示。在刚起步的时候，可以选销量为几百几十的卖家作为竞争对手，突出自己的优势，赶超他们，然后再选择新的对手。

二、从哪些方面进行分析

确定竞争对手后，可以通过对竞争对手的店铺和竞争产品的分析来认识和了解竞争对手。

1. 店铺分析

（1）店内结构分析。

对同类店铺，应对其整个框架结构进行分析，可以通过店铺首页、店招、产品分类等找到店内结构进行分析，如图 1-22 所示。表 1-3 所示为某店铺店内结构分析的结果。

（2）营销手段分析。

可以通过店铺首页、宝贝详情页来了解店铺的营销手段。如图 1-23 所示，该店铺海报展示了该店铺“秋装新品 7 折、满 350 减 50、满 500 减 100”的营销信息。

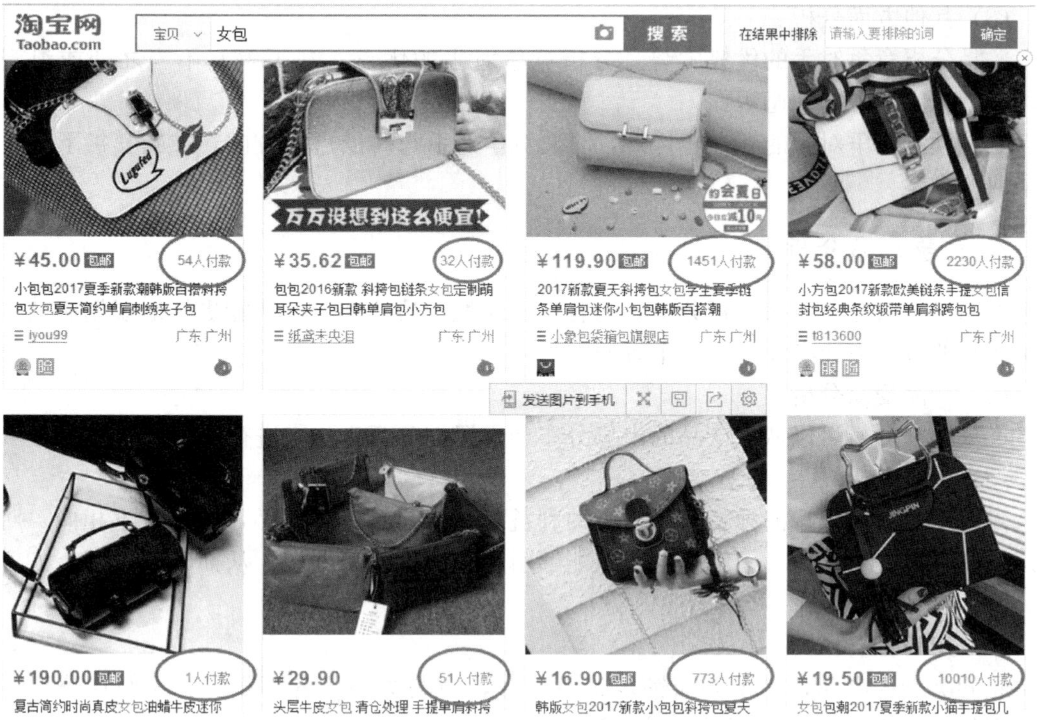

图 1－21　不同“女包”商品的销量

图 1－22　店内结构

表 1－3　店内结构分析

店铺名称	店内结构
××店铺	秋装新品　夏季新品　T 恤　连衣裙　衬衫　休闲裤　牛仔裤　莲灿系列　女鞋　会员中心　品牌故事

图 1－23　店铺营销信息

（3）其他方面分析。

一是分析竞争对手的优势劣势。分析竞争对手的优点，并了解其不当之处或浪费之处，在个人店铺中扬长避短。

二是预测竞争对手的下一步计划，看看竞争对手与时俱进的方向，推断其接下来可能会采取的方案。

2. 竞争产品分析

我们必须对竞争产品进行分析，只有了解同类产品的动态，才能更好地规划店铺。对竞争产品的分析需要考虑以下几个方面：

（1）产品受众分析。

产品受众分析可以从该产品的市场分布和市场细分两方面来进行。

（2）卖点分析。

卖点就是打动客户的独特的最核心的利益点。不同店铺的产品，卖点各不相同。对店铺产品的卖点进行分析，了解哪些卖点能够引起顾客的购买欲望，从而学会挖掘个人店铺产品的卖点。

（3）定价分析。

相同类型的产品，在不同店铺定价不一样，而购买率也各不相同。我们在分析产品时，定价分析也是必不可少的。如图 1－24 所示，鼠标的定价范围是 0～270 元，而 78.6%的鼠标产品定价为 70 元以内，销售量也很高。

图 1－24 淘宝网鼠标产品的价格分析

（4）评价分析。

卖家需要不断地和竞争对手进行对比，淡化对方的优势，并挖掘自身优势，以提高竞争力。

小技巧如下：可以查看买家对竞争对手产品的差评，然后把对方的差评包装成自己的卖点，这样优化出来可以达到不错的效果。图 1－25 所示为买家反馈买的包质量不好，我们若针对此制定好策略，对于提高转化率会有帮助。

图 1－25　某店商品“女包”的差评

（5）详情页优点借鉴。

网店和实体店最大的区别，就是无法面对面交流。客户对于商品的手感、做工、质量等，都是通过图片及文字来了解的。所以，详情页是决定买家最后是否下单不可或缺的因素。我们可以从不同的产品详情页去发现优点，找出适合个人店铺产品的特点，加工为产品的优点。例如，上班族经常对着电脑，手握鼠标，时间长了容易疲劳，详情页里突出鼠标舒适的特性（如图 1－26 所示），能很好地吸引买家的注意。

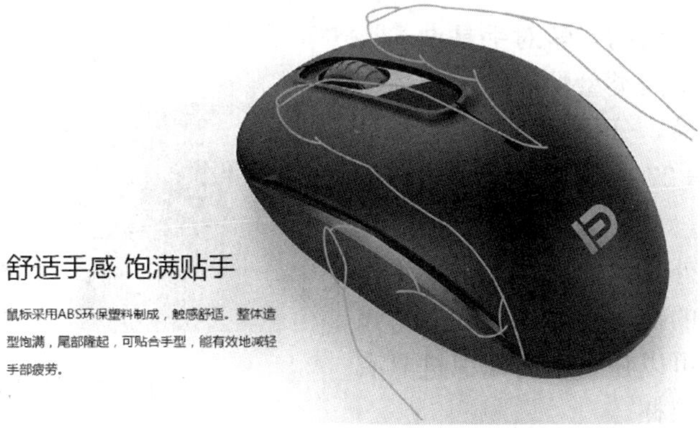

图 1－26　鼠标产品的部分详情页

（6）促销分析。

不同的店铺，选择的产品的促销方式和频率都不一样。卖家需要分析竞争对手与自己相同的促销手段和不同的促销手段。

常用的促销方案有：

1）包装促销。将商品包装二次设计，满足顾客的档次心理。例如，将商品豪华包装，变成礼品。

2）回报促销。添加一些免费式或折扣式的促销内容。例如，免费试用、免单、满就减、返现、包邮等。

3）节日促销。利用一些节日活动做促销，方案可以不新颖，但一定要实在，让利幅度大，善于以点带面。例如，新年红包、会员日特价等。

4）产品特性促销。根据产品的功能特点做促销，如新出的产品可以做新品折扣等。

5）组合促销。利用多购多得的原则进行促销活动，如赠送式促销，买 A 产品送 B 产品；附加式促销，加一元，多一件；搭配促销，A 产品和 B 产品合购享优惠价；连贯式促销，首次购买正价，二次购买半价。

6）临界点促销。设置达到某一标准享促销优惠，如最高额促销，全场 50 元封顶；最低额促销，全场最低 2 折；极端式促销，全网最低价。

7）限定式促销。限定时间或条件进行促销活动，如限量促销（限量销售）、阶梯式促销（早买早便宜）、限时促销（秒杀）、逢时促销（整点免单）。

8）另类促销。另类促销活动也会吸引一些客户的眼球，如稀缺性促销，独家代理；反促销式促销，原价售卖，绝不打折；悬念式促销，价格竞猜。

三、确定竞争对手之后的优化

产品的优化包括标题、价格、主图、详情页的优化。因为在前期已经确定了产品的定位和潜在客户，只要迎合这类人去做主图及详情页优化，就会对转化率有一个很不错的帮助。

任务实施

一、找竞争对手

首先，要明确自己的竞争对手是谁。

玻璃杯行业有不同类型的产品，应根据自己店铺销售的产品，分析其他网店产品的优势。例如，图 1 - 27 所示为某网店产品的展示说明，便携式，带茶漏功能，更人性化的设计，使产品在外形与使用方面达到更好的效果，吸引更多的购买者眼球。知道了该店铺产品的优势，可以在自己店铺引进具有更人性化设计的玻璃杯。

图 1 - 27 某网店的爆款推荐

定位玻璃杯产品竞争对手涉及以下几方面内容。

1. 产品属性

点开淘宝高级搜索，会发现玻璃杯的宝贝数量有 400 多万个，如图 1－28 所示。

图 1－28　淘宝高级搜索“玻璃杯”的宝贝数量

对产品进行筛选，设置限制条件之后，类似的宝贝只有 32 件，如图 1－29 所示。

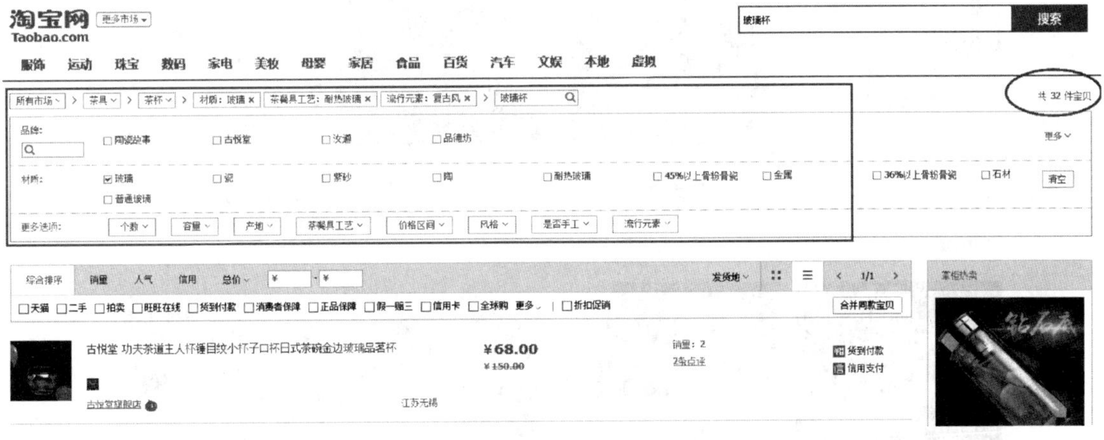

图 1－29　设置条件后的“玻璃杯”搜索结果

2. 价格

在淘宝网搜索“玻璃杯”，综合栏目条中出现价格带，如图 1－30 所示。“玻璃杯”的价格带为：2%的用户选择 0～1 元的；52%的用户选择 1～28 元的；39%的用户选择 28～105 元的；7%的用户选择 105～405 元的。根据自己所确立的价格区间找出竞争对手，比如所设定的价格区域为 28～98 元，只需查看 28～105 元价格区间的商品。

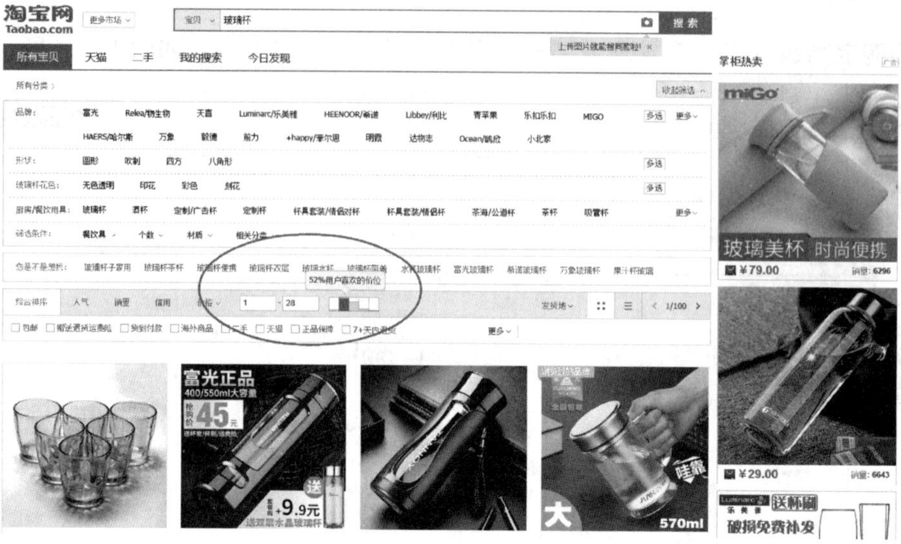

图 1-30 淘宝网“玻璃杯”价格带

3. 销量

刚创建店铺的卖家需要剔除竞争力比较强的对手，应找出销量适中的对手进行分析和对比。可以搜索出销量 100 以内的商品作为竞争对手，如图 1-31 所示。

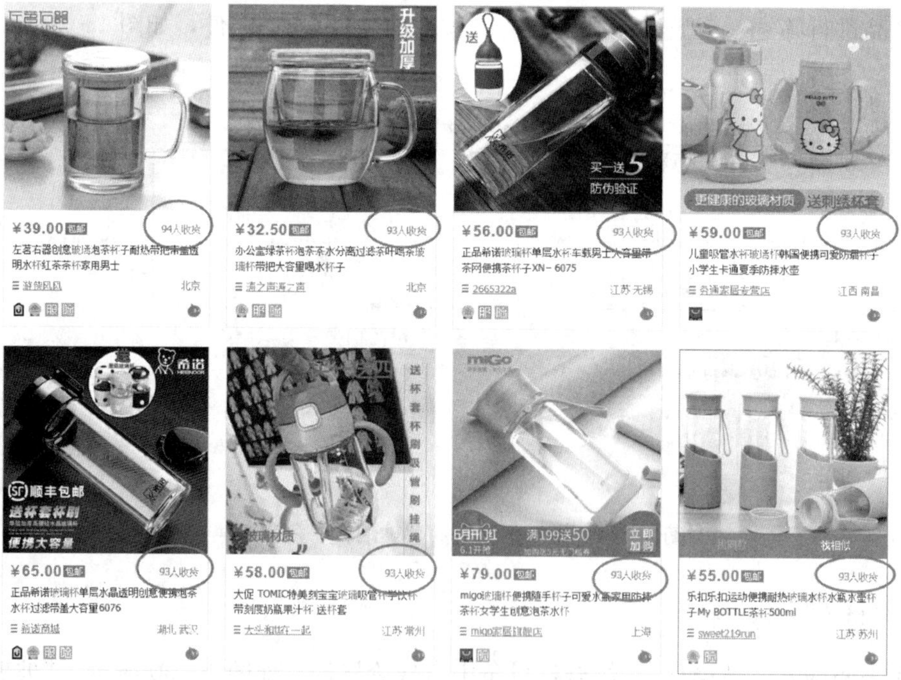

图 1-31 销量 100 以内的玻璃杯商品

二、分析竞争对手的宝贝

从宝贝信息、卖点、定价、评价、详情页、问大家等方面出发，对竞争产品进行分析，得出分析结论，如表 1－4 所示。

表 1－4　　竞争对手的分析结论

序号	竞争对手	产品属性	价格区间	销量	卖点	评价内容
1	疯狂的桃子君	茶具、茶杯、耐热玻璃材质、复古流行元素	28～105 元	100 件以内	复古	塑料味浓、质量有问题
2	姚恋潮流水杯	便携杯、玻璃杯、创意杯	7.9～49 元	6.1 万件	创意形状	容易断裂、掉漆、有异味
3	董小姐玻璃生活馆	保温瓶、密封罐、咖啡杯	3.5～29.9 元	1.3 万件	多功能	玻璃面起泡、有破碎、包装太差
…	……	……	……	……	……	……

三、优化

把对方的差评包装成自己的卖点。如图 1－32 所示，客户反馈塑料味浓，则应针对此制定好策略，商品必须质量有保证，不能有塑料味重的问题，在宣传时可突出强调无塑料味。

图 1－32　某店商品玻璃杯的差评

查看同类商品的评价，统计其差评内容。表 1－5 所示为个人店铺的相似商品差评统计。

表 1-5 个人店铺的相似商品差评统计

序号	差评内容	序号	差评内容
1	杯子味道重	6	色差大
2	玻璃裂缝	7	保温效果差
3	杯盖有缝隙	8	质量有问题
4	杯子容易漏水	9	杯子有缺损
5	杯子生锈	10	杯子掉漆

同步实训

▶ 任务描述

小明想开一个销售台灯的网店，但不了解当下竞争对手的情况，请你为小明做一下台灯的竞争对手分析。

▶ 操作指南

（1）筛选出 5 家竞争对手店铺的信息。

序号	店铺名称	产品属性	价格区间	销量
1				
2				
3				
4				
5				

（2）竞争对手店铺分析。

序号	店铺名称	店内结构	营销手段	其他
1				
2				
3				
4				
5				

（3）竞争产品分析。

序号	产品名称	产品受众	卖点	定价
1				
2				
3				
4				
5				
序号	评价	详情页	促销	问大家
1				
2				
3				
4				
5				

▶ 任务评价

评价内容	分值	评价		
		自我评价	小组评价	教师评价
筛选出的竞争对手店铺合理	25			
对竞争对手店铺分析恰当	25			
对竞争产品分析细致	50			
合计	100			

任务三　产品布局

任务导入

通过对竞争对手的分析，了解了玻璃杯行业的热门品类及消费者的年龄、爱好、消费层级等，对将要开张的店铺已经有了明确的定位，接下来要为店铺选择符合定位的产品布局。

产品布局是店铺运营的重点之一，没有好的布局，很难达到想要的效果。对于新手卖家来说，做好产品布局就是要求适当地进行产品选择规划和产品管理。

知识探究

一、产品的布局

1. 产品布局的要点

（1）如何更容易销售产品。

销售是从别人的改变开始的。当你能够描绘出客户的这种改变，然后把你的产品作为客户改变的一种手段时，产品就会较容易销售。相反，你要是坐在办公室里拼命地去想，去研究一个产品，却根本不知道这个产品适合谁使用、对客户能起什么样的作用，很显然，你的销售难度就会非常大。

（2）如何完美定价。

很多人的定价方法是很直接的，比如：成本是 10 元，加上 40%的利润，所以我的定价应该是 14 元。这种定价方法是错误。还有些人完全参考竞争对手的价格来定价，这也是不对的。真正的定价标准应该聚焦在目标客户的改变上。

2. 产品的经典布局

传统的产品布局是“高低价”错落的，先从低价开始，然后慢慢地升高。当你的店铺有很多产品时，尤其需要这样布局；如果没有这么多的产品，那至少要给客户 3 种选择：好、更好、最好。例如，图 1－33 所示为某店铺销售的购物袋，有低、中、高三种价格层次。

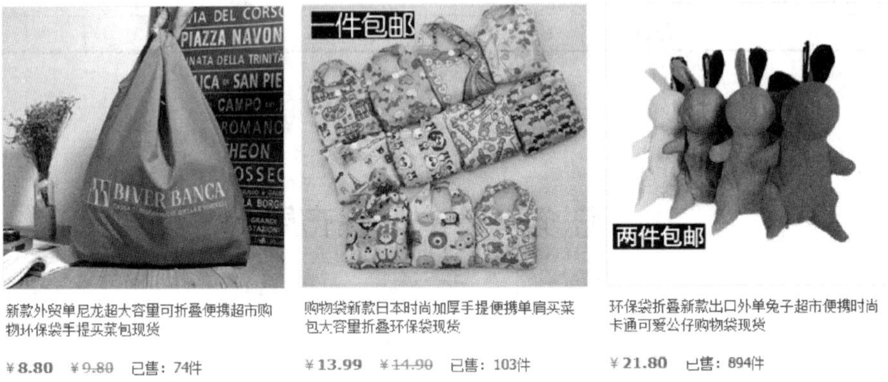

图 1－33 某店铺购物袋商品

传统的产品布局模式，具有如下特点：

（1）价格先低后高，逐渐加大差距。

（2）单一线路或多条线路。

随着客户对店铺信任度的提高，他会越来越倾向于购买高价产品，这个时候商品的价格是适当上升的。

3. 产品布局和关键词布局的关系

产品布局和关键词布局是相辅相成的，合理的产品布局能够将关键词布局的作用发挥得恰到好处，能尽可能地引入尽量多的搜索流量；而合理的关键词布局能让产品布局的效用最大化。

二、店铺的主推款

1. 引流款

顾名思义，引流款就是店铺的主推产品。将一个产品定位为引流款，就意味着这个产品是店铺最大的流量来源通路。引流款的产品，一般选择大部分消费者都能接受的，非小众的产品。而且这部分的产品转化率要好，相较于同样类目属性环境下的竞争对手，有价格或者其他方面的优势。想要精准选择引流款，就要做好数据的测试，尽量选择转化率高、地域限制较少的产品，观察其数据状况，初期可以给予比较小的推广流量，慢慢测试后，再稳步提高。图 1－34 所示为某女装店铺作为引流的商品，白色宽松上衣、棉麻布料都是大部分消费者能接受的，这样的商品能为店铺带来更多销量和流量。

图 1-34　某女装店铺引流款

2. 利润款

将产品定位为利润款，就是要靠此产品为店铺带来更多的利润和销量。因此，这类产品应该占实际营销中的最高比例。

利润款选款时，对数据挖掘的要求比引流款更高。首先，要锁定目标受众，精准分析目标受众的爱好。利润款产品选择的目标受众，应该是某一特定的人群，例如追求个性的、追求潮流的人群。然后，分析适合他们的款式、产品卖点、设计风格、价位区间等，再做出决定。图 1-35 所示为某女装店铺的利润款，该商品风格各不相同，而且利润可观。

图 1-35　某女装店铺利润款

3. 活动款

选择活动款产品，首先要明确产品通过活动要达到的目的是什么，是清库存、冲销量，还是体验品牌。应根据不同的目的，选择不同的方式操作。

以清库存为目的的活动款产品，一般都是些陈旧或者尺码不全的款式，这样就必须牺牲客户对品牌的体验，那么低价出售就是弥补客户心理的一个最好的方式。图 1-36 所示为某女装店铺清仓商品，降低价格来增加销量，达到清库存的目的。

图 1-36　某女装店铺活动款

4. 形象款

形象款的主要目的是提升品牌形象。应该选择一些高品质、高调性、高客单价的小众产品作为形象款。但是形象款仅仅是产品销售的极小部分，店铺只需设置 3～5 款即可，应该把重点放在之前三个款的产品上。图 1－37 所示为某文具店主推的几款商品，商务皮面加厚记事本、持久耐用的 A4 文件资料夹、书写流利的水性笔、A5 硬面复古商务记事本和彩色多功能桌面收纳笔筒都是该店铺高品质、高质量的商品，能作为形象款进行推广。

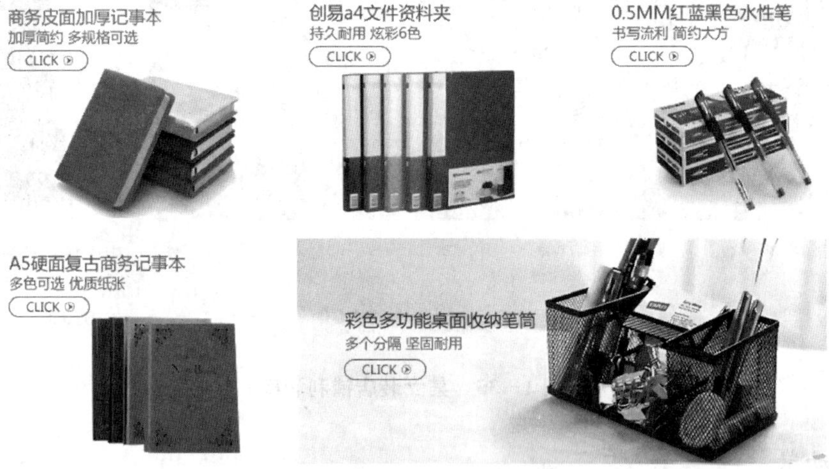

图 1-37　某文具店形象款

总而言之，想要做好产品差异化，就要把店铺的产品定位成引流款、利润款、活动款和形象款这四种形式，以提高产品的转化率，让店铺获得更多销量。

任务实施

店铺现有 10 款水杯，现在需要给这 10 款水杯进行定位，确定店铺的主推款。

具体的操作步骤如下。

一、明确商品定位和了解商品

进货时须认真考虑，仔细挑选，店铺中所有单品的选择均要符合店铺的风格、人群、价格定位，且须考虑引流款和利润款。

现店铺定位为简约、时尚、可爱风格。10 款商品的具体情况如表 1－6 所示。

表 1－6　　店铺商品水杯的具体情况

商品序号	商品名称	价格（元）	库存	利润（元）	购买人群
1	爱心玻璃时尚高硼硅学生水杯车载杯子	29	393	13.5～15.5	学生
2	女士提环真空不锈钢保温杯定制杯	60	900	17～19	女士、上班族
3	韩国可爱创意不锈钢女士儿童保温杯	30	600	14～16	儿童、女士
4	卡通布套带盖情侣儿童玻璃杯定制 Logo	19.9	500	8.1	学生、商店批发
5	韩版时尚可爱水滴保温杯	78	800	29	儿童、学生、上班族
6	高档新款骑士玻璃杯运动水瓶	39	397	26～27	男士、上班族
7	玻璃杯木纹高档带茶隔加厚玻璃杯	59	1 000	26～27	上班族
8	保温保冷杯不锈钢真空运动水壶	59	1 199	23	上班族、爱运动人群
9	防烫耐高温可定制 Logo 玻璃企鹅杯	19.9	400	8.8	学生、女士
10	带布套杯玻璃杯便携随手水杯	19.9	800	10.5	学生、上班族、送礼

二、商品定款

1. 引流款

所选择的引流款商品必须是畅销商品，以吸引更多的客流，为店铺增加流量。

商品 10“带布套杯玻璃杯便携随手水杯”，其便携的特点适合各种人群的需求，布套构造更显商品的人性化，而且库存充足、利润适中，作为引流款是必然选择。

商品 4“卡通布套带盖情侣儿童玻璃杯定制 Logo”价格较低，可以吸引更多的购买者，且与商品 10 的特点不同，能吸引不同类别的消费者。

2. 利润款

从表 1－6 可看出，利润最大的是商品 5“韩版时尚可爱水滴保温杯”，购买人群也较广泛，能从中获取更大的销量和利润，所以选择商品 5 为利润款。商品 6 和商品 7 特点突出，一个是运动款，一个是带茶隔，各具特色，利润也较高。

3. 活动款

商品 2 与商品 4 是类似款式，其特点相对商品 4 会比较有优势，这样的商品我们可以搞一些促销活动，增加销量。

商品 3 主要为某一人群适用，购买者不多，我们可以把其作为活动款，比如降低价格，吸引购买者。

4. 形象款

商品 1、商品 8 和商品 9 材质较好、特点鲜明，而且风格不一，适合不同消费者的需求，可作为形象款提升品牌形象。

商品定款汇总如表 1-7 所示。

表 1-7 商品定款

序号	定款类别	定款商品序号
1	引流款	商品 4、商品 10
2	利润款	商品 5、商品 6、商品 7
3	活动款	商品 2、商品 3
4	形象款	商品 1、商品 8、商品 9

三、发布宝贝

根据不同的定款发布商品，为商品设置不同的促销信息和属性，如图 1-38 所示。

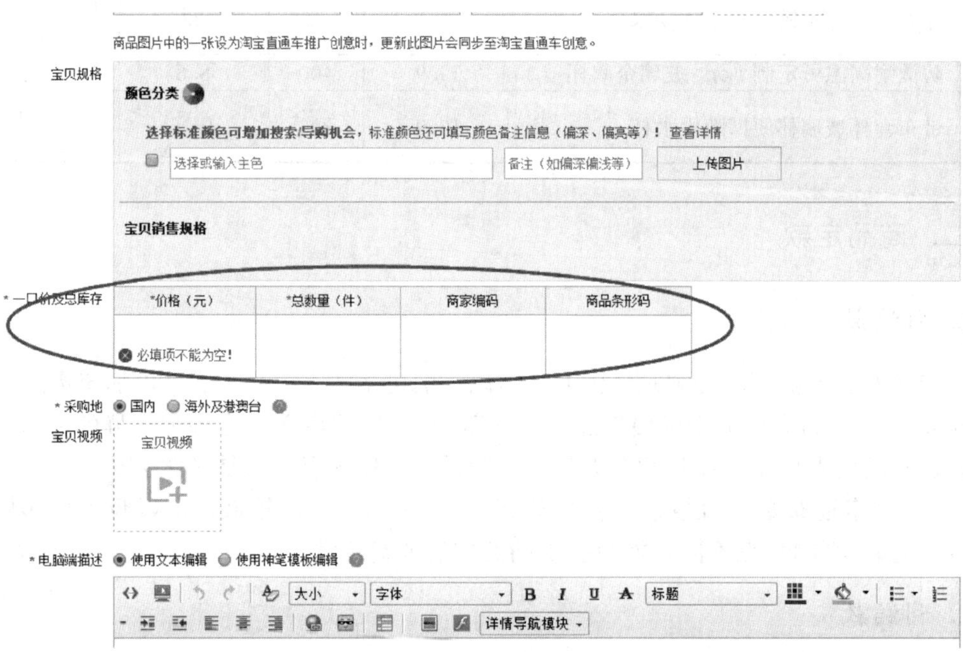

图 1-38 发布宝贝

同步实训

▶ 任务描述

请根据下表中的信息帮助小明选出合适的商品款式，并发布商品。

商品序号	商品名称	价格（元）	库存	利润（元）	购买人群
1	LED可充电夹子台灯	27.8	1 993	18.8	学生
2	USB可充电灯管台灯	20.9	1 298	5.9	学生
3	LED射灯座式壁灯顶灯照画灯背景墙灯	31	1 359	11	商店、小区家庭
4	床头灯插电调光小夹台灯	33	10 201	13	学生、上班族
5	长杆天花照画灯壁灯电视背景墙灯	49	3 906	11	商店、小区家庭
6	可移式塑胶外壳台灯	46	1 661	11	学生、上班族
7	触摸感应小夜灯充电小台灯	38	3 079	10	学生、家庭、上班族
8	LED光控声控遥控开关小夜灯	45	500	10	学生、家庭、上班族
9	LED可调光充电护眼学习书桌灯小台灯	59	1 440	19	学生、上班控
10	节能创意卧室旋钮调光床头台灯	59	1 276	29	学生、家庭、上班族

▶ 操作指南

（1）明确商品定位。

风格定位	
人群定位	
关键词定位（子类目定位）	
价格定位	

（2）挑选商品款式。

商品的款式＼分析内容	市场趋势	竞争程度和利润空间	目标客户喜爱	是否在全网热销的价格区间	货源是否稳定、可控

（3）商品定款。

定款类别	商品名称	商品数量
引流款		
利润款		
活动款		
形象款		

▶ 任务评价

评价内容	分值	评价		
		自我评价	小组评价	教师评价
商品定位合理	25			
商品款式挑选恰当	35			
商品定款准确	40			
合计	100			

任务四 运营规划

任务导入

小营在行业分析、竞争对手分析的基础上，对产品进行了布局，店铺的雏形形成了。接下来，小营需要组建自己的电子商务运营团队。他该如何组建自己的运营团队？如何做网店预算？如何制定方案？

知识探究

马云说："我们不能统一人的思想，但我们可以统一人的目标。"这就需要制定运营规划，统一团队目标。

一、运营规划的概念

运营规划指的是一个网店运营向正常目标前进所需要制订的有预见性的进程性计划。不管是网店的运营，还是项目的运营，运营规划是不可或缺的，有了具体合理的运营规划，才能有条不紊地按规划进行。认真落实运营规划，可以使网店销售达到预期的效果。

二、运营规划的流程

1. 销售目标的制定及分解

运营规划必须要有清晰的目标，例如：网店的销售目标是多少？制定这个目标的理由是什么？如何分步实现这个目标？过程中的风险是什么？如何规避或解决？

2. 运营团队建设

一个完整的运营团队需包含的岗位如表1－8所示。每个成员都必须清楚自己的职责，知道自己该干什么，各司其职，提高工作效率。

表 1－8　　运营团队所需岗位

岗位	职责
运营	协调各岗位工作，制订全年目标和计划，负责商品选款、定价并进行营销
拍摄	负责产品整体图、细节图、场景图等的拍摄
文案策划	负责商品卖点、详情页、店铺首页、活动页等内容的文案撰写
美工	负责图片处理，主图、海报、商品详情页设计，活动页、专题页及整个店铺的装修等
推广	负责产品淘宝站内外的引流、SEO、直通车推广、钻石展位推广、活动报名及其他推广等
客服	负责售前整理常见问题、咨询导购，售中订单处理，售后退换货等
财务	负责统计日常收入与支出
仓管	负责仓储、库存、物流管理、打包、配单、发货等

3. 运营费用的预算

在网店运营前，需要对网店运营的预算进行规划。淘宝个人店铺一般包含以下几项预算：

（1）保证金 1 000 元（必需）。

（2）店铺工具费用（选用），详见表 1－9。

表 1－9　　店铺工具费用

工具		费用
生意参谋市场行情	标准版	900 元/年
	专业版	3 600 元/年
生 e 经	加强版	170 元/年
	专业版	500 元/年
超级店长	初级版	129 元/年
	中级版	229 元/年
	高级版	279 元/年
	专业版	600 元/年
旺铺	专业版	600 元/年
	智能版	1 188 元/年

（3）推广费用，详见表 1－10。

表 1－10　　推广费用

项目	费用	项目	费用
直通车	开通需充值 500 元，点击扣费	淘宝客	佣金扣费
钻展	点击扣费	淘宝达人	佣金扣费

（4）员工费用（估值），详见表 1－11。

表 1－11　　员工费用

岗位	工资	岗位	工资
运营	5 000 元/月	客服	3 000 元/月
推广	4 000 元/月	财务	3 000 元/月
拍摄	4 000 元/月	仓管	3 000 元/月
美工	4 000 元/月		

(5) 快递费用。大约 5 元/单。

当然，店铺运营实际花费与前期预算会有出入，需要根据店铺运营利润适时调整。

4. 运营计划的制订

运营计划根据时间长短可以有近期计划、中期计划和长期计划。近期计划一般时间跨度为 1 个月到半年，以更好地观察运营的效果。中期计划半年到 1 年。长期计划则要根据店铺的最高目标来具体制定。

运营计划需要包含销售目标的制订与分解、运营流程及团队分工、运营费用的预算及前期工作安排等项目。

任务实施

小营根据运营规划要点，制订网店运营计划书。

一、销售目标及分解目标

考虑到目前网络市场杯子的销售及自身店铺（刚起步）情况，小营把年销售目标确定为 2.4 万元，在不亏本的情况下实现小幅盈利。从 2 月份开展准备工作，包括行业分析、竞争对手分析、产品布局，从 3 月份开始正式运营。考虑到产品的淡旺季问题，选择玻璃杯和保温杯两类产品，以保证全年有旺季商品销售。销售目标分解见表 1-12。

表 1-12　网店销售目标分解计划表

月份	3 月	4 月	5 月	6 月	7 月	8 月	9 月	10 月	11 月	12 月	1 月	2 月
分解指标（元）	1 000	1 500	1 500	2 000	2 000	3 000	2 000	2 000	3 000	3 000	2 000	1 000

6、7、8 月份是玻璃杯的销售旺季，10、11、12 月份是保温杯的销售旺季，这几个月定得稍微高点，2 月份为春节，目标稍微下调。

二、运营团队组建

刚运营的店铺，起初规模较小，为了降低运营成本，只设定运营、推广、客服、美工各 1 名人员以保证网店的基本运营（见表 1-13），后期随着发展可不断添加人手。

表 1-13　运营团队

岗位	职责	人员
运营	协调各岗位工作，制订全年目标和计划，负责产品选款、定价并进行营销（兼职文案、财务工作）	小营
推广	负责产品淘宝站内外的引流、SEO、直通车推广、活动报名及其他推广等	小广
美工	负责图片处理，主图、海报、商品详情页设计，活动页、专题页及整个店铺的装修等	小美
客服	负责售前整理常见问题、咨询导购，售中订单处理，售后退换货等	小服

三、运营费用预算

缴纳 1 000 元保证金；因资金支持有限，不购买店铺工具，尽量用免费工具，待到有盈利再考虑购买店铺工具；开通直通车充值 500 元，总共 1 500 元预算投入。

四、前期具体工作安排（2 周）

前期具体工作安排见表 1－14。

表 1－14　前期具体工作安排

工作岗位	工作名称	工作内容	说明	人员
运营	选款定价	市场数据分析，竞争产品分析，进行选款定价	制作产品型号、说明、产品成本表等	小营
	标题优化	对选好的 10 款产品进行标题优化	每个标题要能充分利用 30 个字符，突出产品特点+卖点等	小营
美工	店铺装修	PC 端和手机端的店铺首页装修	确定店铺风格、主色调，重点优化手机端店铺首页	小营、小美
	产品描述页	为每一款产品发掘卖点，撰写营销文案，优化设计页面	美工配合运营优化，将流量最大限度地转化成订单	小营、小美
推广	产品上架	产品分类，上传图片，上架 10 款产品进行销售	注意优化上架时间	小广
	新品破零	引流款新品破零	必要时可人工干预销售	小广
客服	客服培训	客服学习产品知识	熟悉产品，设置快捷语	小服

同步实训

▶ 任务描述

小明通过对台灯行业、竞争对手的分析后，决定找几个同学一起开设一家台灯淘宝个人店铺，请你为他组建运营团队。

▶ 操作指南

（1）岗位工作能力分析。

请在自己具备的工作能力相应项目处打“√”，工作能力稍弱的相应项目处打“○”，哪个岗位打的“√”多，代表适合做哪个岗位的工作；哪个岗位打的“○”多，说明具有适合哪个岗位的潜力。

岗位	能力要求	具备	稍弱
运营	定位市场的能力		
	查看数据的能力		
	诊断店铺的能力		
	布局产品的能力		
	全局把控的能力		
	人群定位的能力		
	营销策划的能力		
	数据汇总的能力		
拍摄	有拍摄技术		
	有一定的构图能力		

续前表

岗位	能力要求	具备	稍弱
文案策划	撰写软文的能力		
	卖点挖掘的能力		
美工	图片处理的能力		
	把握色彩的能力		
	有良好的创意构思能力		
	有良好的审美观		
	有一定的文字功底		
	视频制作的能力		
推广	了解推广工具的能力		
	学习能力强		
	探索创新能力		
	分析汇总能力		
	团队沟通能力		
	借势营销的能力		
客服	出色的语言组织能力		
	有耐心		
	打字速度快		
	熟悉产品知识		
	熟悉淘宝天猫规则		
	熟悉物流快递		

（2）列出能胜任的工作岗位。

（3）找到具有不同岗位工作能力的同学组成一队（4～5 人），明确分工，填好表格。

工作岗位	岗位职责	人员

▶ 任务评价

评价内容	分值	评价		
		自我评价	小组评价	教师评价
明确自己的岗位工作能力	20			
清楚运营岗位设置	20			
运营团队组建合理	40			
人员明确，分工合理	20			
合计	100			

情境总结

- 网店规划
  - 行业分析
    - 行业分析的定义和内容
      - 线下分析
      - 线上分析
    - 产品信息梳理
    - 目标客户精准定位
  - 竞争对手分析
    - 如何定位竞争对手
      - 产品属性
      - 价格
      - 销量
    - 从哪些方面进行分析
      - 店铺分析
      - 竞争产品分析
    - 确定竞争对手之后的优化
  - 产品布局
    - 产品的布局
      - 产品布局的要点
      - 产品的经典布局
      - 产品布局和关键词布局的关系
    - 店铺的主推款
      - 引流款
      - 利润款
      - 活动款
      - 形象款
  - 运营规划
    - 运营规划的概念
    - 运营规划的流程
      - 销售目标的制定及分解
      - 运营团队建设
      - 运营费用的预算
      - 运营计划的制订

基础训练

网店运营计划书

一、实训任务

请根据运营规划要点，制订台灯网店运营计划书。

二、任务实施

1. 设定销售目标及分解目标

（1）销售目标。

（2）设定该销售目标的理由。

（3）销售目标分解表。

月份	月	月	月	月	月	月	月	月	月	月	月	月
分解指标（元）												

（4）目标分解的理由。

2. 运营团队组建

（1）计划设定哪些岗位？理由是什么？

（2）岗位责任及人员分配。

岗位	职责	人员

3. 运营费用预算

项目	预算费用

4. 前期具体工作安排

名称	工作内容	说明	人员	完成时间

三、任务评价

评价内容	分值	评价		
		自我评价	小组评价	教师评价
设定销售目标理由充分	10			
目标分解合理	20			
运营团队组建分工合理	30			
运营费用预算理由充分	20			
前期具体工作安排合理、详细	20			
合计	100			

拓展训练

通过对本情境的学习，请你从行业分析、竞争对手分析、产品布局、团队建设等方面为自己的店铺做一下运营规划。

学习情境二

网店常规

情境介绍

通过前期的筹备和规划，小营对网店经营有了初步了解，也已经开通了自己的网店。他发现开网店其实是个很复杂的过程，店铺包装必不可少。“人靠衣装，马靠鞍”，漂亮的店铺不但吸引顾客的眼球，自己打理起来也心情舒畅，因此网店需要细心的装潢。买家主要通过主图来了解商品，因此为商品拍摄一张完美的主图至关重要；买家进入商品页面后，只有符合他们的审美习惯和满足他们的信息需求的详情页，才会产生销量，所以需要做好商品的详情页优化。此外，商品上下架的布局优化直接影响商品在搜索页面中的排名等，也需要予以重视。

学习目标

▶ 知识目标

1. 了解和学习标题优化知识
2. 了解并掌握主图、详情页优化方法
3. 了解和学习商品上下架布局方法
4. 了解并掌握新品破零的技巧

▶ 技能目标

1. 能够运用学过的知识进行标题优化
2. 能够运用学过的知识进行主图、详情页优化
3. 能够运用学过的知识进行商品上下架布局
4. 能够运用学过的知识进行新品破零

任务一　标题优化

任务导入

小营的淘宝店铺经营的产品是玻璃杯。在经营过程中他发现，客户想要找到商家的宝贝，正常入口是在淘宝网首页输入关键词进行搜索，宝贝通过标题里的关键词展现到客户面前。为了节省成本，自然搜索等免费流量的提升成为普通淘宝店店主的首要选择，而优化标题则是优化自然搜索的第一步。

小营逐渐认识到：标题是一个不断优化的过程，不是做好了标题放在那里就可以不用再管了，而是要通过不断的后续优化才能真正达到转化成流量的目的。于是标题优化成为他当前迫切需要做好的工作。

作为新手，小营很担心自己对标题优化的细节没有把握好，从而导致标题很差，流量和展现都不好，进而影响到店铺的转化成交。根据标题优化的需要，小营制定了以下任务单（见表2－1）。

表2－1　任务单

岗位	工作项目	具体要求	完成时限	验收
运营	标题优化	为骑士魔法玻璃杯写作标题和优化	2课时	
美工	主图、详情页设计	为骑士魔法玻璃杯制作主图和详情页	2课时	
客服	熟悉商品卖点	掌握骑士魔法玻璃杯的卖点	2课时	
推广	关键词收集	为骑士魔法玻璃杯的标题收集关键词	2课时	
验收人				

知识探究

很多新手卖家在标题优化实践过程中，急匆匆地为宝贝填写了一个自己觉得非常棒的标题，接着就是为了提升店铺宝贝的搜索流量，使出了浑身解数。常见的方法有优化主图、降低价格、参加活动等。最初，这些方法好像起了作用，时间长了却发现其实作用不大。

对于新手卖家来说，问题的症结在于忽略了宝贝标题的重要性，使得店铺的免费流量一直处于瓶颈之中，难以有较大的突破。

宝贝标题是宝贝搜索流量的入口，买家之所以能够搜索到宝贝，是因为宝贝标题里面包含了这些关键词。买家只有通过搜索宝贝标题里存在的关键词，才能在购物时搜索到宝贝。

宝贝标题是由一个一个的关键词组合拼凑而成的。

一、确定核心关键词

1. 什么是核心关键词

买家通过搜索的词找到要购买的产品，这个词就是关键词。核心词是能精准表达产品且字数比较少的词，如果把这个词拆分，意思就会变。核心关键词有以下几类：核心词＋属性词，例如：连衣裙雪纺；核心词＋营销词，例如：连衣裙包邮；核心词＋品牌词，例如：连衣裙 ONLY。

2. 什么样的词不适合作为核心关键词

（1）核心词，但是和子类目不符的词。例如：卖家是卖女童棉衣的，则“棉衣”是一个很大的词，不属于童装精准核心关键词。

（2）过多修饰的词，这样的词搜索指数较低，例如“新潮中长款女童加厚保暖棉衣”。

（3）与宝贝属性不相符的词，若宝贝属性是“宽松”，则“修身”这样的词不可以作为核心关键词来使用。

3. 什么样的词可以作为核心关键词

（1）行业的精准热搜词，例如：女童棉衣。

（2）精准热词＋属性词，例如：女童棉衣韩版、女童棉衣中长款、女童棉衣加厚等。

4. 如何找核心关键词

收集核心关键词的方法有很多，常见的有系统推荐词、下拉框词等。但用这些方法选择的词几乎都缺乏数据作为支撑，只能勉强凑合成一个标题，离一个优秀的标题还差得很远。收集核心关键词，需要数据作为判断的依据。

（1）搜索条下拉框。缺点是没有后台数据支撑，如图 2－1 所示。

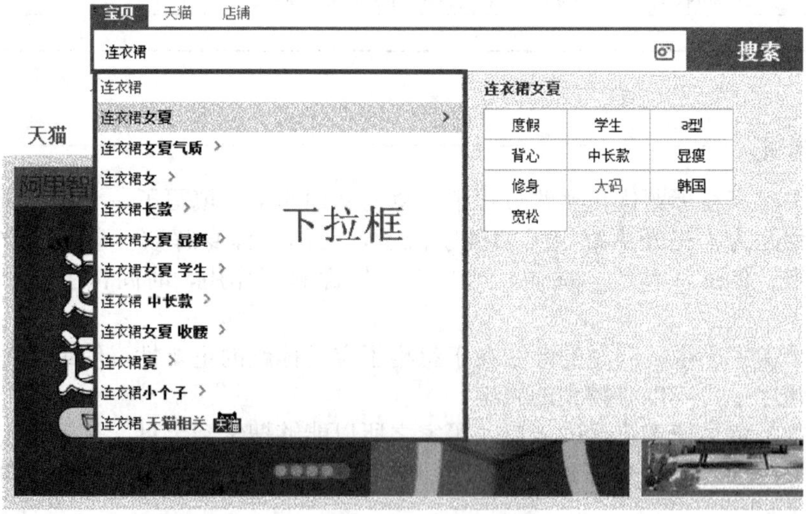

图 2－1 搜索条下拉框

（2）搜索上升榜。打开网址：https：//top.taobao.com，点击服饰，进入搜索上升榜，通过查看关键词的关注指数与升降位次，从中筛选出合适的词，例如：“红色连衣裙”关注指数高、排行靠前，就是一个符合卖家需求的好词，如图 2－2 所示。

排名	关键词	关注指数	升降位次	升降幅度
1	红色连衣裙	631.2	46 ↑	100% ↑
2	包臀裙	527.9	28 ↑	100% ↑
3	出口	521.6	25 ↑	25.3% ↑
4	长裙女夏2017新款	514.1	24 ↑	100% ↑
5	民族风女装	504.3	22 ↑	100% ↑
6	真丝	703.3	20 ↑	32.8% ↑
7	zara	642.8	16 ↑	23.9% ↑
8	女夏装2017新款	706.2	12 ↑	23.5% ↑
9	沙滩裙	844.7	11 ↑	32.4% ↑
10	中老年连衣裙	665.9	11 ↑	19.3% ↑

图 2－2　搜索上升榜

（3）选词助手。打开生意参谋（https：//sycm.taobao.com），进入流量中的选词助手找词，如图 2－3 所示。

搜索词	全网搜索热度	全网搜索人气	商城点击占比	全网商品数	直通车平均点击单价	操作
连衣裙	12,075,994	1,779,373	35.07%	16,756,774	0.69	收藏
雪纺连衣裙	2,242,230	392,978	46.15%	2,336,308	0.55	收藏
蕾丝连衣裙	1,820,524	349,583	43.12%	1,842,705	0.67	收藏
吊带连衣裙	2,235,254	319,749	19.03%	1,900,306	0.52	收藏

图 2－3　选词助手

（4）市场行情。打开生意参谋（https：//sycm.taobao.com），进入市场中的搜索词查询找词，如图 2－4 所示。

5. 利用数据确定核心关键词

（1）查询核心关键词。

打开“生意参谋—流量—选词助手”，在行业相关搜索词中输入宝贝的核心关键词，如“女西装”，可以看到相关数据。选择最近 7 天的数据，点击“相关搜索词”，选择“全网搜索热度”“全网搜索人气”“商城点击占比”“全网商品数”等指标，如图 2－5 所示。

图 2-4　市场行情

图 2-5　核心关键词“女西装”的数据

数据查询完成后，点击“下载”，就可以保存数据。

（2）选出全网竞争力最强的词。

按“全网搜索人气”“商城点击占比”“全网点击率”“全网商品数”等指标从高到低排序，逐一筛选出“搜索人气高、商城点击占比小、点击率高、在线商品数少”的关键词。同时，这些关键词自身的属性一定要与宝贝相关，这样的关键词才是精准的关键词，才能够给店铺带来转化。精准的关键词，如图 2-6 所示。

对数据不好的词进行剔除：搜索人气太低的词，没有需求；点击率低的词，有展现，没有流量；支付转化率低的词，有流量，没价值；在线商品数太高的词，竞争太激烈。关于商城点击占比的筛选，如果是 C 店，去除商城点击占比高的词，B 店则反之。

（3）留下最精准的词。

不精准的词，影响转化，影响用户体验。

（4）提取关联修饰词。

筛选出精准的衍生词后，一般情况下，很难凑够 30 个字。现在流量碎片化，一个宝贝有五六个精准的衍生词，总共会有 20 个字左右，剩下的就需要用关联修饰词去填充。

	关键词	全网搜索人气	商城点击占比	全网点击率	全网商品数
2	女秋装	1342170	60.19%	122.13%	17417401
3	2017秋装新款女	624604	55.81%	134.64%	8536844
4	小西装	289628	59.07%	91.51%	545951
5	西装	128826	62.33%	116.55%	1961816
6	女秋装新款	109160	60.80%	121.42%	9815139
7	小西装女外套	92306	49.32%	139.75%	193214
8	女上衣	72103	43.75%	137.10%	9808460
9	女长袖上衣	26220	51.79%	137.24%	2847863
10	女毛衣	24021	55.54%	137.08%	3146978
11	西装外套	23469	29.18%	183.38%	1148510
12	女短裤	19381	52.47%	120.96%	3085793
13	休闲西装	18235	69.96%	105.30%	632987
14	女秋装上衣	17966	65.49%	120.48%	3306763
15	外套 女	14928	44.22%	171.76%	8410134
16	女衣服	9785	66.85%	92.19%	3085117
17	格子西装	8975	27.19%	170.89%	116027
18	女西装	7814	52.33%	129.98%	1327913

无线端　pc端

图 2－6　精准的关键词

二、标题的组合原则

1. 紧密排列优选原则

以关键词“夏季女裙学生学院风”为例，当买家搜索“夏季女裙学生学院风”这个关键词时，标题包含“夏季女裙学生学院风”关键词的宝贝会优先展示在标题里包含“夏季学院风女学生裙”关键词的宝贝前面。

2. 前后无关原则

当买家搜索“夏季女裙学生”时，不论卖家的标题里面填写的是“夏季女裙学生学院风”还是“夏季女裙学院风学生”，买家都可以搜索到。

3. 带空格的关键词可以拆分和调换位置原则

有空格的关键词，比如“夏季女裙学生 学院风”，可以拆分成“夏季女裙学生”和“学院风”，或者位置调换成“学院风　夏季女裙学生”。

4. 同一标题不要出现多个核心关键词，标题属性不要重复原则

例如：“日韩女装夏 2017 新款潮女装吊带格子阔腿裤女装性感”，“女装”这个关键词有问题并且重复出现。

5. 违禁词和极限词不要出现原则

只要详情页中出现某个触犯广告法的违禁词，就会被查出来，将受到淘宝平台的处罚降权和扣分。

一个优秀的标题是需要数据作为支撑的，优秀的标题不仅能够起到引流的作用，而且还能带来成交转化。

任务实施

小营想为自己店铺中的一件单品“骑士魔法玻璃杯”优化标题，如图 2-7 所示。

图 2-7　单品“骑士魔法玻璃杯”

具体操作步骤如下。

一、确定核心词

核心词一般选择类目词、产品词或者品牌词。一般日化用品或者线下的品牌，品牌词作为核心词的情况会比较多。小营确定的核心词为“玻璃杯”。

二、选出衍生词

选出衍生词有以下两种方法：

方法一：利用淘宝网首页下拉框，如图 2-8 所示。

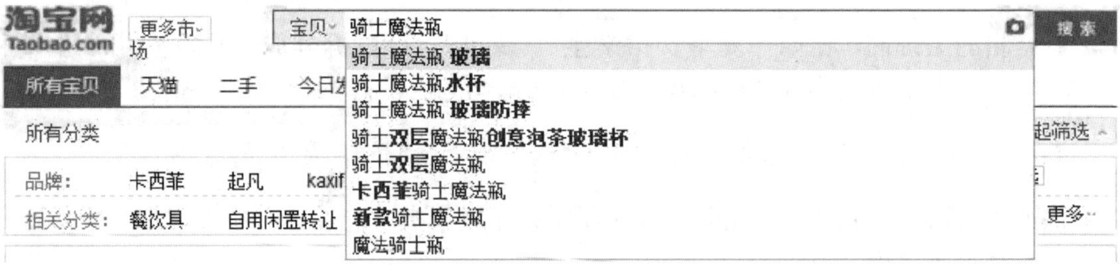

图 2-8　淘宝网首页下拉框

方法二：利用生意参谋中的“选词助手”模块，如图 2-9 所示。

三、选出竞争力最强的词

下载数据，通过 Excel 对数据进行分析，在无线端分别剔除不适合自己产品的属性词，如图 2-10 所示。

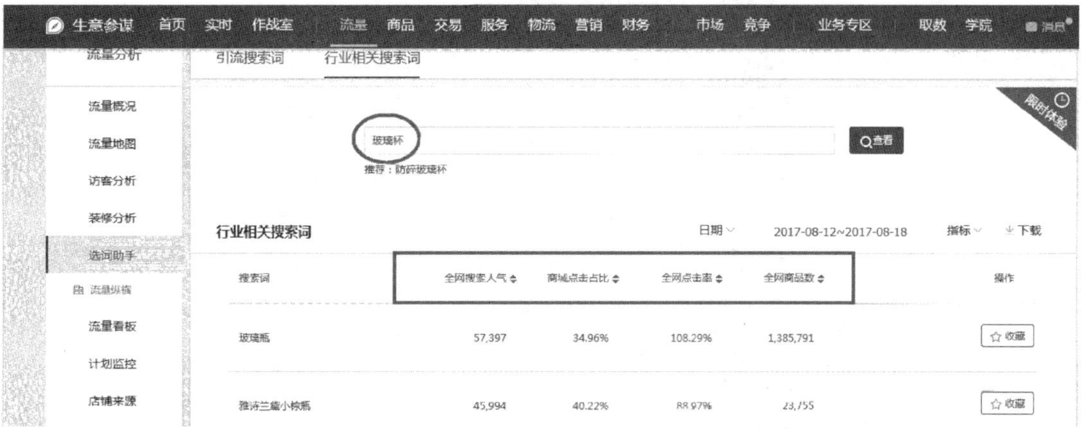

图 2-9　“选词助手”模块查询

	A	B	C	D	E
1	关键词	全网搜索人气	商城点击占比	全网点击率	全网商品数
2	玻璃杯	219505	57.34%	121.35%	1653126
3	咖啡杯	104053	34.53%	117.38%	582263
4	陶瓷杯	56896	39.42%	129.72%	1166756
5	果汁杯	39388	48.53%	110.51%	352940
6	玻璃	30159	35.32%	60.97%	8604872
7	泡茶杯	29306	83.84%	110.14%	562943
8	双层玻璃杯	22077	76.97%	117.73%	295795
9	富光玻璃杯	16750	92.18%	126.20%	19570
10	公鸡杯	13360	39.67%	158.80%	11130
11	塑料杯	12616	55.00%	102.54%	583503
12	企鹅杯	10864	34.66%	88.45%	27603
13	希诺玻璃杯	10240	50.71%	96.37%	8576
14	透明玻璃杯	6916	38.52%	118.70%	352660
15	ulzzang玻璃杯	3736	3.39%	101.41%	1815
16	果汁玻璃杯	2566	32.04%	123.54%	197560
17	大玻璃杯	2450	43.92%	106.15%	279798
18	水晶玻璃杯	2320	61.84%	99.40%	164804
19	玻璃泡茶杯	2263	78.27%	114.16%	342824
20	家用玻璃杯	2231	40.92%	131.17%	314477
21	玻璃保温杯	2217	84.10%	116.26%	82228
22	小玻璃杯	2105	31.11%	101.99%	126290
23	耐热玻璃杯	2025	54.13%	142.72%	520794
24	宜家玻璃杯	1969	2.82%	154.96%	6806
25	单层玻璃杯	1789	49.25%	111.54%	38164
26	磨砂玻璃杯	1633	20.24%	129.39%	44118
27	彩色玻璃杯	1495	36.78%	123.64%	32723
28	迷你玻璃杯	1399	20.40%	119.66%	47970
29	可爱玻璃杯	1284	41.61%	140.13%	225376
30	耐高温玻璃杯	1261	57.29%	109.00%	123968
31	隔热玻璃杯	1180	66.89%	124.99%	86488
32	进口玻璃杯	731	64.15%	154.36%	50514
33	韩国玻璃杯	670	25.78%	176.75%	113031

pc端　无线端

图 2-10　无线端的七天数据热搜修饰词

四、留下最精准的词

相关性是标题写作中最基础的原则。不精准的词，会影响转化，影响用户体验。图 2-11 所示为无线端筛选后的关键词。

关键词	全网搜索人气	商城点击占比	全网点击率	全网商品数
玻璃杯	219505	57.34%	121.35%	1653126
泡茶杯	29306	83.84%	110.14%	562943
双层玻璃杯	22077	76.97%	117.73%	295795
透明玻璃杯	6916	38.52%	118.70%	352660
果汁玻璃杯	2566	32.04%	123.54%	197560
大玻璃杯	2450	43.92%	106.15%	279798
水晶玻璃杯	2320	61.84%	99.40%	164804
玻璃泡茶杯	2263	78.27%	114.16%	342824
家用玻璃杯	2231	40.92%	131.17%	314477
玻璃保温杯	2217	84.10%	116.26%	82228
小玻璃杯	2105	31.11%	101.99%	126290
耐热玻璃杯	2025	54.13%	142.72%	520794
宜家玻璃杯	1969	2.82%	154.96%	6806
单层玻璃杯	1789	49.25%	111.54%	38164
磨砂玻璃杯	1633	20.24%	129.39%	44118
彩色玻璃杯	1495	36.78%	123.64%	32723
迷你玻璃杯	1399	20.40%	119.66%	47970
可爱玻璃杯	1284	41.61%	140.13%	225376
耐高温玻璃杯	1261	57.29%	109.00%	123968
隔热玻璃杯	1180	66.89%	124.99%	86488
进口玻璃杯	731	64.15%	154.36%	50514
加厚玻璃杯	600	60.15%	145.58%	238882
杯子玻璃杯	323	58.41%	94.21%	704718
学生玻璃杯	263	54.67%	145.04%	267417
韩版玻璃杯	257	35.77%	121.16%	100294

pc端 无线端

图 2-11 无线端筛选后的关键词

五、提取关联修饰词

筛选出精准的衍生词后，因为很难凑够 30 个字，剩下的就用关联修饰词去填充，如图 2-12 所示。

图 2-12 提取关联修饰词

六、组合标题

在前面这些工作的基础上，开始组合标题，组合后的标题为：新款骑士双层魔法瓶户外加厚耐高温防摔创意泡茶便携加厚玻璃杯。

七、检测优化的关键词

通过淘宝网首页，检测关键词优化是否恰当。如果通过搜索，淘宝网提供的一些结果词和“您是不是想找”的词都是跟自己的关键词相关的，说明标题优化得比较符合淘宝网的抓词习惯，如图 2-13 所示。

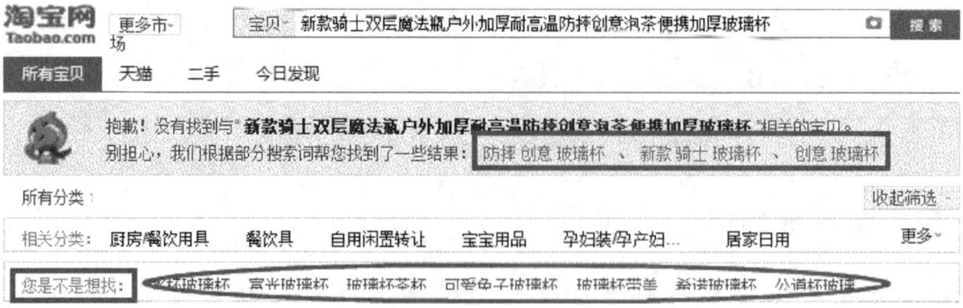

图 2-13 检测优化的关键词

同步实训

任务描述

小明需要为单品号为 A628 的单品进行标题组合优化，请你帮他优化一下标题。

A628 单品的信息表

项目	内容	项目	内容	项目	内容
品牌	冠雅	光源类型	LED	电池容量	500mAh
产品名称	可移式 LED 灯具（台式/夹式）	光源颜色	白色	功率	6～10W
单品号	A628	开关类型	触摸开关	电压	≤36V
质保年限	3 年	灯光调节	三挡触控调光	灯具是否带光源	带光源
材质	ABS	电池类型	USB 口充电电池	底座	台式底座

操作指南

第一步	确定核心词	
第二步	选出衍生词	
第三步	选出竞争力最强的词	（见下表）

关键词	全网搜索人气	商城点击占比	全网点击率	全网商品数
可爱台灯	113	23.96%	138.70%	73237
木质台灯	27	23.47%	169.94%	13070
韩版台灯	6	0.00%	50.00%	2502
外贸台灯	9	7.14%	107.69%	2345
小型台灯	32	5.88%	84.16%	9189
学生台灯	538	83.01%	112.37%	390898
台灯	34716	65.54%	113.52%	1542805
台灯 包邮	3	54.10%	321.05%	71345
台灯批发	10	0.00%	78.72%	1218
美式台灯	462	61.83%	210.54%	117373
折叠式台灯	29	74.26%	87.07%	43028
圆形台灯	23	22.00%	92.59%	40987
欧式台灯	604	62.89%	176.19%	178264
出口台灯	3	0.00%	0.00%	5568
12V台灯	5	0.00%	33.33%	4349
时尚台灯	12	30.00%	74.07%	97695
便携台灯	42	89.32%	77.44%	45636
品牌台灯	6	100.00%	102.17%	1599
圆台灯	2	28.57%	63.64%	51693
折叠台灯	193	73.62%	88.25%	130699
便携式台灯	38	51.22%	134.43%	28988
二手台灯	6	0.00%	106.67%	354
进口台灯	7	7.69%	65.00%	4150
充电式台灯	182	84.02%	109.21%	103650
可调台灯	8	40.00%	78.95%	78289
家用台灯	57	47.75%	64.53%	30306
插电台灯	119	63.73%	101.92%	128124
多功能台灯	49	68.29%	50.00%	21356
高档台灯	8	65.91%	118.92%	21526
彩色台灯	13	25.00%	30.77%	5791
miniso台灯	26	0.00%	113.41%	340
韩式台灯	11	16.13%	216.28%	11129
工作台灯	118	53.65%	107.88%	94773
220V台灯	4	0.00%	50.00%	8229
小台灯	2800	58.96%	104.09%	553907
特价台灯	5	10.00%	230.77%	17835
卧室台灯	956	43.26%	144.97%	771036
台灯 代购	1	33.33%	50.00%	8762
夹式台灯	192	71.29%	110.10%	35573
日本 台灯	7	0.00%	11.11%	2958

pc端　无线端

第四步	留下最精准的词	
第五步	提取关联修饰词	
第六步	组合标题	
第七步	检测优化的关键词	

▶ 任务评价

评价内容	分值	评价		
		自我评价	小组评价	教师评价
确定核心词	10			
选出衍生词	20			
选出竞争力最强的词	20			
留下最精准的词	10			
提取关联修饰词	10			
组合标题	20			
检测优化的关键词	10			
合计	100			

任务二 主图、详情页优化

任务导入

小营发现标题优化成功后，主图、详情页的优化迫在眉睫。他希望自己的宝贝在众多的商品中能抢先抓住买家的眼球，从而使买家点击宝贝产生流量。宝贝主图是吸引买家眼球的关键，其除了要展现产品信息之外，更要做到人无我有、人有我优；详情页则要做到挖掘产品本身卖点，放大、突出卖点。小营需要对店铺的宝贝“骑士魔法玻璃杯”进行主图、详情页优化，他制定了下面的任务单（见表 2－2）。

表 2-2　任务单

岗位	工作项目	具体要求	完成时限	验收
运营	主图、详情页优化	为骑士魔法玻璃杯制作主图、详情页优化指导方案	2 课时	
美工	主图、详情页修改设计	根据小营的指导方案修改主图和详情页	2 课时	
客服	抓住产品卖点服务买家	引导买家关注骑士魔法玻璃杯的主图和详情页的卖点	2 课时	
推广	协助运营	协助运营制作主图、详情页优化方案	2 课时	
验收人				

知识探究

主图就相当于人的脸，详情页的图片、文字等是这款产品的简历。整个详情页就如同一个商铺的导购员，它既能够向买家介绍该款商品的情况，又能够激起买家的购物欲望，促使买家下单购买。

一、主图优化

1. 主图的基本要求

（1）淘宝平台每个行业对主图要求会有所不同，总体要求是：主图必须为实物拍摄图，图片大小 800×800 像素以上（自动拥有放大镜功能）；至少发布两张及以上的主图；所有主图不得拼接，不得出现任何形式的边框，不得出现水印。设计上受买家欢迎的主图，如图 2-14 所示。

（2）Logo 放在主图左上方，且 Logo 大小在固定比例以内，宽度为图片大小的 2/5 以内，高度为图片大小的 1/5 以内，如图 2-15 所示。

图 2-14　受买家欢迎的主图

图 2-15　有 Logo 的主图

（3）5 张主图的布局依次排列是吸引点击、差异化卖点、宝贝细节、促销文案、买家晒图或场景展示等，如图 2-16 所示。

图 2-16　5 张主图的展示

2. 主图的设计思路

（1）研究同行的宝贝，提炼出不同的卖点，有差异才能吸引买家。例如，同样是销售三文鱼，下面两幅图（见图 2-17）的设计，从视觉上看，明显后者更能使人产生食欲。

（2）跨类目借鉴其他产品，同时考虑自身的产品及产品定位的客户人群与这种图文风格是否搭配。例如，同是销售凝香丸，在主图设计上，前图直白、没有想象力，后图充满想象力，如图 2-18 所示。

图 2-17　三文鱼产品的主图

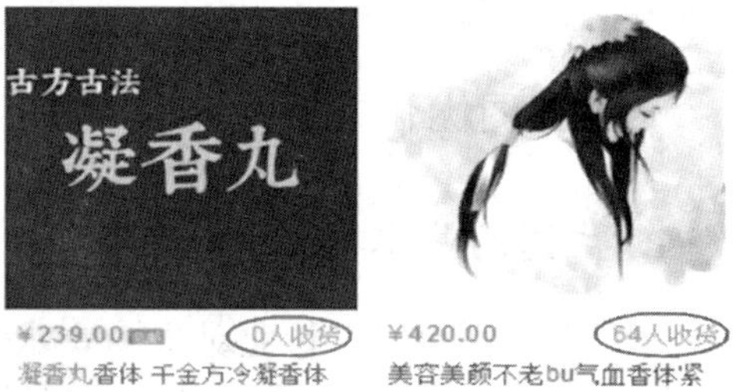

图 2-18　凝香丸产品的主图

（3）主图展现一种消费驱动力，买家的每一次购买行为背后都有驱动力。比如雾霾严重，口罩主图设计的卖点就是宝贝能很好地防尘，如图 2-19 所示。

图 2-19　口罩产品的主图

（4）在主图中，无论是文案、图片还是拍摄角度、拍摄场景，要有一眼就吸引买家的东西，而且吸引眼球点要和卖家自身的产品相关。例如，图 2-20 中，前图明显更真实，更能吸引眼球。

图 2－20　吸引眼球的主图对比

（5）主图上显示价格信息或者促销信息，如图 2－21 所示，能提高转化率和点击率。

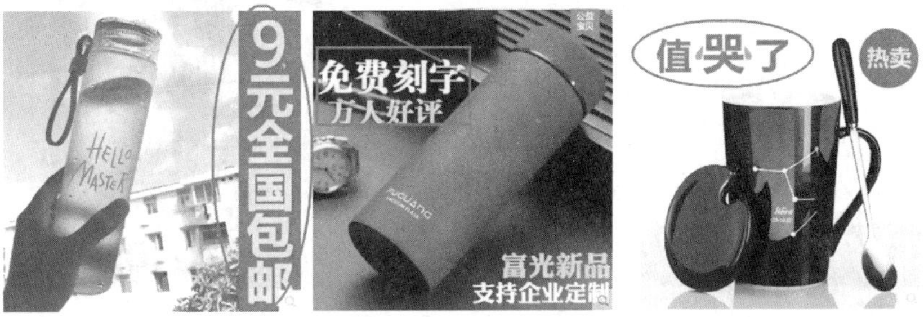

图 2－21　显示价格信息或者促销信息的主图

（6）主图中凸显的卖点要与关键词相匹配，比如消费者搜索关键词“减震跑鞋”，说明买家对于跑步时膝盖和脚踝的保护是非常看重的。“减震”是利益点，也是促进买家转化和点击的关键所在。凸显卖点的主图如图 2－22 所示。

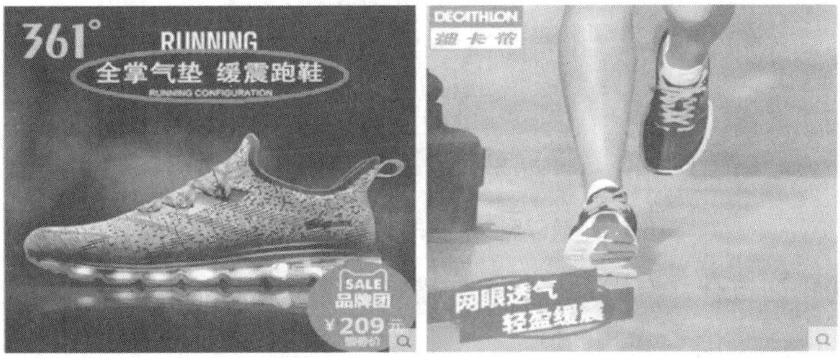

图 2－22　凸显卖点的主图

3. 主图的设计细节

（1）版式：主图中宝贝摆拍常用的版式有左右排版、中心对称、中心环绕、上下排版等。如图 2－23 所示。

（2）配色用色：如图 2－24 所示，相较于前面两张主图，第三张颜色偏深，视觉停留点就在这张图片。

（3）文案排版处理：主图的文案信息常见的有位置置上和位置沉底，如图 2－25 所示。

图 2-23 摆拍版式

图 2-24 巧用配色的主图

图 2-25 主图的文案排版位置

（4）文字的排列组合：有横式、竖式、横竖混排、倾斜式、框架式、复合式等，如图 2-26 所示。

图 2-26 文字的排列组合

设计主图的过程可以总结为十六个字：文案吸引，卖点突出，人无我有，人有我优。

二、详情页优化

一个非常有吸引力的详情页，不仅能瞬间刺激买家的视觉，增加网页浏览量，还能促进商品的成交量和收藏量。宝贝详情页的好坏直接决定着宝贝的转化率。

1. 详情页页面的基本框架优化

详情页是买家进入店铺后了解产品的渠道，卖家设计详情页时需要心中有个基本框架，并对基本框架进行优化设置。图 2－27 所示是现在卖家比较认同的优化后的详情页页面设计基本框架。

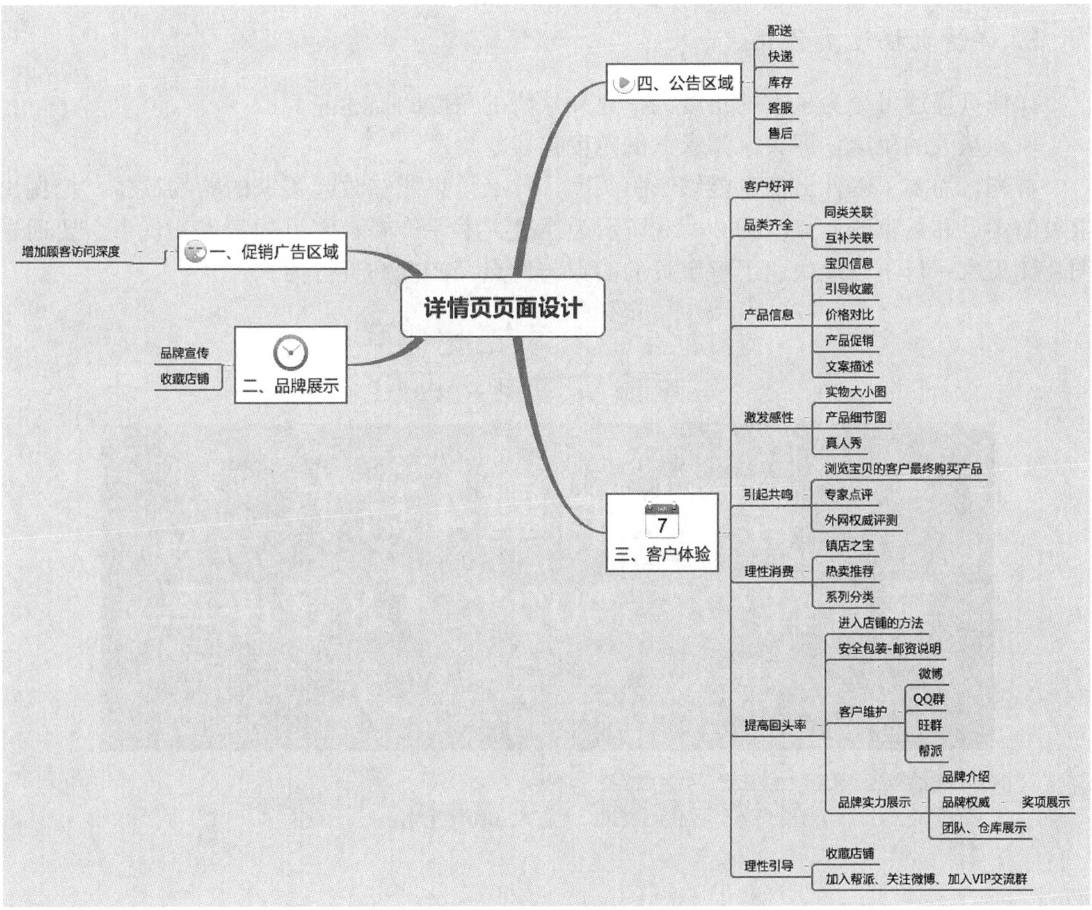

图 2－27　优化后的详情页页面设计基本框架

2. 详情页数据类优化

进入“生意参谋—流量—流量概况”，查看平均停留时间与跳失率。宝贝平均停留时间越长越好，数值越大，表示买家对宝贝关注越多；跳失率越低越好，数值越大，表示买家越不想继续浏览店铺的宝贝。如图 2－28 所示，最近 7 天，宝贝跳失率高达 91.67%，说明买家非常不想再浏览该店铺宝贝；平均停留时长 51 秒，说明买家停留的时间也不够长。

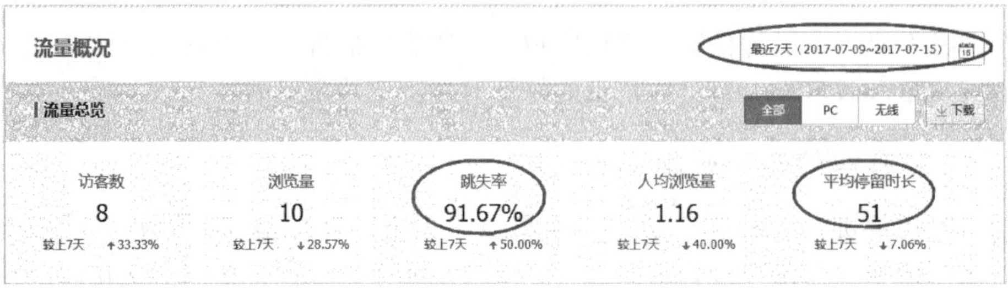

图 2-28　店铺的跳失率和平均停留时长

3. 详情页描述类优化

详情页描述可分为从人的角度的描述和从物的角度的描述。

(1) 从人的角度，即买家需求欲的角度描述。

首先，需要了解什么信息能够吸引买家，什么信息能够激起买家的购物欲望，挖掘出宝贝的卖点和买家的痛点。图 2-29 所示为通过买家评价展示宝贝的卖点和优点。要通过图片让买家一目了然地快速了解宝贝的卖点与优点，产生购买行为。

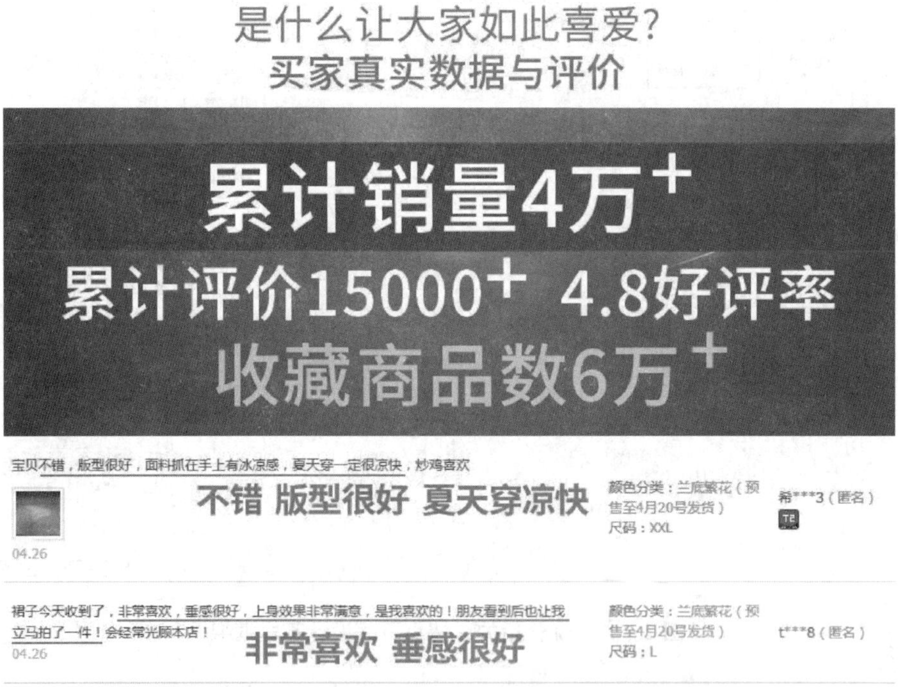

图 2-29　通过买家评价展示宝贝的卖点和优点

其次，突出产品质量及产品优势，使买家对产品有更深入的了解，通过核心卖点的呈现来加强买家的购买冲动。图 2-30 所示为某款耳机核心卖点。

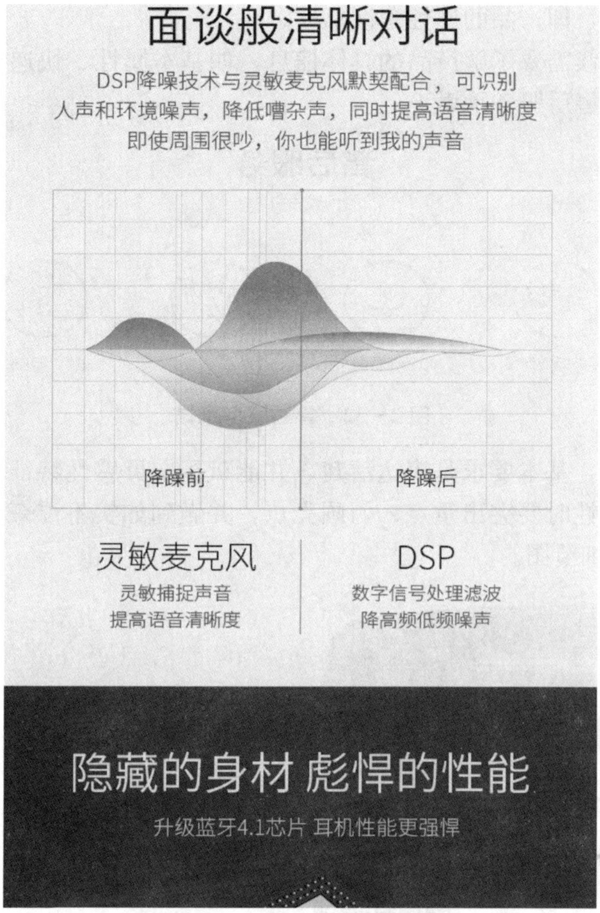

图 2-30　某款耳机核心卖点

最后，进行同行产品的对比，如图 2-31 所示，将自身产品和其他同行产品的优缺点逐一呈现，买家看了更加直观，但不要贬低同行。

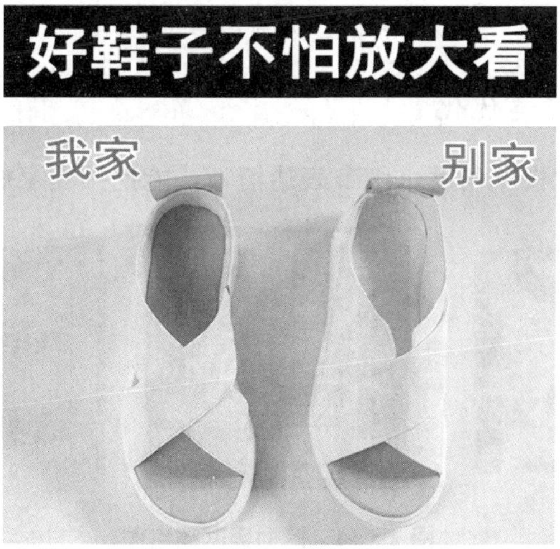

图 2-31　与同行产品对比图

（2）从物的角度，即产品的属性角度描述。

买家在购物的时候需要了解产品的具体信息，如基本属性、快递说明、购买退换协议等。图 2-32 所示为售后服务承诺。

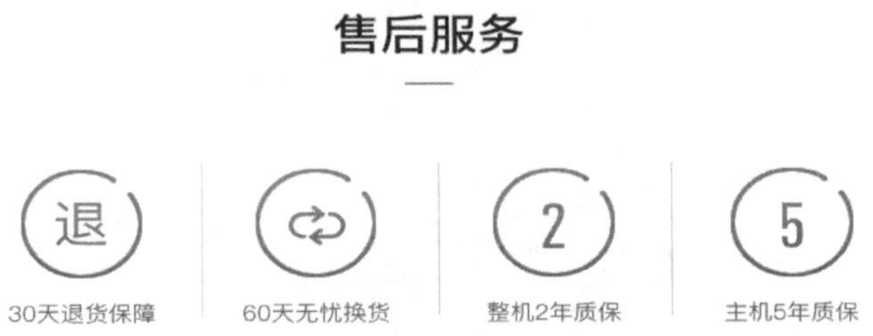

图 2-32　售后服务承诺

对于宝贝的描述，基本要求是表达清楚，并能赋予宝贝感性特征，把买家带入情感环境中。描述宝贝的属性时要突出重点、勾画亮点，并做到如实不浮夸，多展示细节图。图 2-33 所示为烤箱的细节图。

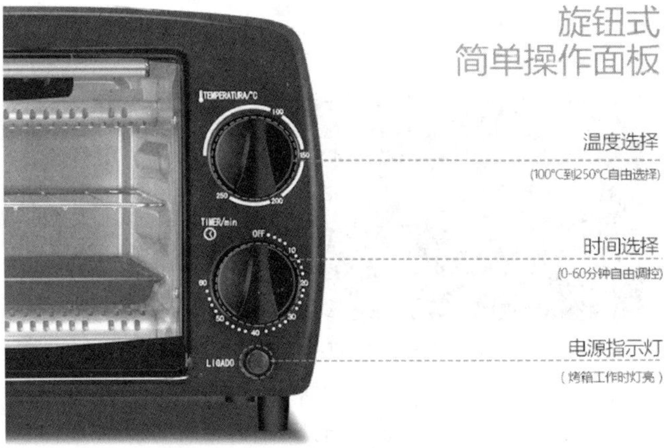

图 2-33　烤箱的细节图

4. 详情页设计技巧类优化

（1）提高专业性。从视觉角度，细节表达清晰，能挖掘卖家痛点，如图 2-34 所示。

图 2-34　挖掘卖家痛点图

（2）风格一致。主图风格和详情页风格一致。

（3）图标化。比如 T 恤速干、透气，可以在图片上标识“速干　透气”，让人一看就能明白，如图 2－35 所示。

图 2－35　图标化

（4）关于色差。不少卖家会收到一些这样的评价：“这个颜色不是我想要的，我买的跟描述的颜色不一样。”用色差对比可以解决这个问题，如图 2－36 所示。

主图、详情页优化总结：主图、详情页优化就是将店铺自身的数据与同行数据做比较，深入分析具体的数据，以数据作为页面优化的依据，而非凭感觉盲目地去修改。

图 2－36　色差对比

任务实施

小营想对自己店铺中的骑士魔法玻璃杯进行主图、详情页优化。

第一步：查看“生意参谋—商品—商品效果”。曝光量代表标题，点击率代表主图，具体数据如图 2－37 和图 2－38 所示。数据显示，骑士魔法玻璃杯主图、详情页需要修改。

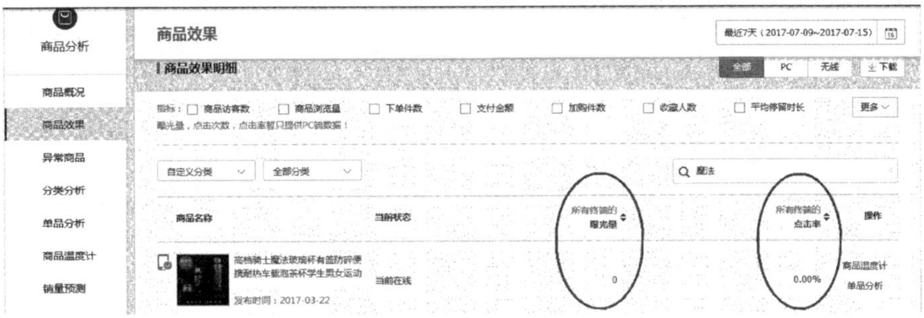

图 2－37　商品的曝光量和点击率

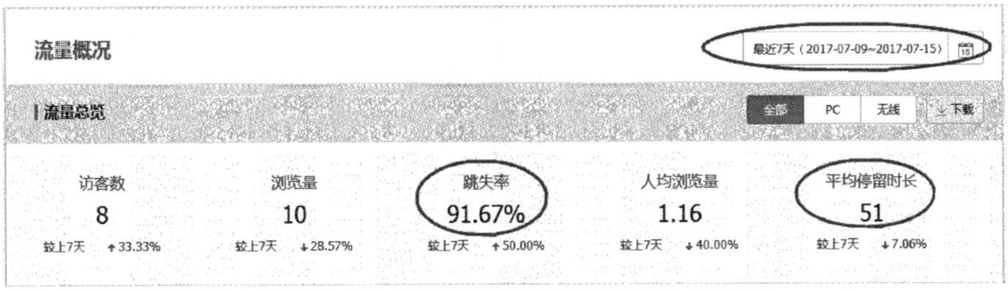

图 2－38　商品的流量概况

第二步：打开骑士魔法玻璃杯主图、详情页，如图 2-39 所示。

图 2-39 骑士魔法玻璃杯主图、详情页

第三步：小营给出骑士魔法玻璃杯主图、详情页的优化方案，如表 2-3 所示。

表 2-3 骑士魔法玻璃杯主图、详情页的优化表

序号	项目	存在的问题	修改方案
1	主图	没有以白色为底	主图为白底
2	主图	多个宝贝	展示一个宝贝
3	主图	卖点不突出	挖掘宝贝卖点，展示差异化
4	主图	5 张主图的布局不合理	重新布局并构思
5	详情页	没有亮点	需要找出魔法玻璃杯的亮点
6	详情页	没有宝贝泡茶细节图	增加泡茶细节图
7	详情页	没有买家评价	增加买家评价
8	详情页	没有试用报告	增加试用报告
9	详情页	没有质量报告图	增加质量报告图

第四步：小美根据小营提供的修改方案，修改主图。

（1）以白色为底，展示一个宝贝，如图 2-40 所示。

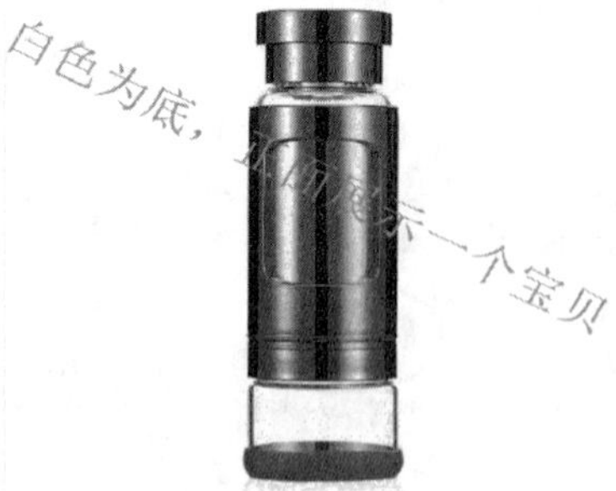

图 2-40 白色底的商品展示

（2）挖掘宝贝卖点，展示差异化，如图 2－41 所示。

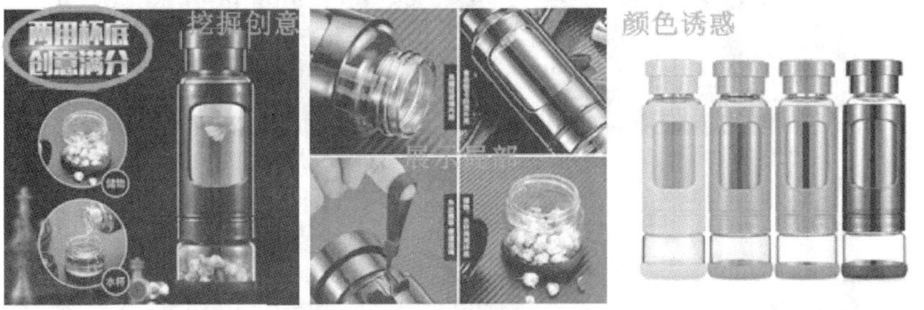

图 2－41　挖掘宝贝卖点

（3）重新布局并构思 5 张主图，如图 2－42 所示。

图 2－42　5 张骑士魔法玻璃杯主图

第五步：小美根据小营提供的修改方案，修改详情页。

（1）找出亮点，如图 2－43 所示。

图 2－43　商品的亮点

（2）增加泡茶细节图，如图 2－44 所示。

（3）增加买家评价详情，如图 2－45 所示。

（4）增加试用报告，如图 2－46 所示。

（5）增加质量报告图，如图 2－47 所示。

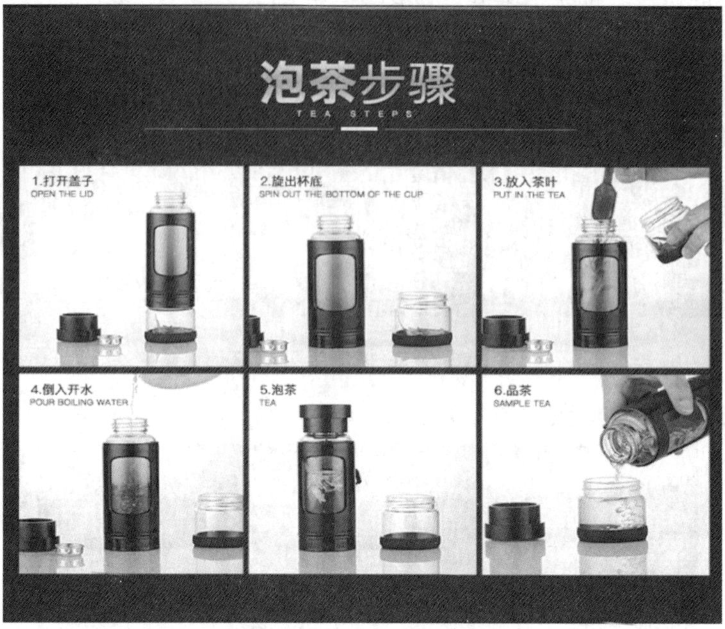

图 2-44 泡茶细节图

图 2-45 买家评价详情

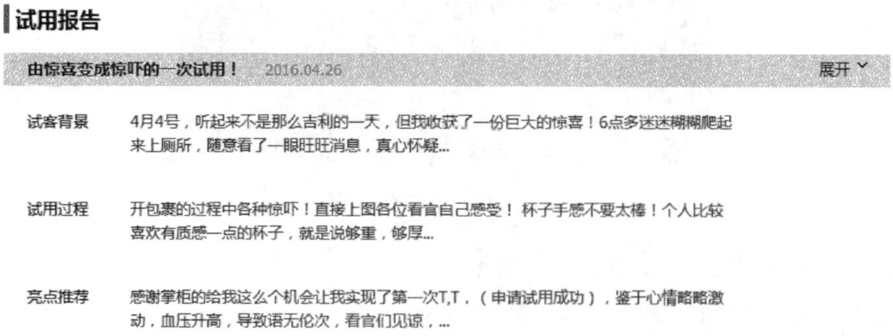

图 2-46 试用报告

图 2-47　质量报告图

同步实训

▶ 任务描述

小明想为自己店铺的宝贝“迷你宿舍台灯护眼台灯”进行主图、详情页优化，请你帮他完成这项任务。

▶ 操作指南

第一步：查看“生意参谋—商品—商品效果”。相关数据显示，“迷你宿舍台灯护眼台灯”的主图、详情页需要修改。

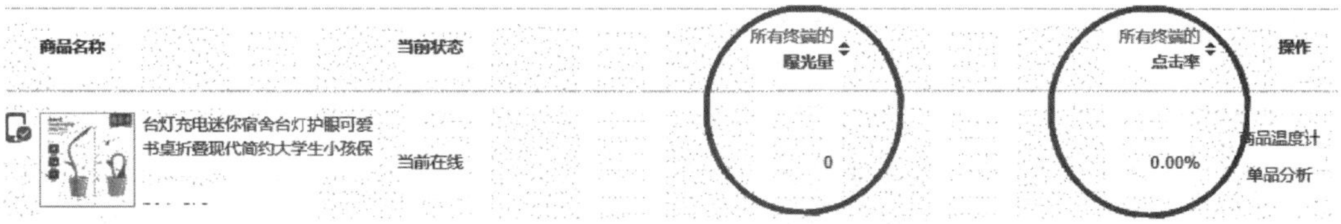

商品的曝光量和点击率

商品的流量概况

第二步：查看“迷你宿舍台灯护眼台灯”主图、详情页。

“迷你宿舍台灯护眼台灯”主图、详情页

第三步：给出“迷你宿舍台灯护眼台灯”主图、详情页优化方案。

序号	项目	存在的问题	修改方案

第四步：根据主图的优化方案修改主图。

第五步：根据详情页的优化方案修改详情页。

▶ 任务评价

评价内容	分值	评价		
		自我评价	小组评价	教师评价
主图、详情页优化方案	60			
主图优化	20			
详情页优化	20			
合计	100			

任务三　上下架布局

任务导入

超市的商品陈列是有技巧的，在网上开店，商品的上下架设计同样很有技巧。如果能合理地去安排商品上下架，就可以让自己的商品排名靠前。小营为做好商品上下架布局，发布了以下任务单（见表 2－4）。

表 2－4　任务单

岗位	工作项目	具体要求	完成时限	验收
运营	商品上下架布局	制作商品上下架时间表，并布局商品上下架时间	2 课时	
美工	商品的排版	根据商品上下架时间排版商品在首页中的位置	2 课时	
客服	熟悉商品上下架时间	熟悉引流款商品的上下架时间	2 课时	
推广	关键词收集	确定要优化款的关键词	2 课时	
验收人				

知识探究

一、商品上下架原则

根据淘宝搜索排名规则，“宝贝下架时间”是搜索结果排名的重要影响因素，也就是说，距离下架时间越短，排名越靠前，所以对商品的发布时间进行优化非常重要。

商品上下架应把握以下原则。

1. 避开高峰期

最好不要选择在流量高峰期上架宝贝，因为小卖家在这个时间段上架肯定是拼不过大卖家的。

2. 设置 7 天上下架时间

淘宝网为了让中小卖家能够有展现的机会，设置了 7 天上下架时间，离下架时间越短，展现的位置就越靠前。7 天上下架时间设置如图 2－48 所示。

图 2-48　7 天上下架时间设置

3. 平均分配商品上架时间

小卖家在上架商品的时候，可以从下午 14:00 到 16:30，晚上 19:00 到 23:00，每隔几分钟发布一个新商品。将商品分隔开来发布，那么在整个黄金时段内，都有即将下架的商品可以获得很靠前的搜索排名，带来的流量也肯定会暴增。

4. 同类商品分开上架

用数据包上架商品确实很方便，但是对于搜索来说是非常不利的。例如：羊毛衫，如果几分钟内用淘宝助理一次性上传，那么在以后的每周只有一天的几分钟，商品排在前面。其实可以把羊毛衫商品分成好多份，比如 14 份（7 天的两个黄金时间段），在每天的两个黄金时间段每隔几分钟上传一个，用 7 天时间全部上架完毕。这样一来，以后每天就会有羊毛衫商品在黄金时间段排在搜索结果的前列。

5. 将橱窗推荐合理用于即将下架的商品

很多卖家会有这样的想法：商品太多了，但是橱窗推荐位却只有那么一点，如何分配才好呢？最好的办法就是把所有的橱窗推荐位都用在即将下架的商品上。合理安排之后，橱窗推荐位就会发挥巨大的威力。

6. 橱窗推荐用于销售量大的商品

如果快要下架的宝贝数量很多，橱窗推荐位不够，可以选择销售量大的商品、畅销的商品，因为淘宝搜索排名规则中“销售量”是很重要的一个因素，如果推荐的商品销售量很大，也会优先排在前面。不畅销或者竞争度很小的商品可以不用在橱窗推荐位。

二、商品上下架具体操作要点

1. 对行业访客时间进行分析

要注意的是，这里说的不是全网数据，而是自己店铺类目的行业数据。每个行业的高峰期会有所不同，所以要遵循自己类目的行业数据，这样才有上下架优势。如果你是卖水杯的，却按照服装产品高峰期上下架，这样就不合理了，效果自然不会好。

2. 对类目商品销量进行分析

销量是搜索排名很重要的一个参考因素，所以在销量方面也要扬长避短，要找出能展示销量优势的时间上下架，才会排名靠前。具体做法就是按照销量合理上下架，看看同类产品销量比自己少的店铺都是什么时候上下架，避开销量高的店铺，而是在弱者面前当“老大”。

例如，在淘宝网搜索宝贝“围巾”，属性选择“销量从高到低”，搜索结果靠前的部位就会出现销量高的商品，这样就可以根据这些商品的上下架时间避开销量高的商品，如图 2－49 所示。

图 2－49　“围巾”销量从高到低的搜索结果

3. 对类目商品价格进行分析

结合价格优势合理上下架，和按照销量上下架的原理一样，找出能突显价格优势的同类店铺做对比，其他店铺价格高，自己的店铺价格低，优势自然就有了。

例如，在淘宝网搜索宝贝“围巾”，属性选择“价格从低到高”，搜索结果靠前的部位就会出现价格低的商品，这样我们就可以根据这些商品的上下架时间合理安排自己店铺的商品，如图 2－50 所示。

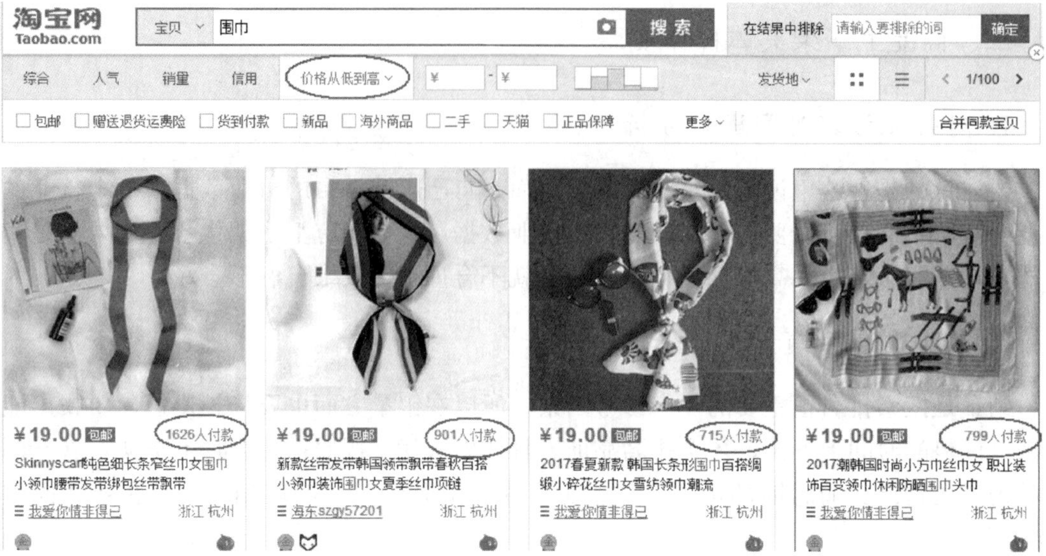

图 2-50 "围巾"价格从低到高的搜索结果

任务实施

小营准备为蘑菇杯查找最佳的上下架时间。

一、列出商品的核心关键词

通过标题优化，得出蘑菇杯的核心关键词是：可爱迷你玻璃杯。

二、使用千里眼查看同行商品的上下架时间

1. 安装千里眼

（1）下载 360 安全浏览器版的千里眼，并安装。

（2）把所安装的千里眼添加到浏览器，如图 2-51 所示。

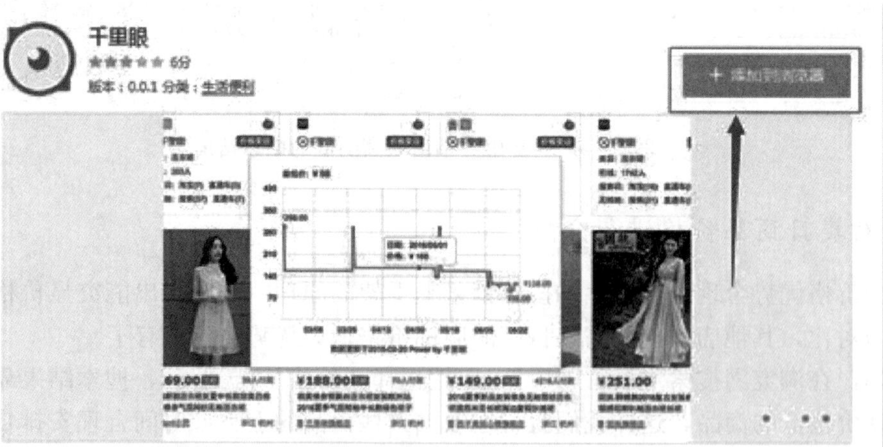

图 2-51 把千里眼添加到浏览器

(3) 把千里眼添加到扩展工具，如图 2 - 52 所示。

图 2 - 52　把千里眼添加到扩展工具

2. 用核心关键词搜索竞争对手商品的上架时间

进入淘宝网，搜索“可爱迷你玻璃杯”，在搜索结果中显示各个商品的下架时间，如图 2 - 53 所示。

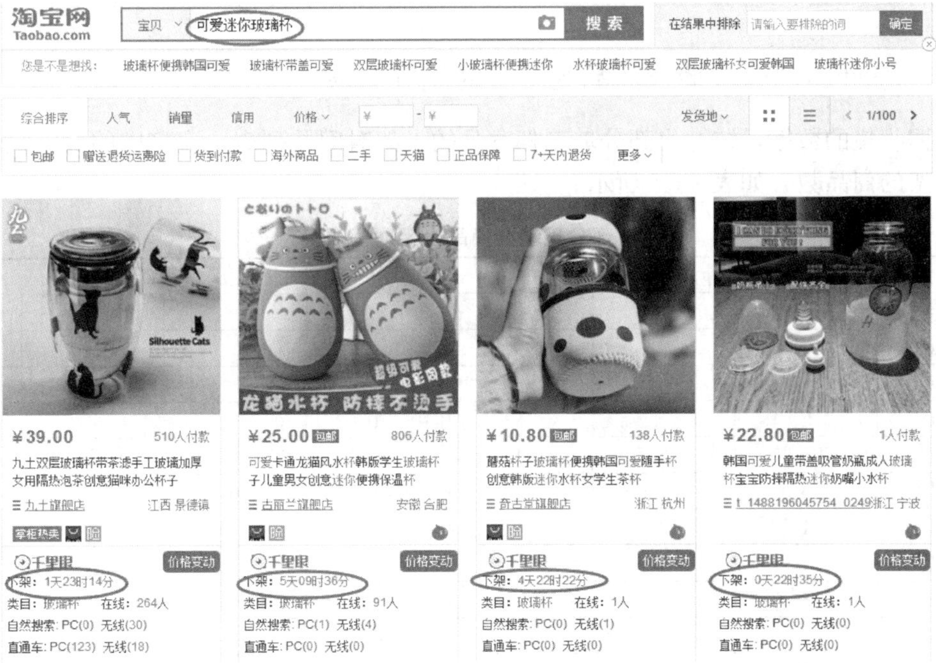

图 2 - 53　同行商品的下架时间

3. 统计同行商品的下架时间

根据搜索到的数据，统计出如表 2－5 所示的同行部分商品下架时间。在统计的过程中要注意的是，直接搜索的商品不一定都是个人店铺的竞争对手，需要剔除没有该款蘑菇杯共同属性的商品，比如有提手的、不带杯套的、非迷你的杯子。

表 2－5 同行部分商品下架时间的统计数据

序号	商品名称	下架时间
1	九土双层玻璃杯带茶滤手工玻璃加厚女用隔热泡茶创意猫咪办公杯子	星期五 10:37
2	可爱卡通龙猫风水杯韩版学生玻璃杯子儿童男女创意迷你便携保温杯	星期一 21:00
3	蘑菇杯子玻璃杯便携韩国可爱随手杯创意韩版迷你水杯女学生茶杯	星期一 9:45
4	韩国可爱儿童带盖吸管奶瓶成人玻璃杯宝宝防摔隔热迷你奶嘴小水杯	星期四 9:58
5	迷你小巧双层玻璃杯水杯子男女带盖便携花茶杯家用可爱水果随手杯	星期一 22:59
6	宽口女用随手杯迷你玻璃水瓶夏日便携式好看可爱的小型喝水杯子	星期日 7:55
7	韩国小清新玻璃杯可爱女学生简约创意潮流便携迷你个性随手水杯子	星期三 22:24
…	……	……

三、统计出部分玻璃杯商品的上架时间并列表

根据收集的数据，统计出部分玻璃杯商品的上架时间并列表，表格中的数字代表同一时间上架的商品数，如表 2－6 所示。

表 2－6 部分玻璃杯商品上架时间表

	周一	周二	周三	周四	周五	周六	周日
0 点							
6 点	1						
7 点							
8 点	2			1			
9 点	3	2	4	2	4	1	2
10 点	8	4	4	8	6	2	1
11 点	1	3				2	
12 点	2		1	5			1
13 点	3		1	2	5		2
14 点			2	4	4	1	
15 点	2	9	1		2		1

续前表

	周一	周二	周三	周四	周五	周六	周日
16 点	5	7	3				
17 点	2	2	2				
18 点	1						1
19 点		4	2				
20 点		4	1			1	
21 点	5	6	5		1	2	1
22 点	3	3	2				2
23 点			2				

从表 2-6 可以看到，周一的 10 点，周二的 15 点、16 点，周四的 10 点，周五的 10 点，挤满了下架时间接近的商品，要避开这些时间段。结合淘宝网访客的黄金时间段，得出该款蘑菇杯最合理的上架时间可设置在周四的 21 点。

四、设置商品上架时间

1. 进入设置页面

新发布的商品，可以在“卖家中心”下“宝贝管理”中的“发布宝贝”模块进行设置，如图 2-54 所示。

图 2-54　卖家中心的宝贝管理页面

已发布的商品，进入“宝贝管理”下“出售中的宝贝”，点击“编辑宝贝”，如图 2-55 所示，即可进入商品的上架时间设置页面。

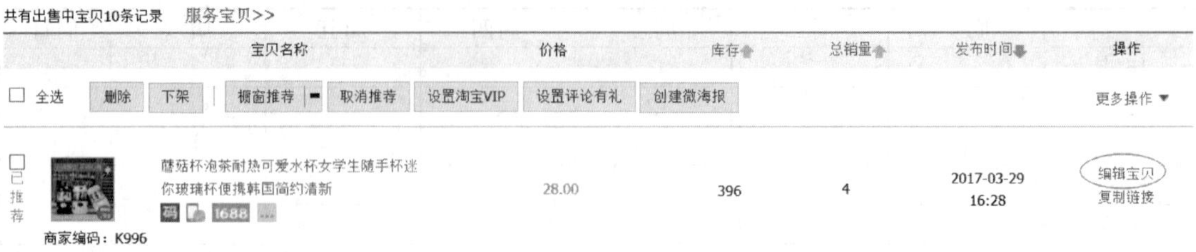

图 2-55 编辑宝贝页面

2. 进入商品编辑页面

进入商品编辑页面后，可看到商品上架时间设置，如图 2-56 所示。其中，选项“立刻上架”就是按现在的时间进行上架，选项“定时上架”就是设定某一时间进行上架，选项“放入仓库”就是把商品下架。

图 2-56 商品上架时间设置

五、商品上架

根据商品上下架规划表，对商品进行统一上下架管理。总的来说，商品上架可根据以下规则进行：

(1) 新品在周一或周二上架，按已设定的计划进行自动调整。

(2) 如果新品为主推款，在上架时设定为固定橱窗推荐。

(3) 定期审视主推款，分析行业数据，避开竞争高峰，重新优化下架时间。

同步实训

▶ 任务描述

请你通过数据分析，为小明店铺的 LED 灯、折叠和充电式台灯进行上下架布局。

▶ 操作指南

(1) 下载千里眼的插件，要注意的是，不同的浏览器使用的千里眼插件安装包不一样，所以下载的时候要根据个人的浏览器来选择不同的安装包。使用千里眼查看同行店铺商品的上下架时间。

(2) 制作同行店铺商品的上下架时间表。

序号	商品名称	上架时间
1		
2		
3		
4		
5		
6		
7		

（3）制作商品上架时间表。

	周一	周二	周三	周四	周五	周六	周日
0 点							
6 点							
7 点							
8 点							
9 点							
10 点							
11 点							
12 点							
13 点							
14 点							
15 点							
16 点							
17 点							
18 点							
19 点							
20 点							
21 点							
22 点							
23 点							

注：用数字表示商品的上架数量。

（4）确定商品的上架时间计划。

▶ 任务评价

评价内容	分值	评价		
		自我评价	小组评价	教师评价
安装数据查看插件	25			
查看同行店铺商品的上下架时间	25			
制作商品上架时间表	25			
确定商品的上架时间计划	25			
合计	100			

任务四 新品破零

任务导入

经过前期的准备，小营接下来的任务就是如何进行商品发布，把信息告诉消费者，让消费者认识小营的店铺，帮助新品快速获得展现，完成第一笔交易。为此，小营制定了以下任务单（见表2-7）。

表2-7 任务单

岗位	工作项目	具体要求	完成时限	验收
运营	类目、长尾词的优化和选择引流方法	确定商品的类目，并优化商品的长尾词，根据所收集的数据选择引流方法	2课时	
美工	主图设计	根据所选择的引流方法制作不同的主图	2课时	
客服	了解店铺各宝贝的卖点	做好引导买家购买的准备	2课时	
推广	类目和长尾词的收集	为所选的商品收集类目和长尾词	2课时	
验收人				

知识探究

一、新品破零的重要性

1. 什么是新品破零

在淘宝网搜索商品的时候，你会发现排名在前的商品，付款量都没有为零的。如果新品发布后一直没有交易量，那么就很难让商品的排名靠前。因而，我们需要突破零的交易量，即新品破零。

2. 新品破零带来的影响

（1）网店平台可以通过商品的交易量来判断其是否受买家欢迎。

（2）增加了卖家店铺的转化率。

（3）商品本身积累了一定的权重。

二、商品发布的技巧

商品发布很简单，只需要把商品的信息和图片上传，点击发布就可以了。但是商品发布后的营销情况，却和前期的准备工作密不可分。我们要把握好商品发布的技巧，而不是只是把商品的数据上传，这就需要我们根据同类商品的情况来收集商品数据。

1. 商品类目的选择

在淘宝网上，每一种商品都有自己的类目。例如，名为“短袖衬衫男淡蓝色”的商品就会出现在“男装—衬衫”类目里，如图 2－57 所示。

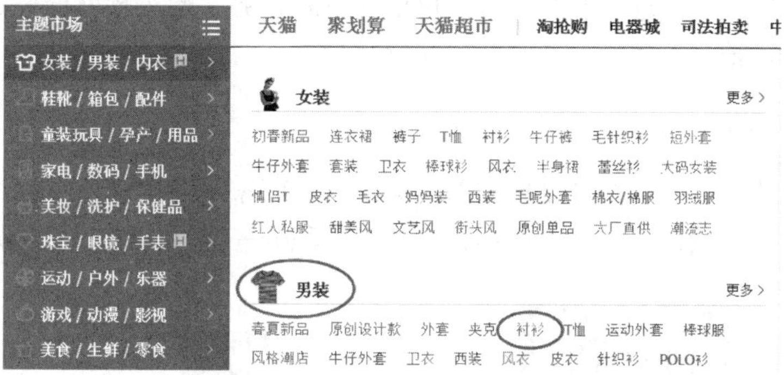

图 2－57　“男装—衬衫”类目

2. 商品长尾词的选择

长尾词是指网站上非目标关键词，但也可以带来搜索流量的关键词。例如，淘宝网上名为“透明超薄手机壳 iPhone6 小熊”的商品数量有 400 多个，而名为“透明超薄手机壳 iPhone6”的商品数量则有 15 万多个。搜索结果中商品数量越多，竞争力越大，实现新品破零就越难。我们可以选择商品中较有特色的部分命名，并使用淘宝高级搜索查看商品搜索结果的数量，如图 2－58 所示。

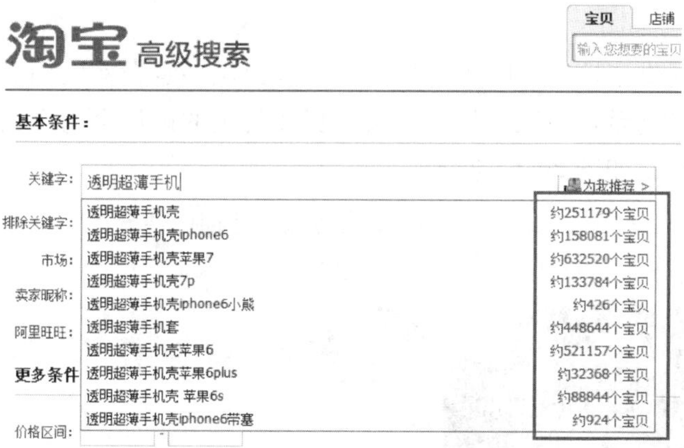

图 2－58　淘宝高级搜索页面

3. 黄金时间上架商品

选择商品销售的黄金时间上架商品，可提高商品的曝光度。

三、新品破零的引流方法

零销售的商品难以在搜索结果中排名靠前，为了增加曝光率，应使用引流方法，提高商品的浏览量。引流方法主要有以下几种。

1. 满就减

买家都有贪便宜的心理，当买家看到价格的下降趋势，购买欲就会升高。例如，把价格设置得高一点，拍下后减价，如图 2-59 所示。

2. 淘金币抵扣

淘金币专区的商品，有全额兑换和部分兑换的。商家开通淘金币抵钱活动，买家在下单付款的时候可以直接选择抵钱，使用方法和天猫积分一样。如图 2-60 所示。

图 2-59 满就减活动

图 2-60 淘金币抵扣

3. 免费试用

免费试用平台提供了让商品曝光的机会。卖家提供一定金额的商品给申请免费试用的买家，买家试用完毕之后，写试用报告，买家真实公正的评价会为宝贝后期的转化奠定一定的销量和好评基础。如图 2-61 所示。

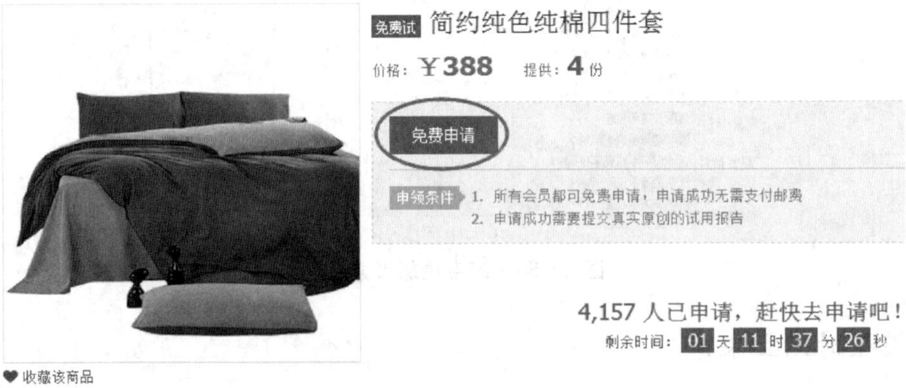

图 2-61 免费试用

4. 找朋友购买

卖家可以让朋友试用之后帮忙写出真实感受。

5. 直通车法

淘宝直通车是为专职淘宝卖家量身定制的按点击付费的效果营销工具，为卖家实现宝贝的精准推广。如图 2－62 所示。

图 2－62　直通车

例如，有家卖女装的店铺，主打中低端市场的产品，由于产品性价比高，零销量上直通车，积累了前期的基础销量，也为后期提高转化奠定了基础。

6. 巧用老客户

定期回访老客户，使用短信消息或旺旺信息等保持与老客户的联系。也可以利用 VIP 会员价进行销售，吸引老客户购买，如图 2－63 所示。

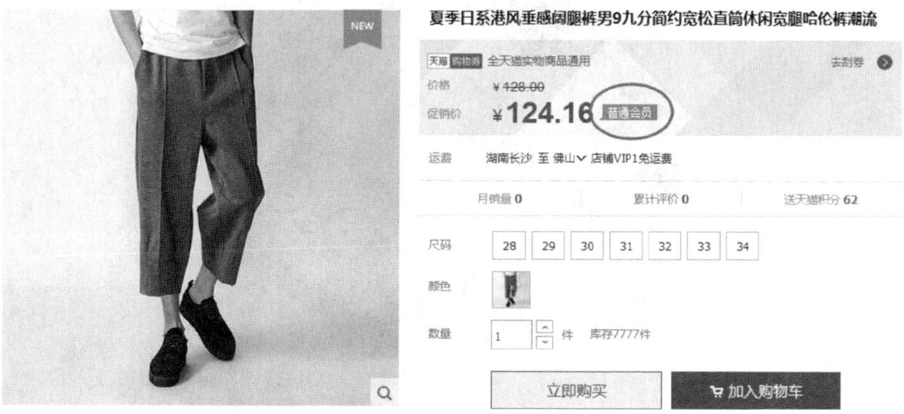

图 2－63　会员价

7. 爆款带动法

一个稳定健康的店铺，70%左右的流量来自店铺的爆款。通过爆款带动新品销售，新品必须是爆款的互补商品，或者定位人群重叠。比如球拍搭配球，上衣搭配裙子等，如图2-64所示。

图 2-64 爆款带动

任务实施

刚开的店铺，各方面都不够成熟，不做一些规划工作，难以增加曝光率和提高浏览量。初期，我们可以选择满就减、找朋友购买。当个人店铺有一定的曝光率和浏览量之后，可以巧用老客户和使用爆款带动法。如果店铺有一定的周转资金，也可以采用直通车法。

一、设置满就减

进入“卖家中心”的“出售中的宝贝”，选择“编辑宝贝”，设置一个价格临界点，超过该价格，拍下后减一定价格。图2-65所示的商品主图，设置了“满50减5元”的规则，买家提交订单后，卖家可以手动修改订单价格，也可以在“营销中心”里设置满就减功能。

图 2-65 商品满就减主题

二、找朋友购买

找自己身边的朋友和亲戚帮忙购买，让他们试用之后帮忙写出真实感受，也会为该商品奠定一定的销量和好评基础。

同步实训

任务描述

小明已经把台灯的信息准备好，请你为他详细列出新品破零的任务实施过程。

台灯信息表

品牌	美乐	光源类型	LED	电池容量	500mAh
产品名称	星环 LED 台灯	光源颜色	白色	功率	5W 及以下
型号	GJMD101003	开关类型	触摸开关	电压	≤36V
质保年限	3 年	灯光调节	三挡触控调光	灯具是否带光源	带光源
材质	PVC	电池类型	USB 口充电电池	底座	夹子底座

操作指南

序号	引流方法名称	方法的运用过程
1		
2		
3		
4		
5		
6		
7		

任务评价

评价内容	分值	评价		
		自我评价	小组评价	教师评价
引流方法的选择	50			
引流计划	50			
合计	100			

情境总结

- 网店常规
  - 标题优化
    - 确定核心关键词
      - 什么是核心关键词
      - 什么样的词不适合作为核心关键词
      - 什么样的词可以作为核心关键词
      - 如何找核心关键词
      - 利用数据确定核心关键词
    - 标题的组合原则
      - 紧密排列优选原则
      - 前后无关原则
      - 带空格的关键词可以拆分和调换位置原则
      - 同一标题不要出现多个核心关键词，标题属性不要重复原则
      - 违禁词和极限词不要出现原则
  - 主图、详情页优化
    - 主图优化
      - 主图的基本要求
      - 主图的设计思路
      - 主图的设计细节
    - 详情页优化
      - 详情页页面的基本框架优化
      - 详情页数据类优化
      - 详情页描述类优化
      - 详情页设计技巧类优化
  - 上下架布局
    - 商品上下架原则
      - 避开高峰期
      - 设置7天上下架时间
      - 平均分配商品上架时间
      - 同类商品分开上架
      - 将橱窗推荐合理用于即将下架的商品
      - 橱窗推荐用于销售量大的商品
    - 商品上下架具体操作要点
      - 对行业访客时间进行分析
      - 对类目商品销量进行分析
      - 对类目商品价格进行分析
  - 新品破零
    - 新品破零的重要性
      - 什么是新品破零
      - 新品破零带来的影响
    - 商品发布的技巧
      - 商品类目的选择
      - 商品长尾词的选择
      - 黄金时间上架商品
    - 新品破零的引流方法
      - 满就减
      - 淘金币抵扣
      - 免费试用
      - 找朋友购买
      - 直通车法
      - 巧用老客户
      - 爆款带动法

基础训练

网店每日常规工作计划书

一、实训任务

请根据网店常规要点制订网店每日常规工作计划书。

二、任务实施

网店每日常规工作计划				
部门	工作项目	具体内容	负责人	备注
运营	标题优化			
	上下架布局			
美工	主图优化			
	详情页优化			
客服	熟悉商品信息			
推广	引流方法			

三、任务评价

评价内容	分值	评价		
		自我评价	小组评价	教师评价
标题优化有条理	10			
主图、详情页优化安排合理	20			
上下架布局合理	30			
新品破零方法适合店铺商品	20			
熟悉商品信息有步骤	20			
合计	100			

拓展训练

通过对本情境的学习，请你从标题优化、主图详情页优化、上下架布局和新品破零等方面为自己的店铺做一下网店常规优化。

学习情境三

营销工具

情境介绍

小营的店铺已经完成了商品上架工作，正式进入运营环节。目前店铺访客量还比较低，小营首先要解决的问题是如何吸引更多的访客到店，他需要通过淘宝网提供的各类优惠促销工具完成引流工作；其次，对于店铺会员，制定有针对性的优惠方案，提高转化率，并增加与客户的互动，提高客户黏性；最后，通过淘金币的使用，刺激客户更多地关注、成交和分享店铺商品，吸引更多的访客到店。

学习目标

▶ 知识目标

1. 了解淘宝网常用优惠促销工具
2. 了解客户运营平台的智能营销功能
3. 了解常用客户互动工具
4. 了解淘金币的基本知识

▶ 技能目标

1. 熟练使用各种优惠促销工具
2. 掌握智能营销的使用方法
3. 熟练使用各种客户互动工具
4. 学会用淘金币进行营销活动

任务一 优惠促销工具

任务导入

网店与传统商店一样，都需要店主用心经营，因此，制定既适合网店实际情况又适合网络环境的优惠促销活动显得十分必要。国庆之际，小营决定对店铺部分商品进行优惠促销活动，制定了以下任务单（见表 3－1）。

表 3－1 任务单

岗位	工作项目	具体要求	完成时限	验收
运营	制定优惠促销方案	为店铺商品制定详细的优惠促销方案	2 课时	
美工	制作促销图	根据运营给出的促销方案进行促销图制作	2 课时	
客服	检查商品页面	检查商品页面，收集信息，为优惠促销的商品提供数据参考	2 课时	
推广	促销方案的实施	把促销方案应用到本店铺中	2 课时	
验收人				

知识探究

相关数据显示，阿里巴巴中国零售交易市场 2016 财年商品交易实时总额突破 3 万亿元人民币，这个数字令人震撼，这也充分说明，网民的数量在不断增加，消费能力在增强。同时，很多人看到了电商市场的商机，纷纷加入电商创业这个行列中来。如此一来，即便电商市场足够大，但是竞争也越来越激烈。如果没有优惠促销活动的带动，即便是老品牌网店，依然很难抵挡中小型网店价格战的冲击。因此有人说，淘宝网一年 365 天都有优惠促销活动，问题的关键是怎样组织优惠促销活动，如何使用优惠促销方式。

一、优惠促销的定义

优惠促销是商家根据商品原价确定让利系数，进行减价、打折、包邮销售的一种方式，既让利消费者又促进商品的销售，是商家的一种营销手段。

二、优惠促销的作用及优势

优惠促销具有鲜明的导购性，可增加顾客的购买欲望，使营业额逐渐上升。另外，优惠促销能起到正面宣传作用，使顾客加深对店铺及其产品的印象。

三、优惠促销工具

卖家可以到卖家服务市场（https：//fuwu. taobao. com）订购第三方促销工具，也可以订购淘宝官方的营销套餐。淘宝官方的营销套餐是淘宝提供给商家的活动促销工具集合，包括单品宝、优惠券、店铺宝、新搭配宝，是帮助商家提高销售量、开拓销售渠道、推广商品品牌的重要途径，也是每个淘宝商家的开店首选工具。

1. 单品宝

淘宝的限时打折与天猫的特价宝合并后更名为“单品宝”，功能全面升级。单品宝拥有强大的营销功能，能够帮助卖家做好宝贝营销，但不支持话费/点卡类目等虚拟类目。

单品宝的活动创建主要分为活动设置、选择活动商品、设置商品优惠三个部分，如图 3－1、图 3－2、图 3－3 所示。

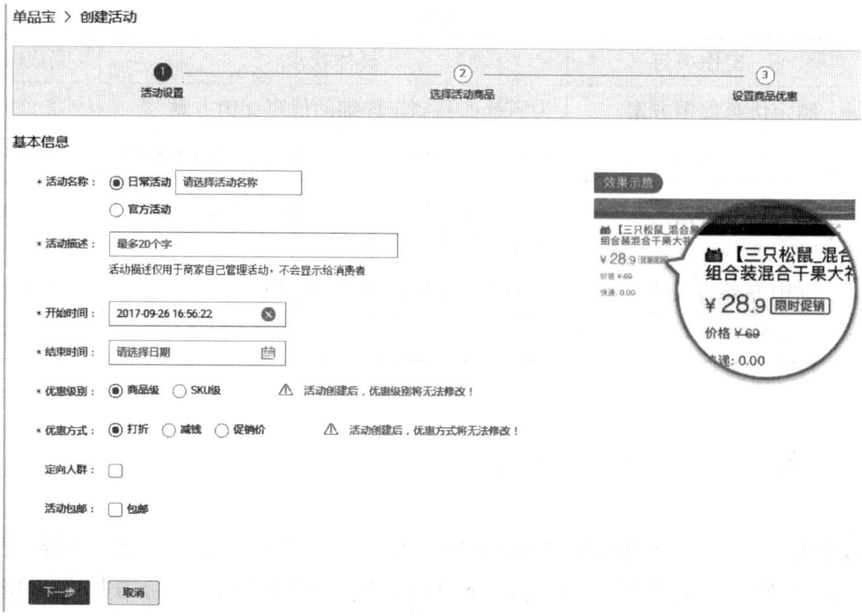

图 3－1 活动设置

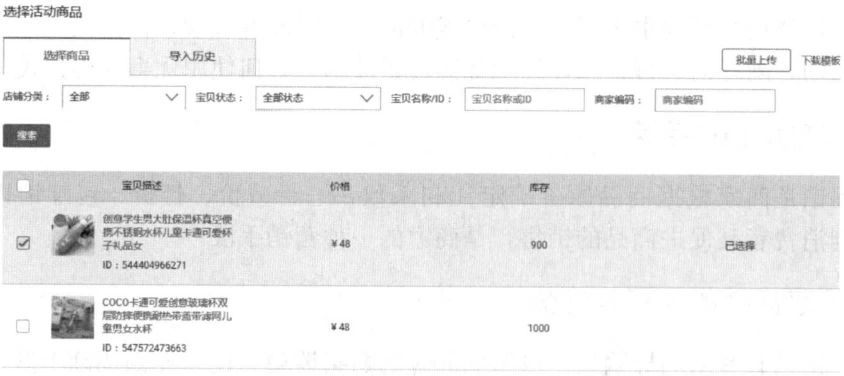

图 3－2 选择活动商品

图 3-3　设置商品优惠

单品宝设置成功后，其前台效果如图 3-4 所示。

图 3-4　单品宝（限时特惠）

2. 优惠券

优惠券是一种虚拟的电子券，卖家可以在不用充值现金的前提下针对新客户或者不同等级会员发放不同面额的优惠券。新版优惠券包括两种类型：店铺优惠券和商品优惠券，设置页面如图 3-5 所示。

图 3-5　优惠券设置页面

店铺优惠券：全店通用，买家购买全店商品可凭券抵扣现金。设置页面如图 3-6 所示。

图 3-6　店铺优惠券设置页面

商品优惠券：定向优惠，买家购买特定商品可凭券抵扣现金。设置页面如图 3-7 所示。

图 3-7　商品优惠券设置页面

优惠券有两大功能：一是通过满就减（送）、会员关系管理维护老客户；二是通过创建优惠券买家领取功能，主动营销新客户。

优惠券有三种推广渠道：全网自动推广，官方渠道推广，自有渠道推广。

全网自动推广：允许在全网传播的通用券。

官方渠道推广：阿里妈妈推广、官方活动招商等官方渠道的专用券。渠道券创建成功后，只能等待优惠券有效期结束才能删除，不能手动结束该券，但可以增加发行量和修改每人限领张数。

自有渠道推广：用于站外、旺旺等自有渠道的不公开券。

店铺优惠券的展示效果如图 3－8 所示。

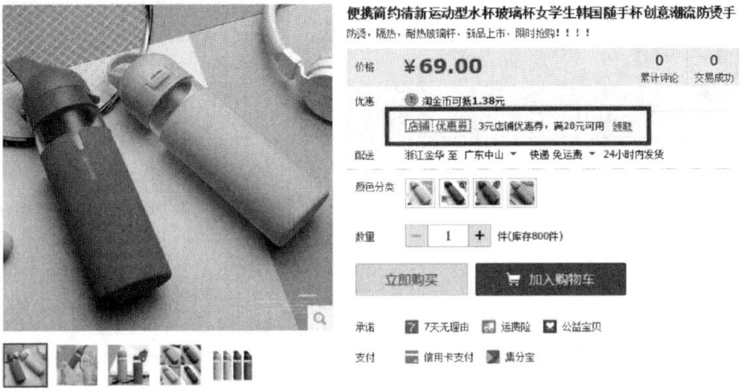

图 3－8　店铺优惠券展示效果

商品优惠券的买家领取展示效果如图 3－9 所示。

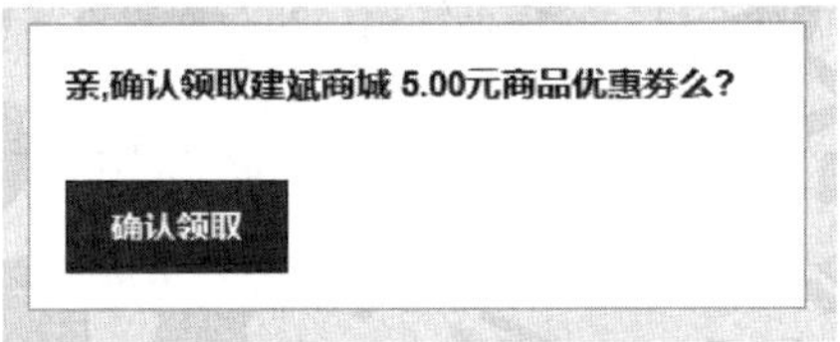

图 3－9　商品优惠券买家领取展示效果

3. 店铺宝

店铺宝属于店铺级优惠工具，由“满就减（送）”全面升级更名而来，支持创建部分商品或全店商店的满减、满折、满包邮、满送权益、满送赠品等营销活动。店铺宝的后台设置如图 3－10、图 3－11、图 3－12 所示。

图 3－10　店铺宝基本信息设置

图 3－11　店铺宝优惠门槛及内容设置

图 3－12　店铺宝选择商品设置

店铺宝 1.0 的功能包含“店铺优惠”大部分的核心功能，除此之外，支持部分商品或全店商品送权益，包括虾米音乐 VIP、彩票、优酷会员、现金红包、支付宝红包、黄金红包、外卖粮票、流量钱包、淘话费、淘金币等。

店铺宝优惠信息展示效果如图 3－13 所示。

图 3－13　店铺宝优惠信息展示效果

4. 新搭配宝

新搭配宝是商品关联搭配工具，支持固定及自由搭配；更有智能算法，推荐适合的搭配商品，帮助店铺提升客单价和转化率。新搭配宝的后台设置如图 3－14、图 3－15 所示。

图 3－14　新搭配宝选择商品设置

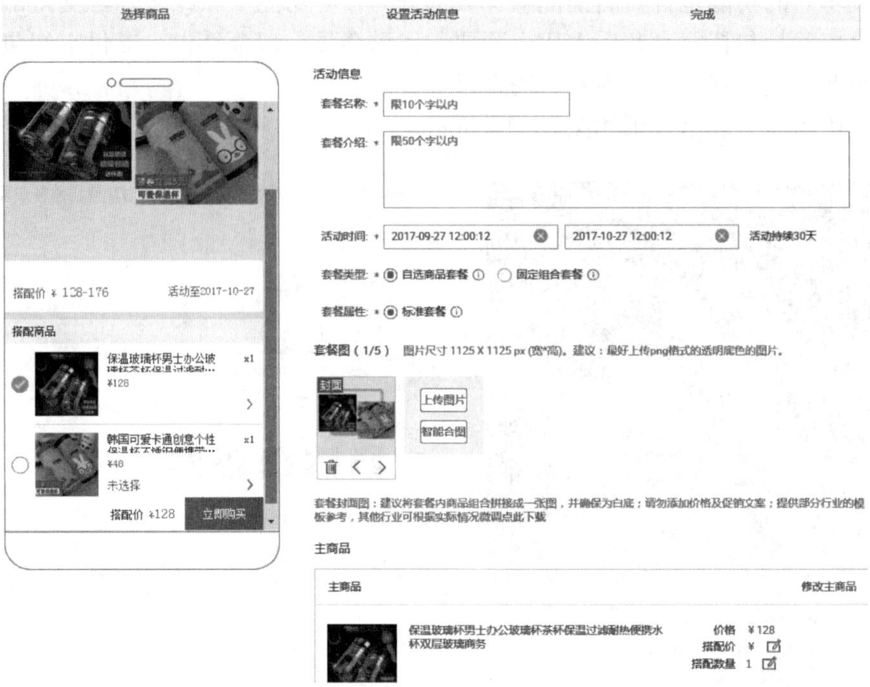

图 3-15　新搭配宝活动信息设置

需要注意的是，虚拟类目、家装带服务标的商品、拍卖商品、秒杀商品、跨店商品、部分汽车类目暂无法设置新搭配宝。

新搭配宝活动的淘宝前台展示效果如图 3-16 所示。

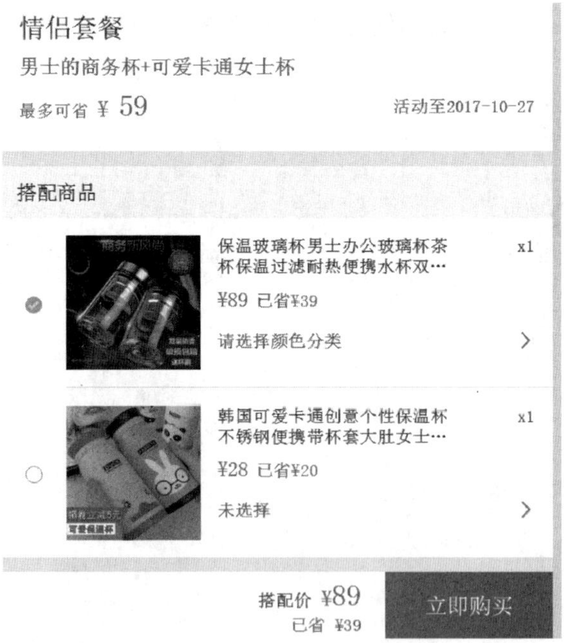

图 3-16　新搭配宝活动的淘宝前台展示效果

四、使用优惠促销的注意事项

店铺优惠促销的内容，主要是对店铺的展示，促进消费者购买的欲望。运用的优惠促销服务不宜过多，一种商品以用 2 个优惠促销服务为宜。

任务实施

一、制定店铺商品的优惠促销方案

小营根据库存并结合商品的利润，制定的国庆优惠促销方案如下：
活动主题：国庆狂欢季。
活动时间：9 月 28 日 00:00—10 月 8 日 23:59:59。
活动内容：
（1）全场包邮（海外、香港、澳门、台湾、新疆、宁夏、西藏除外）。
（2）买杯子送杯刷：活动期间，买任一款杯子送杯刷一支。
（3）满就减：满 69 减 5 元，满 128 减 10 元，满 229 减 20 元。

二、订购营销工具

（1）通过对国庆优惠促销方案的分析，包邮、送赠品、满减这三项都可以用店铺宝来实现。

（2）登录卖家服务市场，在搜索框中搜索所需的工具“店铺宝”，点击“搜索”按钮，如图 3－17 所示。

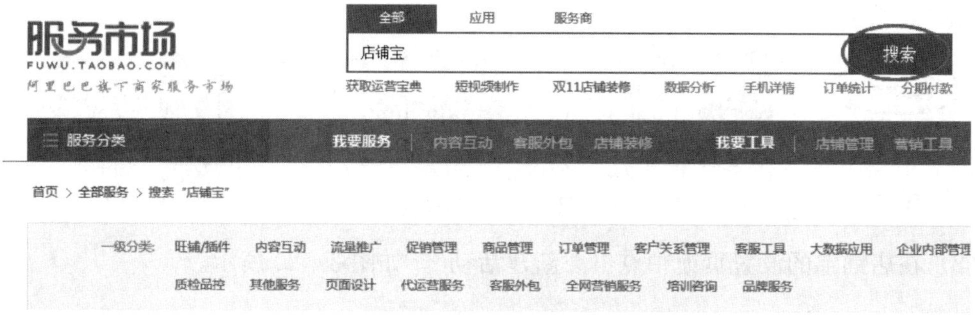

图 3－17　搜索店铺宝工具

（3）在弹出的页面查看店铺宝的详细介绍，选择所需的周期（一季度、半年或一年），点击“立即购买”，按照订购流程进行付款即可；如需购买套餐，可以点击“查看套餐”按钮了解详情再订购，如图 3－18 所示。

三、将促销方案运用到店铺中

（1）登录卖家中心，在“营销中心”点击“店铺营销工具”，再点击“店铺宝”，如图 3－19 所示。

图 3-18 店铺宝订购

图 3-19 店铺宝

（2）在店铺宝的设置页面中点击“新建活动”，如图 3-20 所示。

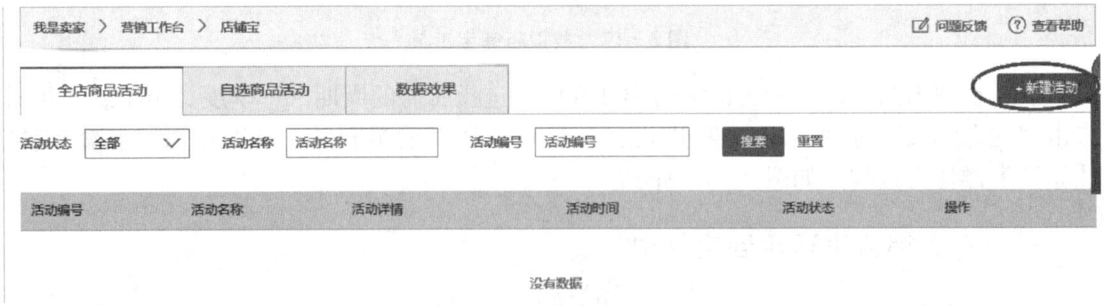

图 3-20 新建活动

（3）填写活动基本信息，点击“下一步”，如图 3－21 所示。

图 3－21　填写活动基本信息

（4）按照国庆优惠促销方案设置优惠条件、优惠门槛及内容，点击“增加一级优惠”可再设置第二层级的满减内容，依次类推，如图 3－22 所示。

图 3－22　设置优惠条件、优惠门槛及内容

同步实训

任务描述

小明打算给店铺设置一些优惠信息，请你为小明罗列单品宝、优惠券、店铺宝、新搭配宝这 4 种工具的适用范围。

操作指南

（1）单品宝。

优惠级别	
优惠方式	

（2）优惠券。

店铺优惠券	
商品优惠券	
包邮券	

（3）店铺宝。

优惠条件	
优惠门槛	
优惠内容	

（4）新搭配宝。

任务评价

评价内容	分值	评价		
		自我评价	小组评价	教师评价
单品宝的适用范围填写正确	20			
优惠券的适用范围填写正确	30			
店铺宝的适用范围填写正确	30			
新搭配宝的适用范围填写正确	20			
合计	100			

任务二 智能营销工具

任务导入

在客户运营平台上，智能营销可以针对不同人群设置专享价、优惠券，可以对店铺高营销人群设置针对性优惠，可以对交易客户或者兴趣客户进行精准营销，对于标签用户形成转化有较大帮助。小营决定对店铺进行智能营销，他制定了以下任务单（见表 3－2）。

表 3－2　任务单

岗位	工作项目	具体要求	完成时限	验收
运营	制订智能营销计划	为店铺商品制订详细的智能营销计划	2 课时	
美工	制作专享优惠图	根据运营给出的会员专享方案进行图片制作	2 课时	
客服	收集客户信息	收集店铺各种客户群体信息	2 课时	
推广	智能营销计划的实施	到客户运营平台订购服务	2 课时	
验收人				

知识探究

众所周知，流量对店铺的影响最大，其次就是转化率。在客户运营平台上，合理利用智能营销可以取得不错的效果。

一、客户运营平台

客户运营平台是一款非常基础的 CRM 工具，适合有一定的客户基础、有人群运营意识的卖家使用。如果店铺刚刚起步，客户运营平台也有较多的基础功能，如优惠券关怀、专享价等，可以帮助小卖家走上人群运营之路。

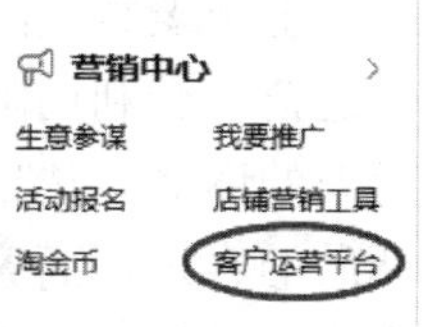

图 3－23　客户运营平台打开方式

登录卖家中心，进入“营销中心”下的“客户运营平台”（如图 3－23所示），即可进入客户运营平台（如图 3－24 所示）。

二、智能营销

客户运营平台中的智能营销有上新老客提醒、自定义营销、兴趣客户转化、优惠券关怀、专享打折/减现、专享价、购物车营销七项功能，如图 3－25 所示。

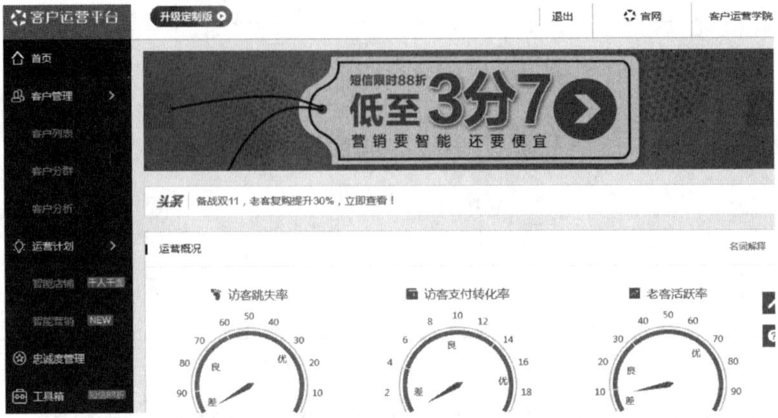

图 3-24　客户运营平台界面

图 3-25　智能营销的七项功能

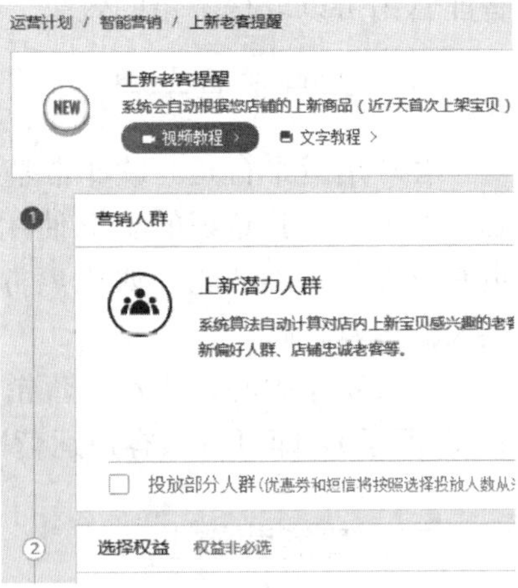

图 3-26　上新老客提醒设置页面

1. 上新老客提醒

上新老客提醒是客户运营平台的智能营销功能，客户运营平台利用阿里大数据能力，根据最近 7 天第一次上架的商品，选出那些对新品感兴趣的、最有可能购买新品的客户，商家可以针对这部分客户进行新品营销，提升新品转化、累计销量。上新老客提醒设置页面如图 3-26 所示。

2. 自定义营销

自定义营销功能可自由地选择想要营销的客户群体，创建人群，并对该人群进行优惠券、短信及定向海报的投放，促进人群的成交转化。它是一次性营销场景，可灵活地圈选人群，访问、收藏、加购标签全面开放，筛选能力较强。自定义营销设置页面如图 3-27 所示。

3. 兴趣客户转化

兴趣客户转化功能可对近 3～10 天内有加购或收藏但无成交行为的消费者提供专属权益，通过短信、店铺定向海报等方式对该人群进行触达通知，进而提升兴趣人群的整体购买转化率。

什么是兴趣人群？店铺近 3～10 天有加购或收藏行为但没有购买的买家。

为什么要重点运营兴趣人群？这部分买家有加购或收藏行为，证明其对商品感兴趣，但未转化，也许是忘记了，也许是还在纠结，这个时候需要给予一定的刺激，促使其快速转化。

兴趣客户转化设置页面如图 3-28 所示。

图 3-27 自定义营销设置页面

图 3-28 兴趣客户转化设置页面

4. 优惠券关怀

优惠券关怀是一次性营销场景，针对选定的人群进行优惠券的推送，优惠券将直接推送到客户的卡券包中。定向优惠券只能发送给在本店有购买记录或收藏商品或加购商品的客户，平台会根据选定的人群自动过滤。使用优惠券关怀功能，必须先订购淘宝官方优惠券功能，否则不能使用。优惠券关怀设置页面如图 3-29 所示。

5. 专享打折/减现

专享打折/减现是针对不同标签人群的定向打折/减现营销。活动对象可以是全网客户、店铺 VIP 客户、标签客户。专享打折/减现设置页面如图 3-30 所示。

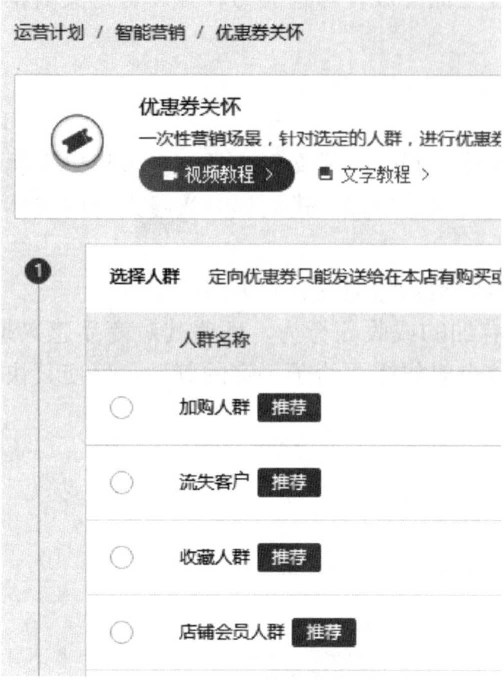

图 3-29 优惠券关怀设置页面

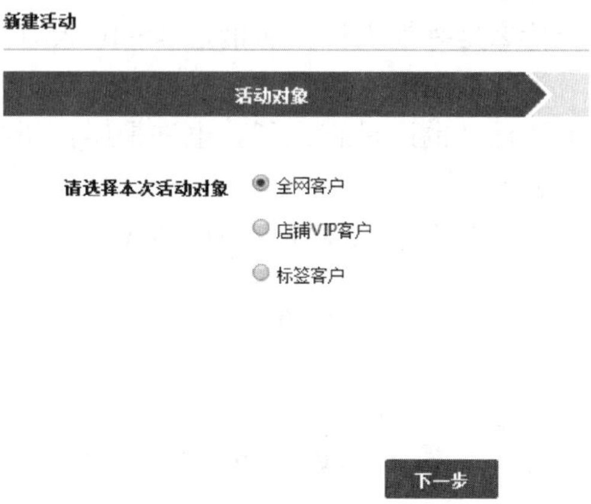

图 3-30 专享打折/减现设置页面

6. 专享价

专享价营销是针对不同标签人群的定向专享价格活动。活动对象可以是全部客户、交易客户、兴趣客户。专享价设置页面如图 3-31 所示。

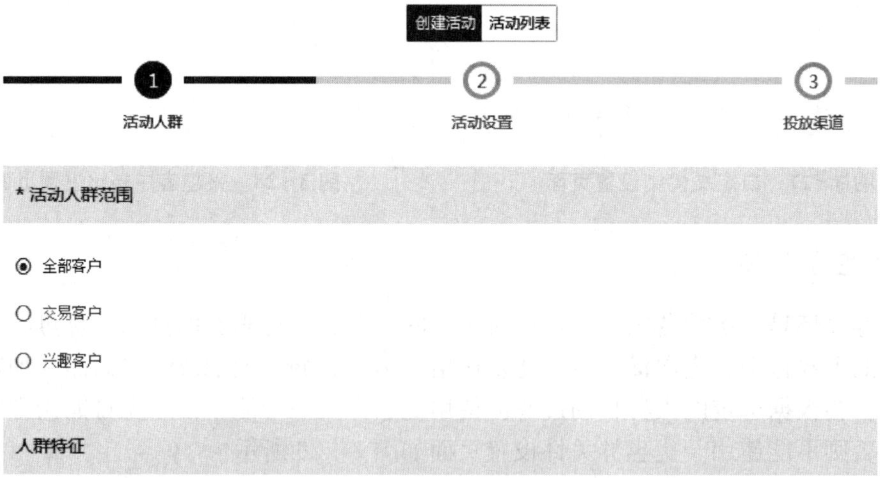

图 3-31 专享价设置页面

7. 购物车营销

购物车营销是淘宝免费提供给卖家的一款商品营销工具，卖家设置好购物车营销参数，买家将宝贝加入自己的购物车后将会自动减价或有折扣，这样将有效地提高店铺的成交率。购物车营销设置页面如图 3－32 所示。

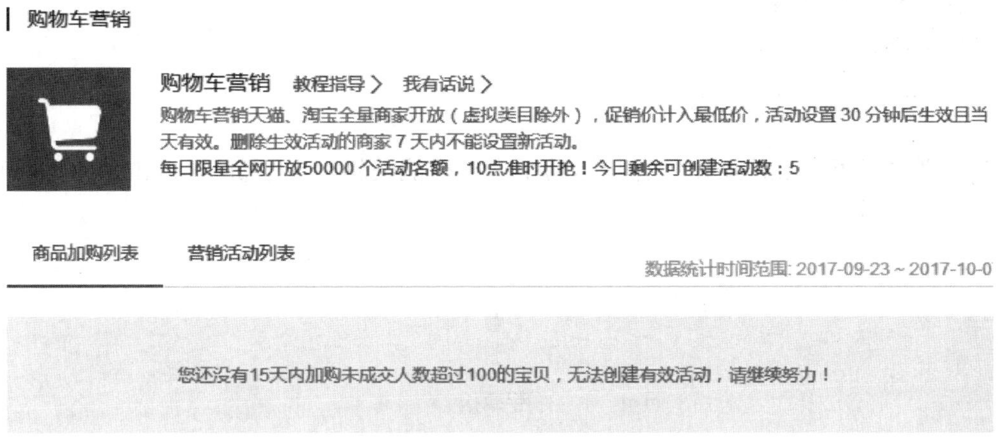

图 3－32　购物车营销设置页面

三、智能营销的使用技巧

（1）在上新老客提醒模块，针对店铺新品，设置老客户提醒活动，进一步提高店铺新品转化率。

（2）在自定义营销模块，可以结合生意参谋的访客分析和客户运营平台的客户分析，得出初步的人群画像，再按照这个人群画像，设置好对应的目标人群。

（3）在优惠券关怀模块，可以每周针对收藏客户、加购客户、流失客户和上新潜力客户实行定期的优惠券营销。

使用智能营销可以全周期、有针对性地进行客户唤醒和营销。

目前，智能营销有两种效果较好的转化渠道：一种是短信渠道，建议设置最大化人群覆盖，选择智能发送；另一种是定向海报，可以通过无线端智能版装修设置定向推广海报。

任务实施

一、制定店铺的智能营销方案

为了提高复购率，回馈老客户，开展专享价活动。

活动主题：感恩回馈。

活动时间：10 月 9 日—10 月 22 日。

活动商品：全店商品。

活动价：不低于当前最低价。

注：不限购。

二、制作手淘活动图

尺寸：608×192 像素。
文件大小：小于 50KB。

三、将方案应用到店铺中

（1）登录卖家中心，操作“客户运营平台—智能营销—专享价”，点击“立即创建”，如图 3－33 所示。

图 3－33　专享价创建

（2）选择“全部客户”，点击“下一步”，如图 3－34 所示。

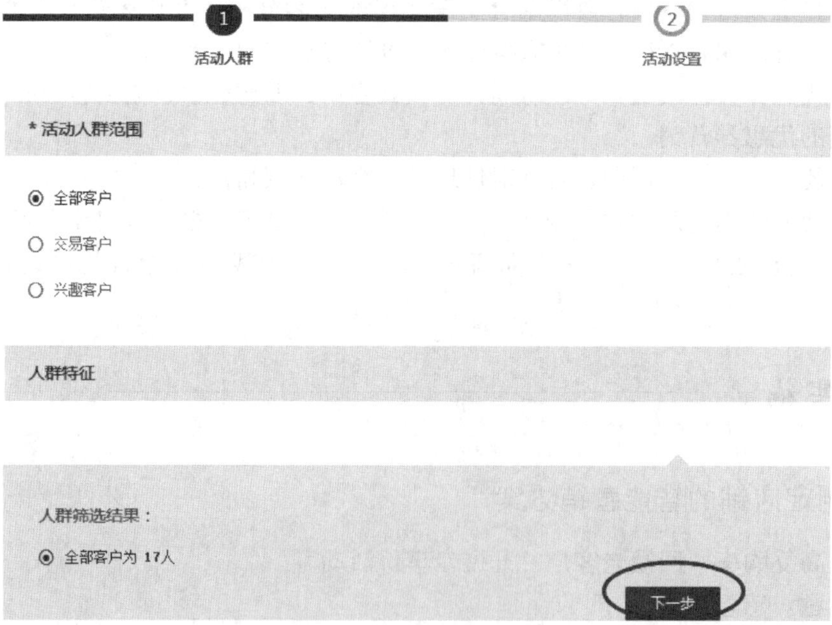

图 3－34　活动人群设置

（3）按照活动方案填写活动设置，如图 3－35 所示。设置完毕，点击“完成创建”，如图 3－36 所示。

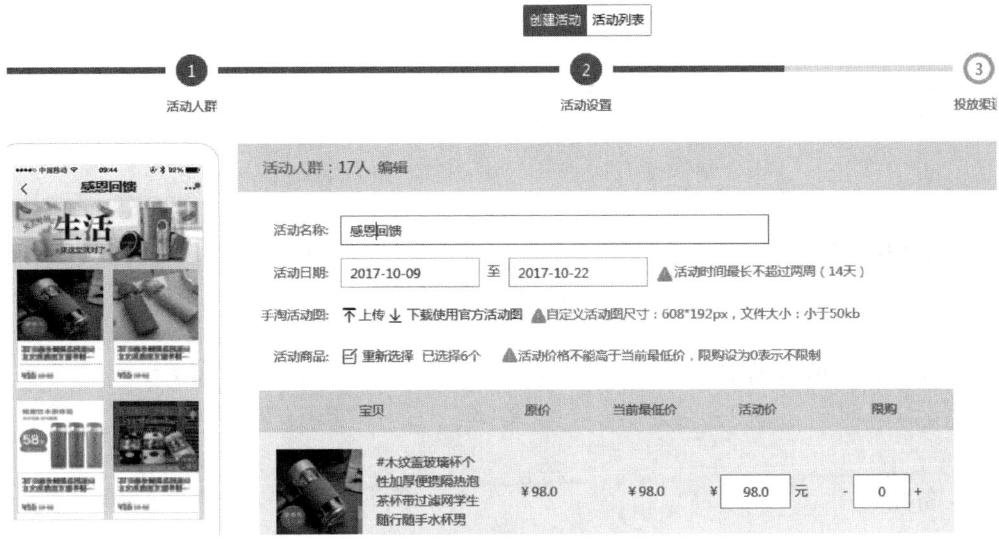

图 3-35 活动设置

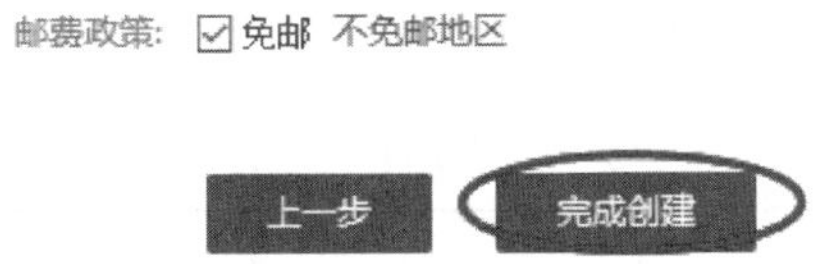

图 3-36 完成创建

（4）进入投放渠道设置页面，点击“全面投放”，如图 3-37 所示。

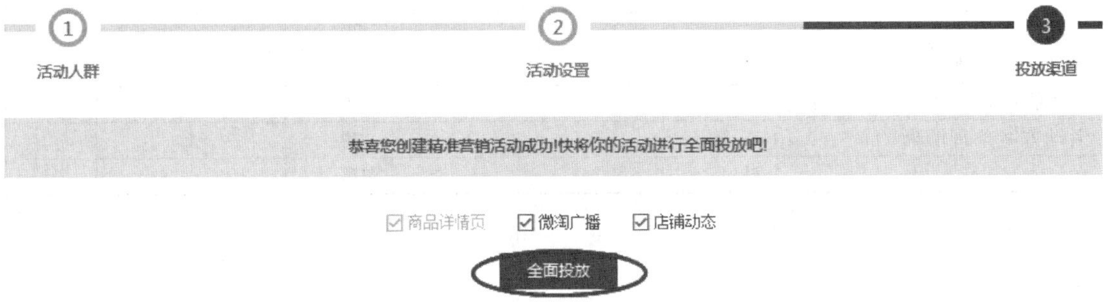

图 3-37 投放渠道选择

同步实训

▶ 任务描述

小明打算为店铺进行智能营销，请你根据所学的知识为小明设计一个智能营销方案。

▶ 操作指南

（1）活动主题。

（2）活动时间。

（3）活动商品。

（4）活动内容。

（5）使用的智能营销工具。

（6）备注。

▶ 任务评价

评价内容	分值	评价		
		自我评价	小组评价	教师评价
活动主题鲜明，有吸引力	20			
活动时间合理	10			
活动商品恰当	20			
活动内容合理	20			
使用智能营销工具的理由充分	10			
活动方案条理清晰	20			
合计	100			

任务三 客户互动工具——买家秀

任务导入

客户收到购买的商品后，会对商品进行评价，精彩的评价和好的配图，会对后面浏览商品的客户有正面引导购买的作用。店铺运营人员可以将优秀的客户评价整理成买家秀，在无线端详情页中置顶，让买家第一时间看到商品精彩的评价，可提高商品的转化率。

小营打算选择带图的优秀评价，发布为买家秀，并在无线端的详情页中置顶。他制定了以下任务单（见表 3－3）。

表 3－3　　任务单

岗位	工作项目	具体要求	完成时限	验收
运营	发布买家秀	将精彩的买家评价整理后发布买家秀	2 课时	
美工	截图买家评价	将精彩的买家评价截图	2 课时	
客服	熟悉产品优点	熟悉产品优点，便于回答客户咨询	2 课时	
推广	置顶买家秀	将买家秀置顶在无线端详情页中	2 课时	
验收人				

知识探究

一、什么是买家秀

买家秀就是由卖家确定活动主题、设立奖项，由买家晒出照片来参与秀搭配、秀新品、秀宝贝，实现趣味互动。

二、买家秀展示的位置

（1）将优质的买家秀内容投放到微淘广播中，店铺粉丝可在微淘动态中看到买家秀内容，如图 3－38 所示。

（2）将已发布的买家秀装修到无线店铺中，可在手机淘宝产品详情页、店铺活动页和手机淘宝首页看到，如图 3－39 所示。

图 3－38　微淘买家秀

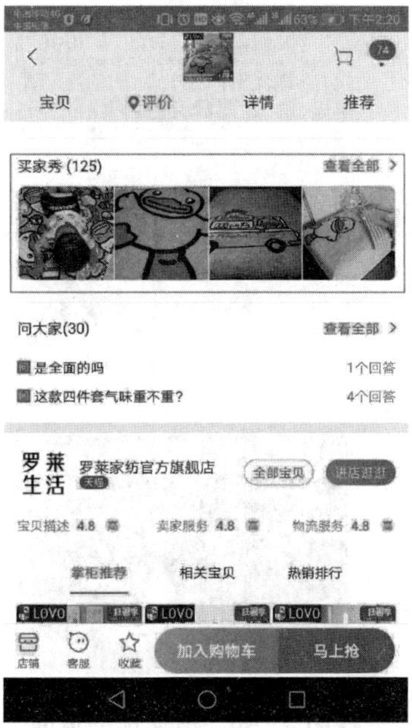

图 3－39　移动端详情页买家秀

三、买家秀的常见问题

1. 卖家每天可以发多少条买家秀

卖家每天发布的买家秀条数不受限制，每天发布的第一条买家秀会同步为微淘动态，其余的买家秀会出现在微淘买家秀频道中。

2. 什么样的账号可以使用买家秀插件

主账号和“运营角色”的子账号可以使用买家秀插件。

四、卖家案例分享

某女童装店铺的目标用户是年轻的爸爸妈妈们，他们在孩子的装扮方面有共同语言。卖家为了让目标客户活跃起来，做了个宝宝秀活动，取得了非常好的效果，店铺的关注度和流量急速上升。具体操作流程如下：

（1）卖家设置一个活动预热页面，告诉买家晒图活动的规则，并放上自家的商品，引导买家购买和购买后来秀一秀，如图 3-40 所示。

（2）挑选出优秀的晒图，创建投票页面，激励上榜的买家去拉票，如图 3-41 所示。

图 3-40 活动预热页面

图 3-41 投票页面

活动总结：

（1）利益刺激是必需的，是提升用户活跃度的利器。

（2）要找到用户的兴趣点。

（3）营造氛围。

任务实施

一、发布买家秀

（1）打开 PC 版千牛，如图 3－42 所示。

（2）在千牛主面板左下角，点击“应用中心”，打开应用选择面板，如图 3－43 所示。

图 3－42 PC 版千牛

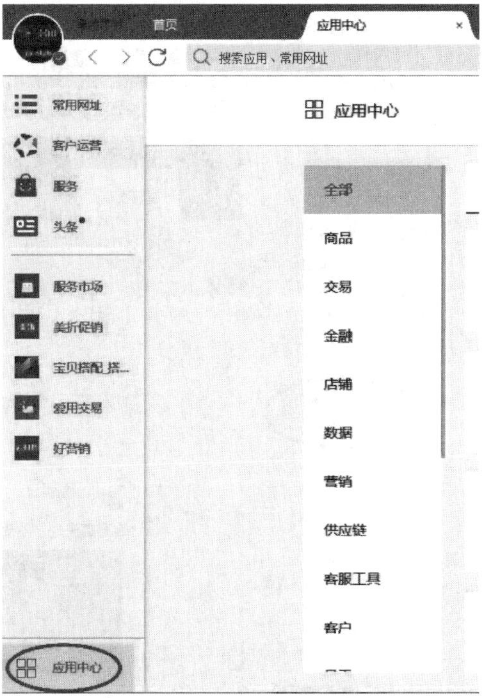

图 3－43 千牛应用中心

（3）在应用中心的“营销”分类中，选择“官方买家秀”应用，点击该应用旁的图钉标志，将“买家秀”应用添加至千牛面板左侧快捷菜单里，如图 3－44 所示。

（4）在千牛面板左侧快捷菜单里，点击“官方买家秀”，打开买家秀工具，如图 3－45 所示。

（5）在买家秀的素材库中是本店铺的有图评价，选择比较好的带图评价，点击“发布到买家秀”按钮，如图 3－46 所示，该条带图评价即可发布到买家秀中。

（6）点击买家秀的“已发布”选项卡，即可看到发布成功的买家秀，如图 3－47 所示。可复制 URL，将店铺买家秀装修到无线店铺中，还可扫一扫二维码查看和分享店铺买家秀。

图 3-44　添加买家秀

图 3-45　买家秀工具

图 3-46　发布买家秀

图 3-47　已发布的买家秀

二、无线端详情页顶端设置买家秀

（1）登录卖家中心，点击店铺管理中的“手机淘宝店铺”，然后点击“立即装修”按钮，如图 3-48 所示，进入无线运营中心；也可直接访问网址：http：//wuxian. taobao. com。

图 3-48　进入手机淘宝店铺页面

（2）点击无线运营中心的“详情装修”，如图 3－49 所示，进入无线详情装修页面。

图 3－49　无线运营中心

（3）点击“模板管理”，如图 3－50 所示，进入模板市场页面。

图 3－50　进入模板市场

（4）点击“用户说模块”，可以看到已经发布的买家秀；点击“添加模块”，进入买家秀选择页面。如图 3－51 所示。

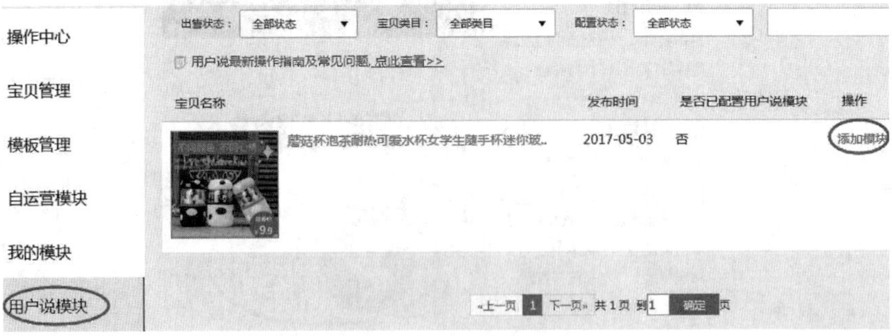

图 3－51　用户说模块

（5）在内容中心，选择需要放置到无线详情页顶端的买家秀，如图 3－52 所示，点击“下一步”进入预览详情页面。

图 3－52　选择买家秀

（6）点击“同步”，即可将买家秀发布到无线详情页中，如图 3－53 所示。

图 3－53　发布买家秀到无线详情页

（7）设置完成之后，可用手淘扫一扫，查看实际效果，如图 3－54 所示。

图 3-54　查看买家秀效果

同步实训

▶ 任务描述

小明运营淘宝店铺一段时间之后，发现优秀的评价可以提高店铺的转化率。所以，他计划为热销款的台灯设置买家秀，将优秀的评价置顶在无线端的详情页上。

▶ 操作指南

（1）浏览爆款台灯的客户评价，找出带图的优秀评价。

台灯评价 1

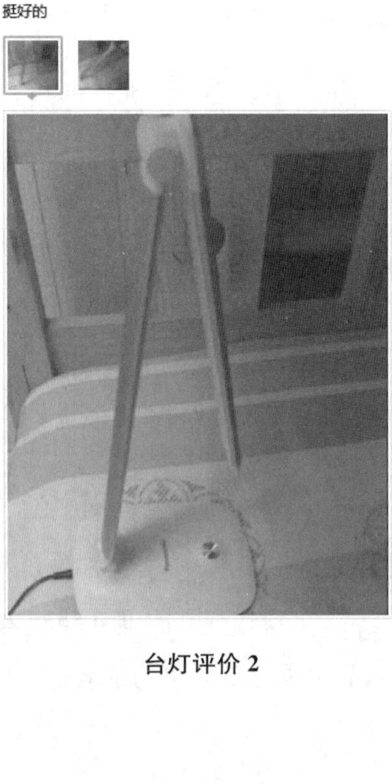

台灯评价 2

这款台灯很不错，先前的老式灯管的早该换了，现在都流行led，造型小巧美观，节约空间，关键光线照出来舒服明亮，不是很白也不黄，对眼睛不刺激，一个是灯本身的颜色很漂亮，淡淡的金属粉色，底盘是白色，可是电线却是黑色，很不搭。如果做成白色会漂亮很多。

台灯评价 3

非常好用 款式大方简洁 孩子也很喜欢 三个档位非常实用 赞赞赞

台灯评价 4

总体来说简约又不失时尚。三档亮度调节，灯体角度和高度也可自由调节，十分满意！我家宝贝一收到货就迫不急待地用起来。

台灯评价 5

除了感觉价位高外，目前没别的诉求，收到后如评价所述，光线柔和，不刺眼，总共三档，由弱到强，不刺眼，包括式样和颜色都是我喜欢的，触屏式按钮更方便，期待使用寿命和本身的质量物有所值。

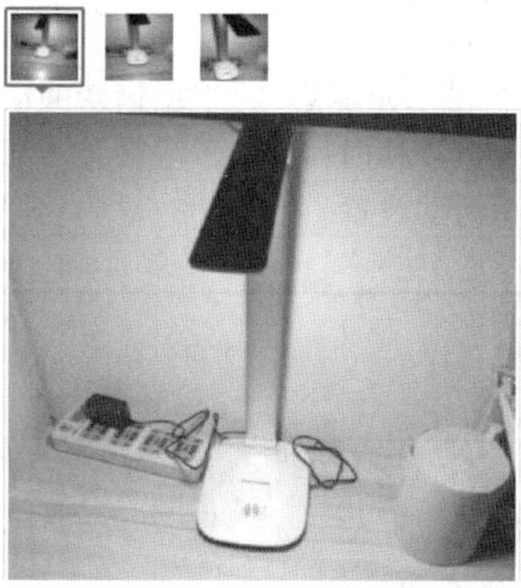

台灯评价 6

（2）填写表格。

评价	是否选择	选择原因
台灯评价 1		
台灯评价 2		
台灯评价 3		
台灯评价 4		
台灯评价 5		
台灯评价 6		

▶ 任务评价

评价内容	分值	评价		
		自我评价	小组评价	教师评价
找出带图的优秀评价	40			
入选优秀评价的理由充分	60			
合计	100			

任务四 淘金币专区

任务导入

小营听说淘金币可以增加店铺人气，获得更多的客户访问量，所以打算使用淘金币做一次活动。他制定了以下任务单（见表 3-4）。

表 3-4 **任务单**

岗位	工作项目	具体要求	完成时限	验收
运营	策划淘金币活动	策划淘金币活动的内容	2 课时	
美工	设计淘金币活动海报	根据运营的活动计划，设计相应的活动海报	2 课时	
客服	了解淘金币活动内容	了解淘金币活动的具体内容，应对买家咨询	2 课时	
推广	淘金币活动设置	对淘金币活动进行设置	2 课时	
验收人				

知识探究

一、什么是淘金币

淘金币是淘宝站内一个比较实用且受买家喜欢的推广工具。买家既可以在购买产品时利用平时积累的淘金币抵扣部分现金，也可以通过参加店铺的一些活动来赚取淘金币。

二、卖家赚淘金币

淘宝官方为卖家提供了获取淘金币的方法：淘金币抵钱。若卖家设置了可用淘金币抵扣部分现金，则买家在付款时可以用淘金币抵扣一定比例的商品金额，卖家可获得抵扣淘金币的 70%。这样既可以使卖家获取淘金币，又能让买家通过兑换淘金币来进行消费，给店铺带来访客和交易量。

三、卖家花淘金币

淘宝官方为卖家提供了三种消耗淘金币的方法：金币频道商品推广、店铺签到送金币、店铺收藏送金币。

1. 金币频道商品推广

在金币频道以点击付金币的方式进行商品推广来获取流量，如图 3－55 所示。

渠道1设置

渠道名称	单次消耗金币	金币消耗门槛	每日消耗上限
☐ 金币频道商品推广 ⓘ	45金币/人	10000	填写1-100的整数 万

图 3－55　金币频道商品推广

2. 店铺签到送金币

给进入店铺签到的买家发放一定数量的金币奖励，以此提升用户黏性，如图 3－56 所示。

渠道名称	单次消耗金币	金币消耗门槛	金币消耗方式	更多设置
☐ 新版 店铺签到送金币 ⓘ	5金币/人	3000	自动续费	管理签到设置 ^

图 3－56　店铺签到送金币

3. 店铺收藏送金币

对收藏和关注店铺的买家给予金币奖励，以提升店铺人气，如图 3－57 所示。

渠道3设置

渠道名称	单次消耗金币	金币消耗门槛	金币消耗方式
☐ 店铺收藏送金币 ⓘ	10金币/人	1000	自动续费

图 3－57　店铺收藏送金币

四、淘金币营销方法

1. 淘金币抵钱活动

卖家设置全店商品或单品的淘金币抵钱活动，买家购物时可用淘金币抵现，可提高优质买家的持续超高转化。

如果卖家设置了淘金币抵钱活动，在买家查看商品时，即可在商品价格下方出现淘金币可抵扣的金额，如图 3－58 所示。

图 3－58　淘金币抵钱活动页面效果

买家拍下该商品之后，可使用淘金币抵扣相应比例的货款，如图 3－59 所示。

图 3－59　使用淘金币抵扣货款

2. 签到送金币

卖家可以免费设置金币签到工具，给来店铺签到的忠实买家送淘金币。设置完成后，买家可以在已买到的宝贝、收藏过的店铺、赚金币签到页、旺铺首页看到所有可签到的店铺。在一定时间段内，签到送金币可引导买家持续关注店铺，提升老客户的黏性。

签到送金币的设置步骤如下：

（1）在浏览器中输入地址：http：//taojinbi. taobao. com，进入淘金币网站，使用自己的淘宝账户和密码登录。

（2）点击“卖家中心”，进入“淘金币卖家中心”，如图 3－60 所示。

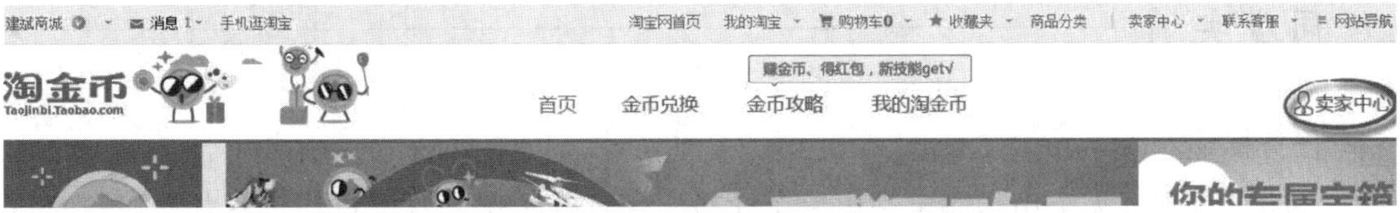

图 3－60　淘金币卖家中心

（3）在淘金币卖家中心点击“金币工具”，进入金币工具设置页面。

（4）在店铺签到送金币设置页面设置签到送金币的用户范围，如图 3－61 所示。

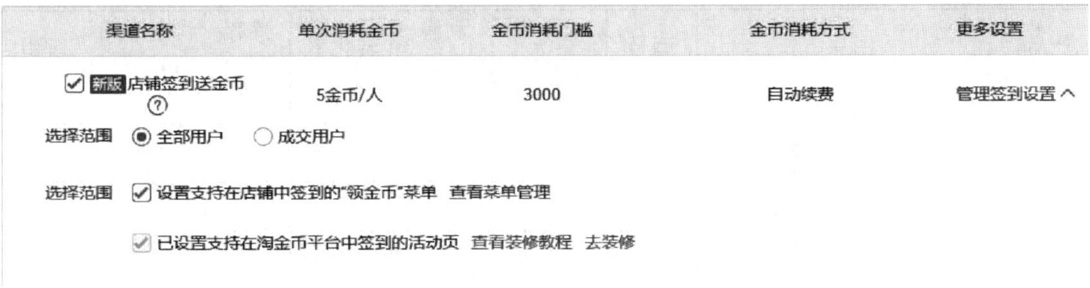

图 3－61　店铺签到送金币设置页面

3. 收藏店铺送金币

设置此功能后，可以给收藏了店铺的买家赠送淘金币，有利于提升店铺收藏人气，并为买家回访店铺创造条件。可在“我要花金币”的“渠道 3 设置”部分，设置店铺收藏送金币，如图 3－62 所示。

图 3－62　店铺收藏送金币

任务实施

为了提高店铺的转化率，使访问店铺的买家尽可能成交，小营策划了一次淘金币营销活动。为了避免抵扣比例设置不当产生亏本交易，小营通过计算经营成本，将淘金币的抵扣比例设定为引流款商品抵扣 2%、活动款商品抵扣 5%和利润款商品抵扣 10%。

具体操作流程如下：

（1）点击“卖家中心”，进入“淘金币卖家服务中心”。

（2）在“淘金币卖家服务中心”，点击“金币工具”，进入“金币工具设置”页面，根据店铺需要进行相应的设置。

同步实训

▶ 任务描述

小明了解到，淘金币是淘宝站内一个比较实用且受买家喜欢的推广工具，所以打算设置淘金币抵钱，通过抵扣一定的产品金额来提高店铺的转化率，请你帮助小明为各商品设置合适的淘金币抵扣比例。

▶ 操作指南

产品	图片	型号	成本价（元/台）	利润（元/台）	转化率	库存（台）	淘金币抵扣比例	理由
LED护眼灯		F150	80	28	1.2%	1 200		
儿童卡通灯		F151	70	35	2%	520		
LED夹子灯	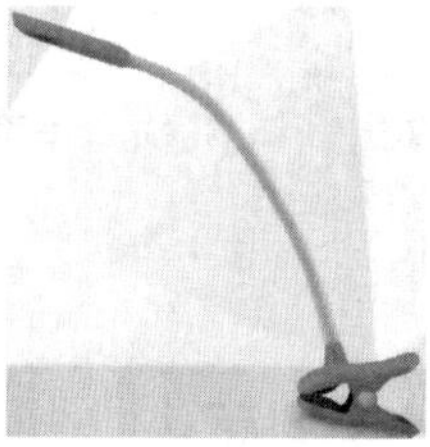	F152	45	20	3.2%	851		
充电台灯	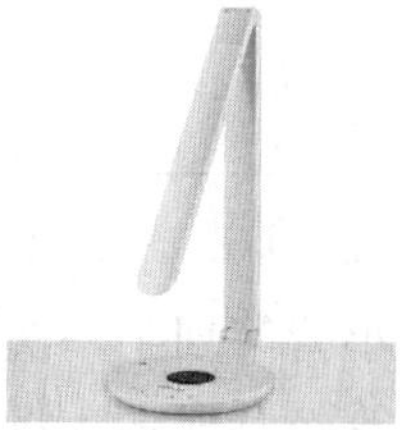	F153	352	100	1.5%	268		

▶ 任务评价

评价内容	分值	评价		
		自我评价	小组评价	教师评价
设定的抵扣比例合理	40			
设定抵扣比例的理由充分	60			
合计	100			

情境总结

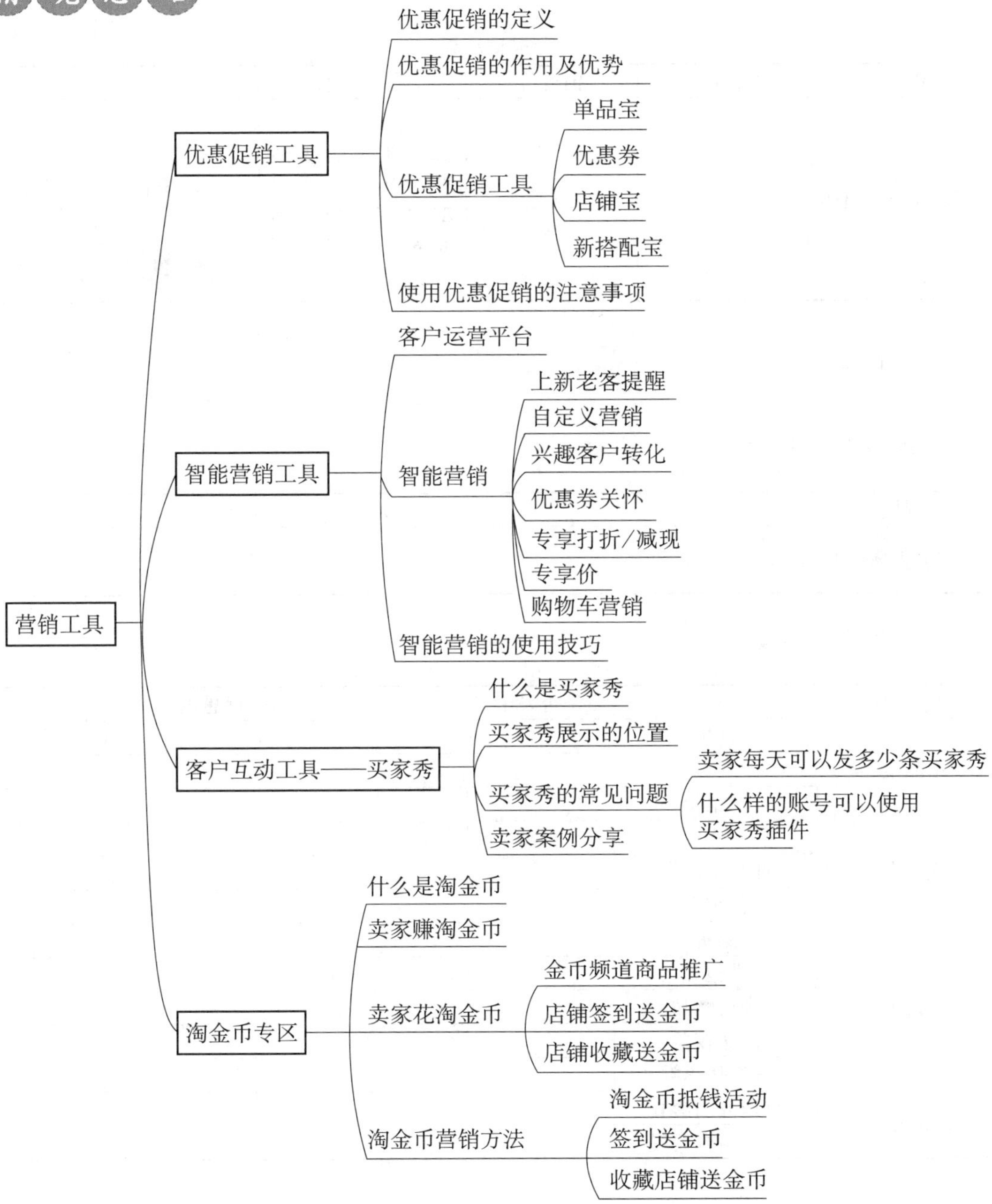

基础训练

网店营销方案

一、实训任务

店铺推出了一款新的产品，需要结合网店目前的运营情况，选择合适的工具推广新品，并制定网店营销方案。

新品信息表

品名	成本价	销售价	商品信息	主图
喜客多提环保温杯	19 元	60 元	真空 不锈钢 保温杯 提环杯 可爱造型 卡通动物系列 儿童女士使用	

二、任务实施

1. 新品卖点分析

品名	卖点
喜客多提环保温杯	

2. 新品优惠方案

优惠工具	优惠方式	是否采用	具体优惠内容
单品宝	打折		
	减钱		
	促销价		
优惠券	店铺优惠券		
	商品优惠券		
	包邮券		
店铺宝	满折		
	满包邮		
	满送赠品		
	满送权益		
	满送优惠券		
新搭配宝	自选商品套餐		
	固定组合套餐		

续前表

优惠工具	优惠方式	是否采用	具体优惠内容
智能营销	打折		
	减现		
	送优惠券		
买家秀	带图评价送淘金币		
	带图好评返现		
淘金币	淘金币抵钱		
	签到送淘金币		
	收藏店铺送淘金币		
	分享微海报送淘金币		

3. 首页主推海报设计要点

品名	配色风格	促销信息	主标题	副标题
喜客多提环保温杯				

三、任务评价

评价内容	分值	评价		
		自我评价	小组评价	教师评价
产品卖点把握准确	10			
促销工具选择合理	20			
促销价格制定合理	10			
海报文案主题突出	20			
海报设计美观、有吸引力	20			
促销效果良好	20			
合计	100			

拓展训练

店铺最近上架了一款新品，需要运营主推这款商品，希望在一个月内能进搜索结果第一页，请你选择合适的营销工具，帮助店铺推广该商品。

学习情境四

数据分析（生意参谋）

情境介绍

随着云时代的来临，人们对数据越来越关注，数据化运营也被越来越多的商家所接受。

经过一段时间的忙碌，小营的淘宝店铺正式开始线上销售。小营信心满满，期待着自己的商品上架后能大卖，几个月的努力能够得到回报。然而商场如战场，淘宝网上竞争激烈，小营该如何关注店铺实时来源和访问情况？如何掌握经营状况？如何洞悉竞争对手，争取先机？如何通过报表发现店铺存在的问题？

学习目标

▶ 知识目标

1. 了解实时分析的内容，掌握分析方法
2. 了解流量分析的内容，掌握流量分析的方法
3. 了解商品分析的内容，掌握商品分析的方法
4. 了解交易分析和服务分析的基本内容
5. 了解物流监督管理及营销分析的内容与方法
6. 了解店铺中数据分析的重要性，掌握取数分析的方法

▶ 技能目标

1. 能够运用实时直播中提供的实时数据，分析店铺的实时状况
2. 能够运用流量分析数据，分析店铺的流量情况，提高转化率
3. 能够运用商品分析数据，诊断店铺中商品存在的问题，完善商品管理
4. 能够根据交易构成、退款率等数据，分析店铺引流情况与服务质量
5. 能够运用物流管理数据，监督管理店铺物流服务

6. 能够根据店铺营销分析数据，合理设置店铺营销活动

7. 能够运用取数分析，正确分析店铺中的各项数据，实现对店铺的精准管理

任务一　实时分析

任务导入

小营的淘宝店铺进入有序运营，他每天都到自己的店铺主页逛逛，了解一下顾客对店铺所发布的商品关注度是怎样的，有没有顾客下单。那么，小营如何知道现在有多少客户访问了店铺？他们通过什么方式进来？来自哪里？浏览了什么商品？访问了哪些页面？这些信息都是通过生意参谋提供的数据分析获得的。为了使店铺的经营决策有计划地推进，小营制定了以下任务单（见表 4-1）。

表 4-1　任务单

岗位	工作项目	具体要求	完成时限	验收
运营	实时分析	对店铺实时指标进行实时观察，估测发展趋势和转化情况	2 课时	
客服	催付订单款	根据运营在实时催付宝选出的有价值客户，编写催单短语，联系未付款客户	2 课时	
美工	做好商品的详情页和主图	根据运营数据分析，修改商品详情页、主图	2 课时	
推广	做好营销推广	根据运营数据分析，选择好的营销推广手段	2 课时	
验收人				

知识探究

市场的变化极快，店铺运营者都希望第一时间看到店铺当前的变化情况。对于淘宝店铺而言，数据是对经营成果的最好说明，因此每个卖家必须掌握和重视数据分析。

一、数据分析

1. 什么是数据分析

数据分析就是运用一定的统计分析方法，从收集到的数据中提取有用的信息，分门别类考察其本质和内在联系的过程。

2. 网店数据分析的作用

通过数据分析，可以客观地了解自己店铺在淘宝的排列位置，所发布的商品被关注的程度，受到哪些地区的客户青睐，经营状况怎么样，存在什么问题，为店铺提高日常管理水平和做好下一步的战略部署提供决策依据，既能指导网店的有效运营，又能大幅度提升创业成功概率。

3. 数据分析的工具

淘宝的运营者主要用生意参谋对店铺进行数据分析。生意参谋有 14 个功能，每个功能里面能够提供淘宝卖家所需的各种数据，卖家可以从 14 个功能中选择自己想要了解的某一功能数据，查看里面不同终端（PC 端、无线端）、不同时间（一天、7 天、30 天）、不同指标的数值或者趋势图，知道店铺的实时情况，如图 4－1 所示。

图 4－1　生意参谋的主要功能

生意参谋的主要功能与作用见表 4－2。

表 4－2　生意参谋的主要功能与作用

功能	介绍	作用
首页	提供所有功能的维度投影	从首页可以访问其他功能的数据，缩短了每个功能的访问路径
实时	提供实时概况、来源、榜单、访客等方面的数据	可以跟踪宝贝的推广引流效果，观测实时数据，发现问题及时优化调整策略
作战室	提供大屏作战、监控作战、活动作战、配置管理等板块内容	为付费商家提供专属数据直播间，实现全局指挥、实时决策
流量	提供流量概况、地图、装修、访客、选词方面的数据	对比本店与同行全部终端的引流情况，反映与同行的差距
商品	提供商品概况、效果、单品服务分析等数据	分析访客潜在需求并迎合它，为店铺引流
交易	提供店铺交易概况、构成、交易明细数据	从店铺整体到不同粒度细分店铺交易情况，及时掌握店铺交易问题，并提供资金回流行动点
服务	提供维权、评价方面的数据	正负面评价，反映商家及商品的信用度
物流	提供物流分布、监控、包裹派送、服务评价方面的数据	帮助了解物流环节是否正常，及时处理异常情况
营销	提供营销工具和营销效果方面的数据	商品潜力指数越高，加大营销推广机会越大
财务	提供店铺收入、成本方面的数据	通过财务分析获得财务盈亏情况
市场	提供专业版和标准版两种市场行情方面的数据	帮助付费商家洞悉行业，把握先机
竞争	提供竞争分析、竞争监控、配置管理三大方面的数据	帮助付费商家全面挖掘竞争对手，实现竞店竞品的精准监控
业务专区	提供与各个业务部门合作的内容，例如生活研究所、农村淘宝、淘宝海外、天猫国际等方面的数据	帮助商家一目了然地了解与之合作的各个业务部门的数据情况
取数	提供店铺销售、流量、分析方面的报表数据	轻松了解店铺日、周、月的综合数据情况

生意参谋提供了各种精准数据，能够帮助卖家及时、全面了解自己店铺的经营情况，找到店铺存在的问题，看清市场行情，指导卖家解决出现的问题，调整运营推广方案，进一步完善店铺。

二、首页

生意参谋的首页如图 4－2 所示。

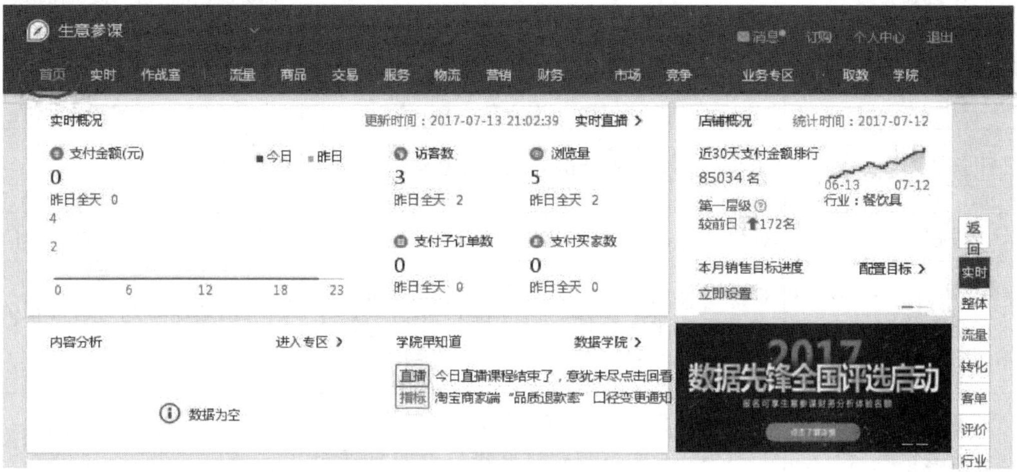

图 4－2　生意参谋首页

生意参谋首页能够对店铺重要的指标进行分析和排名，点击"首页"，能够选择相应的指标了解数据情况，如本店与同行业对比的排名、商品的排名，还可以查看每一天的核心指标数据变化。点击某一指标下面所列项目右箭头，能看到更详细的信息。如果卖家想修改首页的指标，可以点击"个人中心—首页配置"（见图 4－3），选择需要的数据卡片，定制自己的数据卡片。

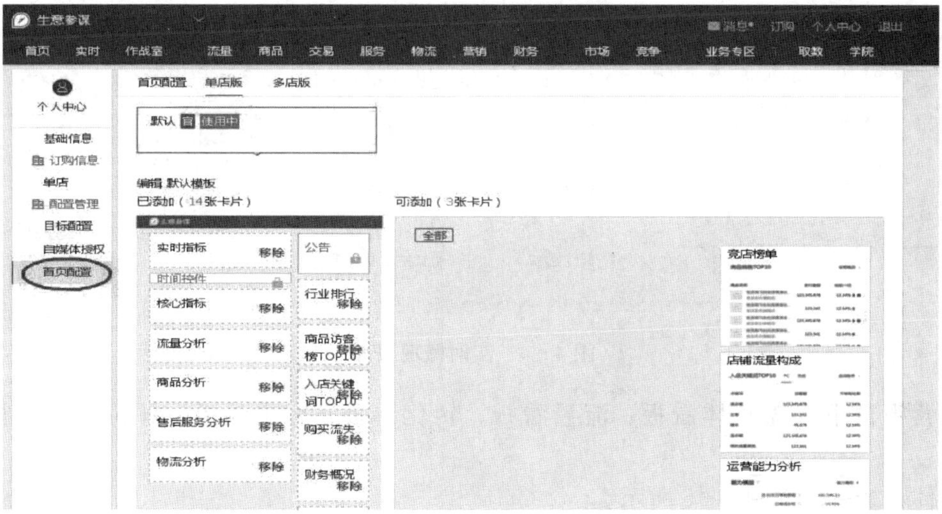

图 4－3　生意参谋首页配置

首页提供了七项重要指标：实时概况、店铺概况、实时访客榜、内容分析、学院早知道、运营视窗、管理视窗。首页指标介绍见表 4－3。

表 4－3　　首页指标

指标	指标介绍	指标意义
实时概况	反映当天实时的数据	与对比日比较，越高越好
店铺概况	反映店铺近 30 天的交易排名与所处的层级情况	排名越靠前，层级上升越高
实时访客榜	反映当天各宝贝的实时访客数	访客数越多越好
内容分析	提供内容发布数与内容浏览次数数据	数据越高越好
学院早知道	提供直播、指标、实操三方面的信息	点击可以了解其中发布的信息
运营视窗	提供整体看板、流量看板、转化看板、客单看板、评价看板、行业排行等与运营相关的详细数据	可以清楚地看到与运营相关的核心数据
管理视窗	提供推广看板、退款看板、财务看板、类目看板、竞争看板、行业排行等与管理相关的数据	可以清楚地看到与管理相关的核心数据

实时概况页面如图 4－4 所示。

图 4－4　实时概况页面

运营视窗下涵盖整体看板、流量看板、转化看板、客单看板、评价看板、行业排行等。

整体看板页面如图 4－5 所示。

整体看板指标如表 4－4 所示。

图 4-5　整体看板页面

表 4-4　整体看板指标

指标	指标介绍	指标意义
支付金额	买家拍下后通过支付宝支付给卖家的金额，未剔除事后退款金额，预售阶段付款在付清当天才计入内	越多越好，有利于支付转化
访客数	0点截至当前时间，访问店铺页面或宝贝详情页的去重人数	越多越好
支付转化率	统计时间内，支付买家数÷访客数，即来访客户转化为支付买家的比例	越高越好
客单价	统计日期内，支付金额÷支付买家数，即平均每个支付买家的支付金额	越高越好
成功退款金额	统计日期内，买家售中售后成功退款的金额之和，不考虑买家发起退款申请日期	越少越好
直通车消耗	统计日期内，直通车消耗费用金额	越少越好
钻石展位消耗	统计日期内，钻石展位消耗费用金额	越少越好

流量看板页面如图 4-6 所示。

流量看板指标见表 4-5。

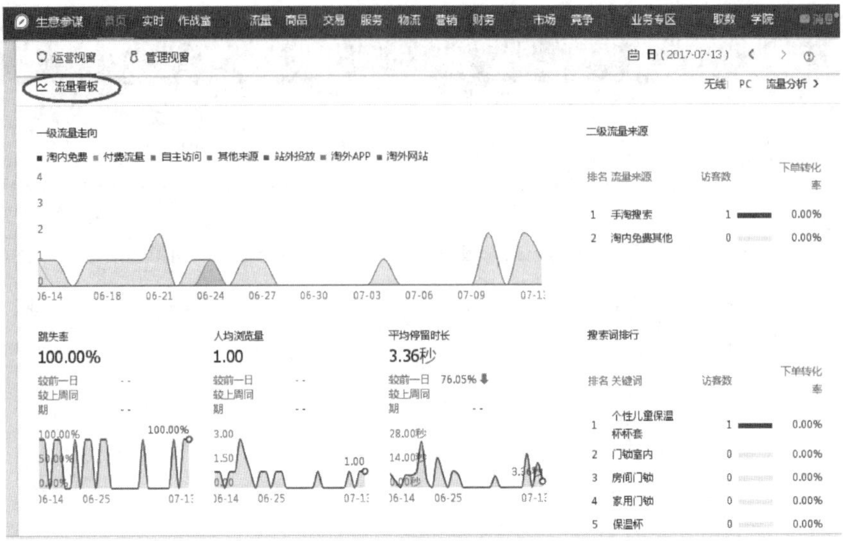

图 4-6　流量看板页面

表 4-5　　流量看板指标

指标	指标介绍	指标意义
一级流量走向	流量的渠道归类	流量的渠道种类越多越好
二级流量来源	一级流量来源的明细分类	流量来源的访客数越多越好，下单转化率越高越好
跳失率	统计时间内，访客中没有发生点击行为的人数÷访客数，即1－点击人数÷访客数	越低表示流量的质量越好
人均浏览量	浏览量÷访客数，多天的人均浏览量为各天人均浏览量的日均值	越高越好，表示浏览的页面越多
平均停留时长	店铺所有访客总的停留时长÷访客数，单位为秒，多天的人均停留时长为各天人均停留时长的日均值	停留时间越长，表示访客对店铺越感兴趣

转化看板页面如图 4-7 所示。

图 4-7　转化看板页面

转化看板指标见表 4-6。

表 4-6　　转化看板指标

指标	指标介绍	指标意义
访客收藏转化率	收藏购买人数÷总收藏量	越高越好
访客加购转化率	加购数量÷总流量	越高越好
访客支付转化率	统计时间内，支付买家数÷访客数，即来访客户转化为支付买家的比例	越高越好

客单看板页面如图 4-8 所示。

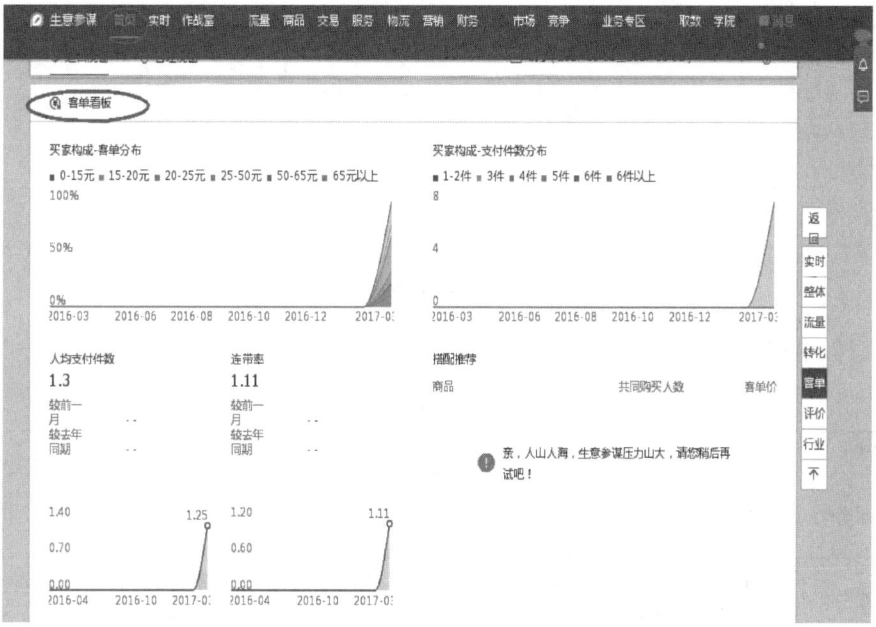

图 4-8　客单看板页面

客单看板指标见表 4-7。

表 4-7　　客单看板指标

指标	指标介绍	指标意义
买家构成—客单分布	统计时间内，支付金额÷支付买家数，即平均每个支付买家的支付金额	客单价的分层越高越好
买家构成—支付件数分布	统计时间内，买家完成支付的商品数量的分布情况	所在的分层越高越好
人均支付件数	统计时间内，买家完成支付的商品数量	越多越好
连带率	销售总数量÷销售小票数量	越高越好，低于 1.3 说明整体附加存在严重问题
搭配推荐	列示商品搭配情况的数据	灵活搭配，达到商品全面引爆的目的

评价看板页面如图 4-9 所示。

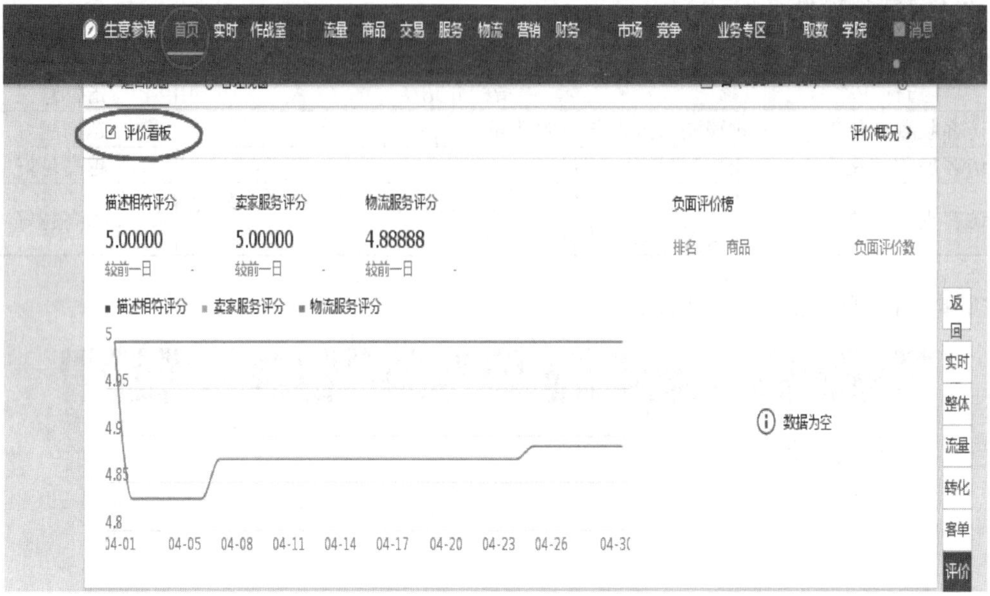

图 4-9 评价看板页面

评价看板指标见表 4-8。

表 4-8 评价看板指标

指标	指标介绍	指标意义
描述相符评分	最近 180 天描述相符评分累加和÷最近 180 天描述评分次数	评分越高，说明店铺商品质量越好
卖家服务评分	近 180 天内，买家给出的关于卖家服务态度满意度的综合评分	评分越高，说明店铺的服务水平越好
物流服务评分	近 180 天内，买家给出的关于物流服务满意度的综合评分	评分越高，说明店铺物流的服务水平越好

行业排行页面如图 4-10 所示，从中可以看到同行业店铺中，哪些店铺、哪些商品、哪些搜索词是排名在最前面的，它们的交易指数、支付子订单和人气情况一目了然。

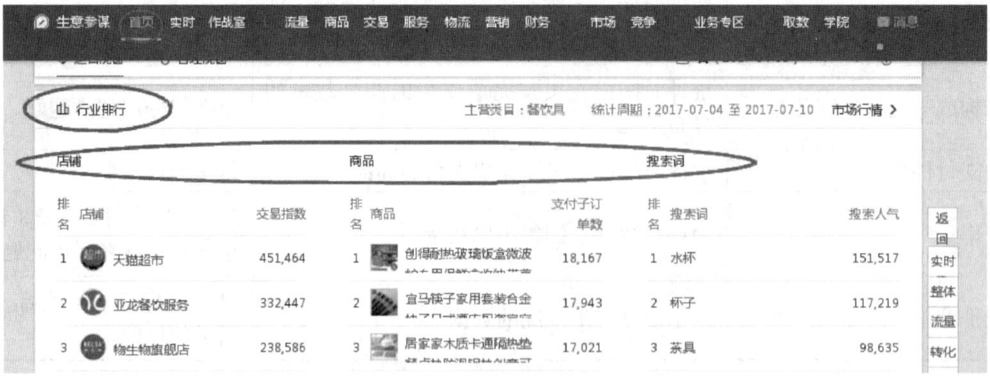

图 4-10 行业排行

首页能够提供整个店铺的核心数据，使卖家对当前店铺的人气、排名、商品、财务、服务、物流等方面的表现一目了然。首页呈现的数据，可以帮助商家看清自己的店铺哪些方面的数据是上升的，哪些方面的数据是下降的，跟同行业相比较哪些方面做得比较好，哪些方面需要加强。

三、实时

实时页面如图 4－11 所示。

图 4－11　实时页面

实时直播能够提供五大类型、12 个细目的数据，可以选择某一类型下面的细目，从中了解不同终端（全部终端、PC 端、无线端）、不同时间（今天、昨天）、不同地域（本地和外省）、不同访客类型（仅淘宝类型和全部）、不同访问页面（不限和指定商品）的实时数据情况。

实时直播提供的关键指标有实时概况、实时来源、实时榜单、实时访客、实时催付宝，点击这些指标，可以详细了解相应的内容。

1. 实时概况

实时概况提供当天的实时概况数据，包括 PC 终端、无线终端、所有终端三种形式的实时总览、实时趋势、行业排名项目。

实时总览页面如图 4－12 所示。

实时总览指标见表 4－9。

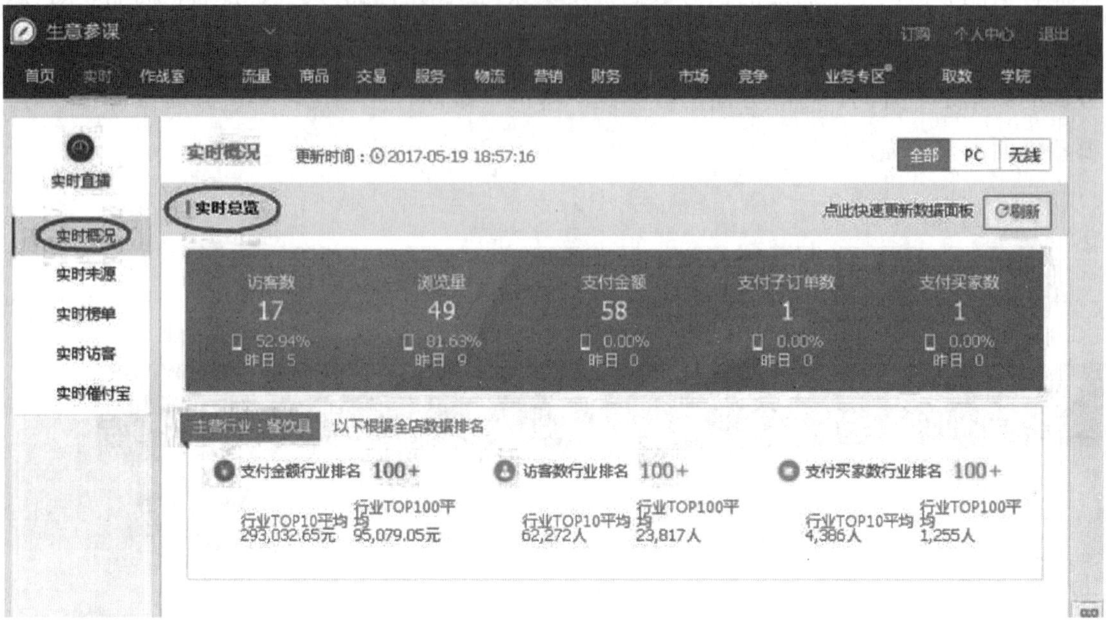

图 4-12　实时总览页面

表 4-9　　实时总览指标

指标	指标介绍	指标意义
访客数	访问店铺页面或宝贝详情页的去重人数	越多越好，如果访客数较低，需要加大引流
浏览量	访问店铺页面或宝贝详情页的去重人数	越多越好，浏览量至少要求是访客数的 1.2 倍，如果达不到，说明店铺页面布局不够吸引买家或宝贝详情页没有做好宝贝关联，需要对店铺页面或详情页进行优化
支付金额	买家拍下后支付给卖家的金额	越高越好
支付子订单数	统计时间内，同一买家的支付笔数	越多越好
支付买家数	完成支付的去重买家人数	越多越好
支付金额、访客数、支付买家数行业排名	本店主营类目在支付金额、访客数、支付买家数方面的行业排名	可以了解本店主营类目的市场容量以及和 TOP10 卖家的差距

实时趋势以曲线图形反映实时数据的动态变化，如图 4-13 所示。

实时趋势指标见表 4-10。

行业排名反映行业的实时趋势，从中可以了解店铺的排名情况以及品牌的排名情况。

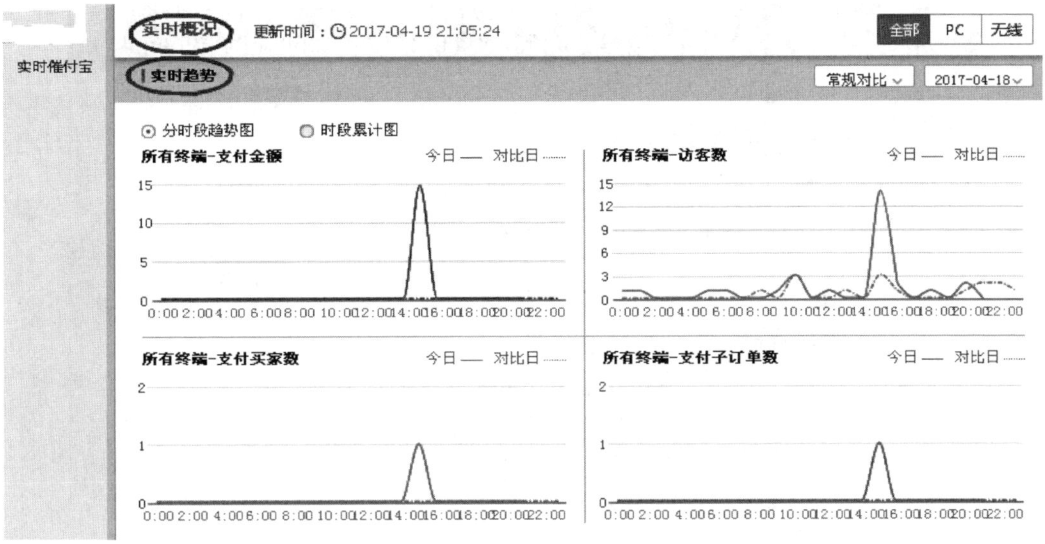

图 4-13　实时趋势页面

表 4-10　　　　　　　　　　实时趋势指标

指标	分时段趋势图	时段趋势图	实时趋势的作用
支付金额	越高越好	高于对比日为好，反之不佳	可以发现店铺人流量高峰期，优化宝贝上下架时间
访客数	越高越好	高于对比日为好，反之不佳	
支付买家数	越高越好	高于对比日为好，反之不佳	
支付子订单数	越高越好	高于对比日为好，反之不佳	

2. 实时来源

实时来源反映在某一时间里，访客用什么方式进入店铺，他们分别来自哪些地区，如图 4-14 所示。PC 端来源分布有淘内免费（如淘宝站内其他、淘宝搜索、爱淘宝等）、自主访问、付费流量；无线端来源分布有淘内免费（如手淘搜索、手淘其他店铺、淘内免费其他、手淘首页、手淘消息中心、手淘我的评价等）、自主访问、付费流量（如直通车等）。

从不同终端（全部、PC 端、无线端）可以看到进入店铺的访客数量，是付费者还是免费者，他们各自所占的比例以及访客城市分布情况，能够帮助卖家了解哪些地方的流量来源多，哪些地方的流量来源少，有哪些付费渠道和免费渠道，这些渠道的转化率是多少。

3. 实时榜单

实时榜单反映在统计时间里，被搜索最多的商品的名次排位，如图 4-15 所示。可以看到访客数 TOP50 和支付金额 TOP50 两个项目的内容，点击每个商品后面的“实时趋势”，可以勾选浏览量、访客数、支付金额、支付买家数、支付转化率指标，通过曲线高低变化了解指标的实时情况。

图 4-14 实时来源页面

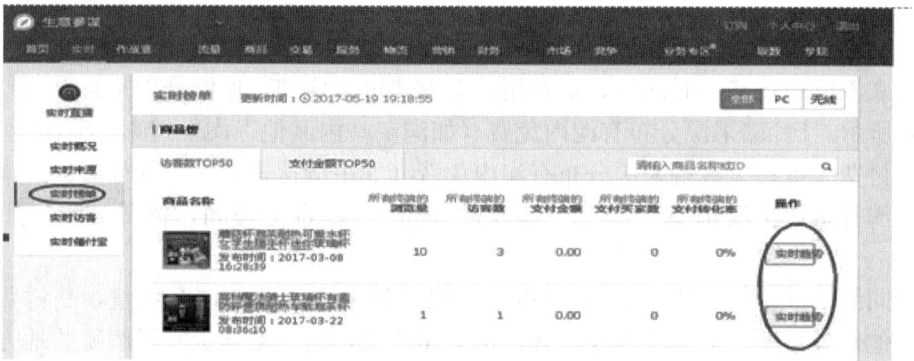

图 4-15 实时榜单页面

4. 实时访客

实时访客反映统计时间里实时进入店铺的各种类型、各种来源的买家信息情况，如图 4-16 所示。访客类型有淘宝会员和全部。流量来源有全部、淘宝搜索、天猫搜索、直通车、钻石展位、淘宝客、购物车、店铺收藏、宝贝收藏。卖家可以看到进入店铺的客户访问的具体时间、入店来源、被访页面、访客所在地域位置以及编号。

图 4-16　实时访客页面

5. 实时催付宝

实时催付宝是对已经下单但还没付款且没有在其他店铺购买同类商品的潜力买家，通过客服发送催付信息，促使买家付款的工具，如图 4-17 所示。点击展开详情后面的箭头，可以查看已经下单而没有付款的宝贝名称，通过订单详情可以根据买家的潜力指数（所标的星星数量）、下单时间、金额进行筛选，选择有价值的买家进行联系，提高下单付款转化率。

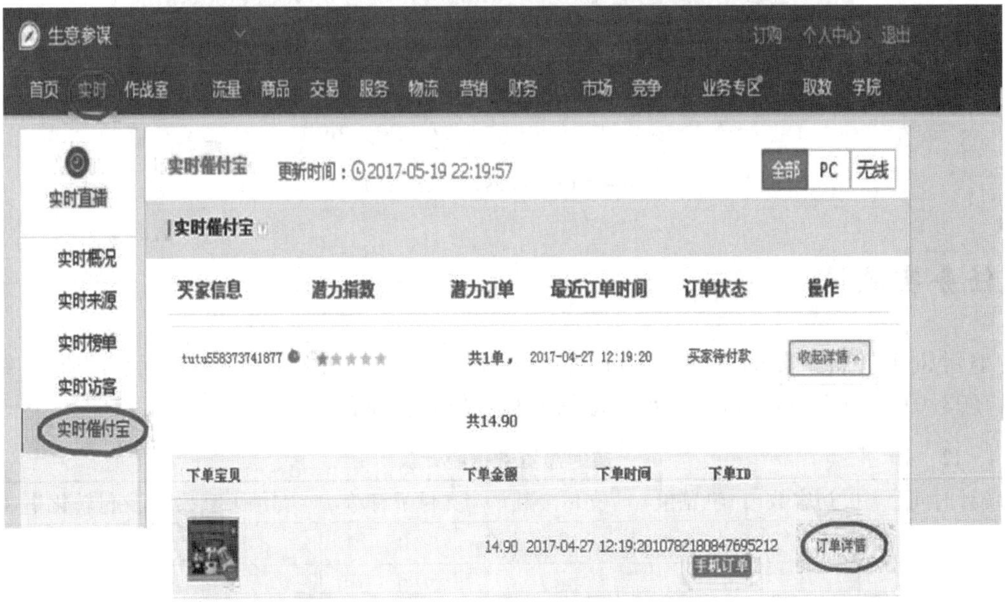

图 4-17　实时催付宝页面

实时催付宝指标见表 4-11。

表 4-11　　实时催付宝指标

指标	指标介绍	指标意义
买家信息	标记买家的订单号码	根据订单号码催付款
潜力指数	以星星数量作为判断潜力指数的高低标准	星级越高，潜力越大
潜力订单	根据订单排名筛选	排名越靠前，潜力越大
最近订单时间	列示订单的具体时间	了解潜力订单的时间
订单状态	标记订单当前的付款状态	买家未付款的进行标记

四、数据作战室

数据作战室是一个为卖家提供大屏监控的付费功能的工具（如图 4-18 所示），由监控作战、活动作战、配置管理三大类、七个小部分组成，主要用于大生意网店分析。

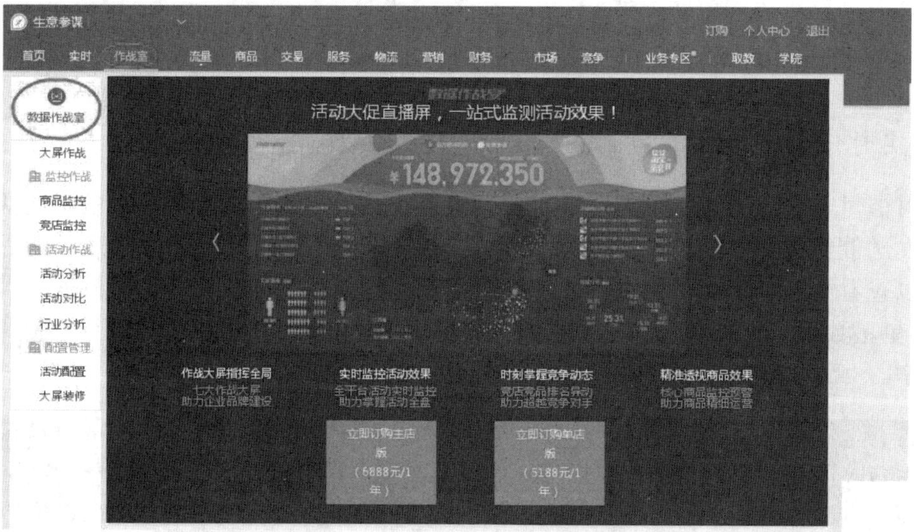

图 4-18　数据作战室页面

任务实施

小营对店铺的实时指标进行观察并归纳总结。表 4-12 所示是所有终端（2017.03.01—2017.03.31）31 天实时总览和支付转化率的数据。

表 4-12　　实时总览数据统计表

统计时间	访客数	浏览量	支付金额	支付子订单	支付买家数	支付转化率（%）
3.1	3	3	0	0	0	0
3.2	1	1	0	0	0	0
3.3	8	20	0	0	0	0
3.4	1	1	0	0	0	0
3.5	3	3	0	0	0	0

续前表

统计时间	访客数	浏览量	支付金额	支付子订单	支付买家数	支付转化率（%）
3.6	7	16	0	0	0	0
3.7	2	20	0	0	0	0
3.8	3	27	0	0	0	0
3.9	3	5	0	0	0	0
3.10	49	248	0	0	0	0
3.1—3.10 合计	80	344	0	0	0	0
3.11	4	15	39	1	1	25
3.12	8	51	0	0	0	0
3.13	4	27	0	0	0	0
3.14	7	69	0	0	0	0
3.15	4	40	0	0	0	0
3.16	20	92	39	1	1	5
3.17	8	36	0	0	0	0
3.18	6	13	0	0	0	0
3.19	5	20	0	0	0	0
3.20	10	38	38	1	1	10
3.11—3.20 合计	76	401	116	3	3	3.95
3.21	7	18	0	0	0	0
3.22	6	22	0	0	0	0
3.23	22	111	29.8	1	1	4.55
3.24	16	83	113	2	2	12.5
3.25	9	25	0	0	0	0
3.26	5	24	0	0	0	0
3.27	5	21	0	0	0	0
3.28	11	28	0	0	0	0
3.29	6	14	39	1	1	16.66
3.30	17	105	29.8	1	1	5.88
3.31	14	94	0	0	0	0
3.21—3.31 合计	118	545	211.6	5	5	4.24

（1）从数据可以看出，3 月的上旬（1—10 日），访客数和浏览量总数比约为 1∶4，支付转化率最低为零；中旬（11—20 日）的访客数和浏览量总数比约为 1∶5，支付转化率为 3.95%；下旬（21—31 日）的访客数和浏览量总数比约为 1∶7，支付转化率为 4.24%，排在第一。

（2）根据数据可以得出，访客数、浏览量的增加，有利于提高交易单数，促进成功支付的转化率。

(3) 应加大店铺推广力度，提高店铺和商品对顾客的吸引力，增加店铺的访客数量和浏览量，从而提高成功交易的转化率。

表 4 - 13 所示是 3 月 11 日—3 月 20 日无线端顾客访问店铺数据。

表 4 - 13　　　　无线端顾客访问店铺数据

日期	访客数	访问时间 0:00—0:59	访问时间 1:00—2:59	访问时间 8:00—8:59	访问时间 9:00—9:59	访问时间 10:00—10:59	访问时间 11:00—11:59	访问时间 12:00—13:59	访问时间 14:00—14:59	访问时间 15:00—15:59	访问时间 16:00—17:59	访问时间 18:00—18:59	访问时间 19:00—19:59	访问时间 20:00—20:59	访问时间 21:00—21:59	访问时间 22:00—22:59	访问时间 23:00—23:59
3.11	4	1	1				1		1	1							
3.12	8	3	1	2						1			1				
3.13	4					1				2	1			1			
3.14	7					1		1		4							1
3.15	4			2	1									1			
3.16	20				1				1		9	2	3		1	3	
3.17	8	1			1	1			1		1	1			1	1	
3.18	6								1		2		1		1		1
3.19	5	1					2								1	1	
3.20	10					1		4	2	1		1		1			
合计	76	6	2	4	3	4	3	5	6	9	13	4	5	3	4	5	2

(1) 从数据中我们可以看出，在统计的 10 天里，16:00—17:59 时间段的访客人数最多，15:00—15:59 时间段的访客人数次之，0:00—0:59 和 14:00—14:59 时间段的访客人数第三，12:00—13:59、19:00—19:59、22:00—22:59 时间段的访人数第四。

(2) 根据数据可以得出，在 0:00—0:59、14:00—14:59、15:00—15:59、16:00—17:59 这四个时间段，买家进店访问比较集中，有利于店铺商品上下架的设置和优化，让最给力的商品在访客流量大的时间段充分展示，以此吸引访客，达到提高购买转化率的目的。

图 4 - 19 所示是全部终端实时访客的来源情况和地域分布情况。

(1) 从图中我们可以看出，PC 端进来的主要是免费访客，淘内免费占 75%（其中淘宝站内其他占 37.5%，排在首位），自主访问占 25%；无线端进来的访客有免费者，也有付费者，淘内免费占 76.92%（其中手淘搜索占 46.15%，居于首位），付费流量占 23.08%；当天访客最多的是广东地区，排列第一，实现了 1 单支付交易。

(2) 根据数据可以得出，无论是 PC 端还是无线端，流量所占比例大的渠道，有利于提高支付转化率。

(3) 应着重关注流量大且有成交买家的广东地区，加大商品营销推广力度，提高该城市的成交转化率。

图 4 - 20、图 4 - 21 所示是实时榜单和实时访客数据。

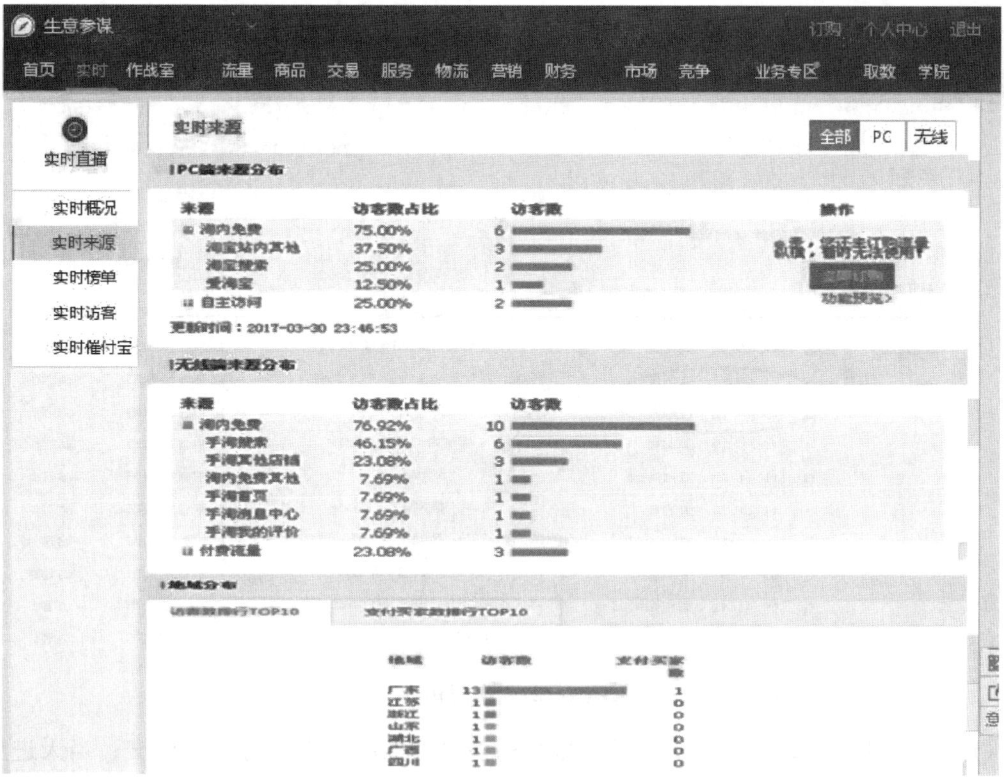

图 4-19　全部终端实时访客来源情况和地域分布情况

图 4-20　实时榜单

生意参谋　订购　个人中心　退出

首页　实时　作战室　流量　商品　交易　服务　物流　营销　财务　市场　竞争　业务专区　取数　学院

实时直播　实时概况　实时来源　实时榜单　实时访客　实时催付宝

实时访客　● 目前仅为PC端数据！如有异常访问记录，至此了解>>

访客类型：· 仅淘宝会员 ○ 全部　流量来源：全部　访问页面：· 不限 ○ 指定商品

最近 10条 访问记录　点击刷新　2017-05-04

更新时间：23:58:56

序号	访问时间	入店来源	被访页面	访客位置	访客编号
1	22:13:46	爱淘宝	【淘宝特卖】限时疯抢	广东省东莞市	访客9
2	21:48:12	直通车		江苏省徐州市	访客8
3	19:45:19	直通车		湖北省武汉市	访客7
4	16:35:19	爱淘宝	【淘宝特卖】1元包邮	广东省东莞市	访客6
5	11:11:50	直接访问	店铺首页	广东省中山市	访客4
6	11:11:33	爱淘宝	【淘宝特卖】限时疯抢	广东省东莞市	访客5
7	10:09:39	直接访问	便携简约清新运动型水杯玻璃杯女学生…	广东省中山市	访客4
8	05:47:07	爱淘宝	【淘宝特卖】1元包邮	广东省东莞市	访客3
9	00:41:11	淘宝站内其他	磨砂杯泡茶耐热可爱水杯女学生随手杯…	广东省中山市	访客2
10	00:26:49	淘宝站内其他	【大猫精选】限时疯抢	广东省东莞市	访客1

图 4-21　实时访客

（1）从中我们可以看出，当天访客排列前三位的商品，没有订单和成交；当天进店访问的顾客大部分来自广东，爱淘宝、直接访问、淘宝站内其他三种免费流量渠道占 80%，其中爱淘宝带来的访客最多，占 40%；其他地区的直通车付费渠道占 20%。

（2）根据数据可以得出，开展爱淘宝促销活动，有利于提高流量和成交转化率。

（3）免费流量渠道是本店访客主要入店来源，应设置多样化的促销活动，满足顾客筛选需求，促使浏览量向成交量转化。

同步实训

▶ 任务描述

下面是小明经营的淘宝店铺 8 月 22 日到 8 月 26 日的 PC 端实时访客截图，请根据截图中实线部分的数据，在表格中填写当天各个时间段的访客数，分析店铺数据并写出优化措施。

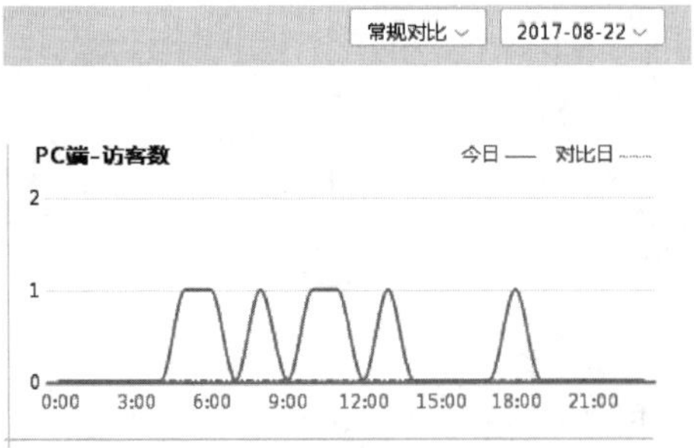

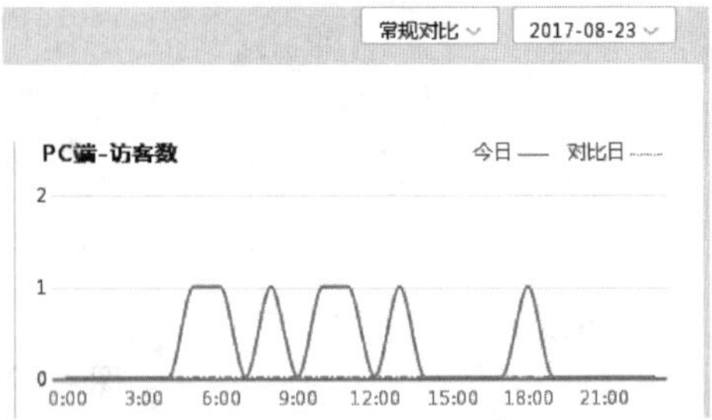

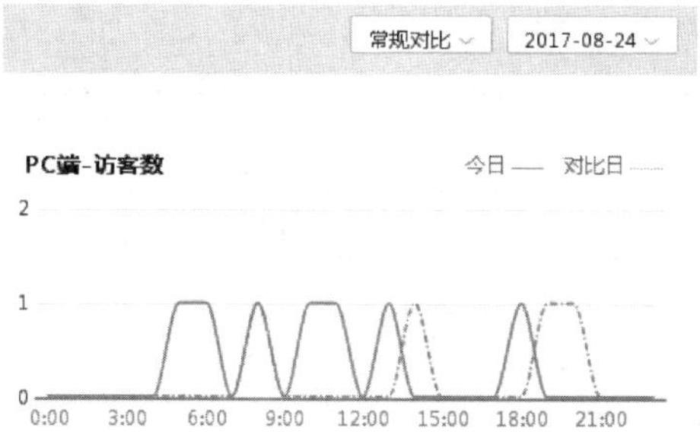

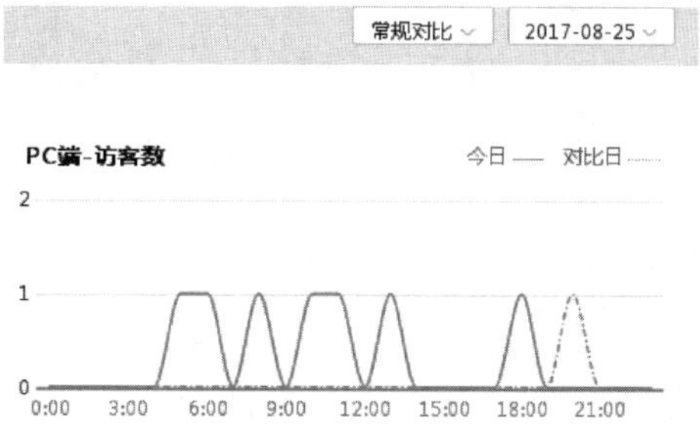

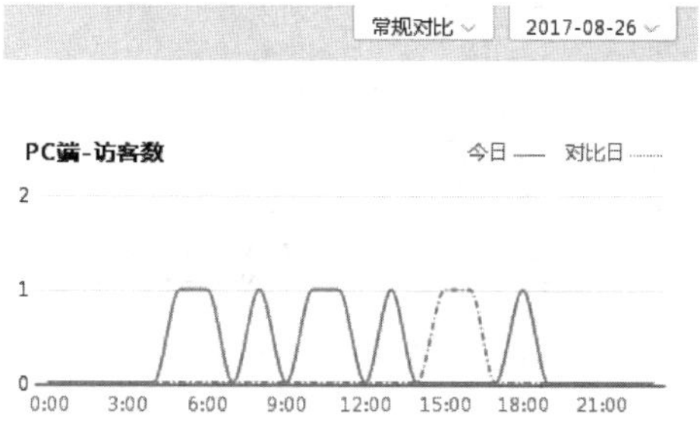

▶ 操作指南

（1）填写各个时间段的访客数。

时间 日期	0点—2点	2点—4点	4点—6点	6点—8点	8点—10点	10点—12点	12点—14点	14点—16点	16点—18点	18点—20点	20点—22点	22点—24点
8.22												
8.23												
8.24												
8.25												
8.26												
合计												

（2）根据汇总数据结果，分析店铺数据，写出优化措施。

数据分析：
优化措施：

任务评价

评价内容	分值	评价		
		自我评价	小组评价	教师评价
数据收集准确	20			
数据分析充分	40			
优化措施合理	40			
合计	100			

任务二 流量分析

任务导入

小营的淘宝店铺开业到现在已经有三个多月了，在这段时间里，进入店铺访问的人数虽有好几百，浏览量也不错，可成交单数却是寥寥无几，小营心里很着急。店铺的销量影响着店铺的生存，没有销量也就意味着店铺的经营将无法持续下去，面对“开网店易，经营网店难”的市场环境，店铺的经营者需要掌握店铺经营的哪些情况，应认真分析哪些数据，才能在市场竞争中实现自身发展方向的调整，从而立于不败之地？小营制定了以下任务单（见表 4-14）。

表 4-14　任务单

岗位	工作项目	具体要求	完成时限	验收
运营	流量分析	根据相应指标数据，分析访客的特征、来源渠道、跳失率、搜索引流情况	2 课时	
客服	关注访客行为和特征	根据访客行为和特征数据，了解客户习惯，更好地进行商品推介工作	2 课时	
美工	优化页面和宝贝	根据列出的流失流量的页面和宝贝，做好它们的优化工作	2 课时	
推广	选择优化渠道	根据流量排行情况，观察高流量指标，更好地进行流量开发	2 课时	
验收人				

知识探究

在互联网上做生意，“流量为王”这个法则可以说是人人皆知。网站的流量越大，销售的机会越多。没有流量的网店，如同死水一般，毫无活力。流量分析能比较精确地反映出店铺被顾客的认可和喜欢程度。

流量分析有 5 个免费分析功能，1 个付费分析功能，流量纵横需要付费订购，如图 4－22所示。从流量分析页面，可以选择点击不同终端（PC 端、无线端）、不同时间（最近 1 天、最近 7 天、最近 30 天、自然日、自然月）查看相关数据，可以点击“下载”获取所需了解的某一指标的对应数据，还可以查看对比同行的数据信息。

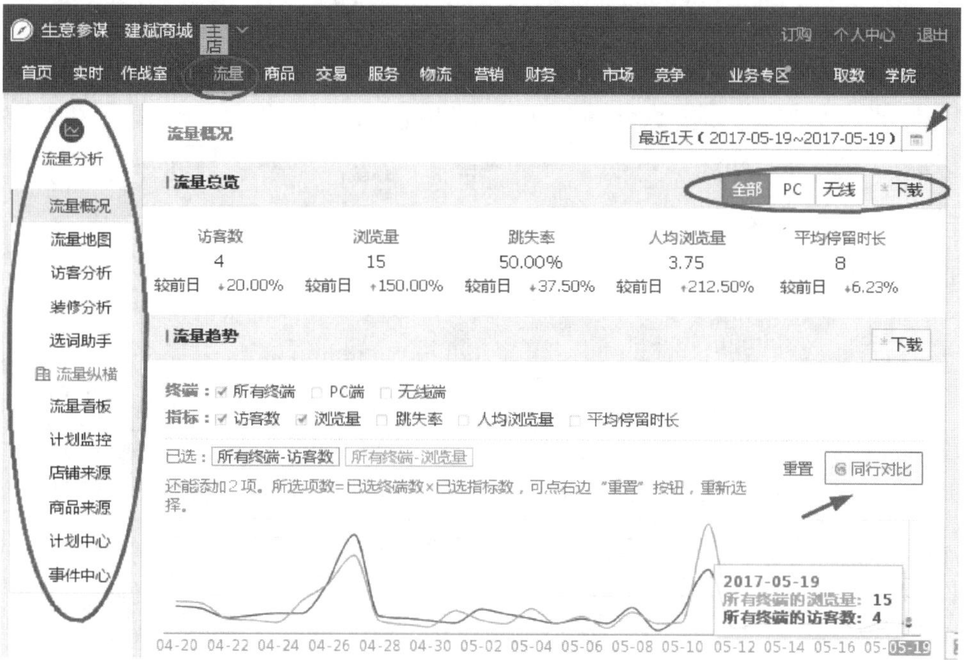

图 4－22　流量分析页面

流量分析的关键指标包括流量概况、流量地图、访客分析、装修分析、选词助手、流量纵横六个部分的数据。

一、流量概况

流量概况包括流量总览、流量趋势、流量来源排行、访客行为、访客特征五个项目，反映了店铺整体流量数据，有助于了解店铺的流量整体情况。

1. 流量总览

提供实时流量数据情况，可以选择右上角不同的时间段（最近 1 天、最近 7 天、最近 30 日、自然日、自然周、自然月）查看对应数据。

2. 流量趋势

通过不同颜色的曲线反映流量的指标情况。可以选择不同终端（所有终端、PC 终端、无线终端）、不同指标（访客数、浏览量、跳失率、人均浏览量、平均停留时长），在选择指标时最多可以同时选择其中的四个，对比四个指标数据的情况。

3. 流量来源排行

能够看到PC端和无线端流量排名前10位本店与同行平均的二级来源数据，从对比数据中可以看到本店与同行平均二级来源每一项数据的差距，点击右边的“流量地图”可以看到流量详细的去向。流量来源排行提供精准的数据，能帮助经营者提高来源推广，调整引流策略。如图4-23所示。

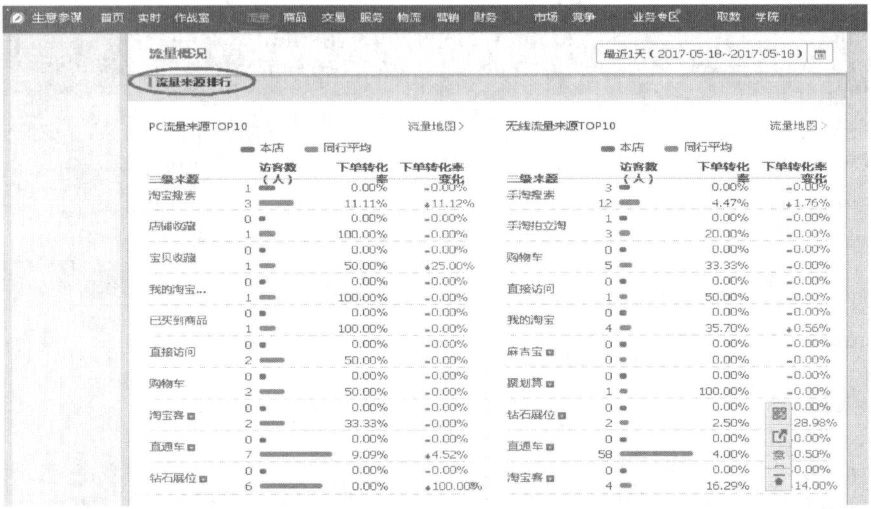

图4-23 流量来源排行页面

4. 访客行为

能够提供店铺入店关键词TOP5和每个单品访问TOP3的访问数和下单转化率数据情况，点击“选词助手”可以具体了解引流搜索词是哪些，点击“商品效果”可以查看商品明细情况，还可以进行单个商品的分析，帮助商家洞悉访客的入店习惯，提高关键词推广精准度。如图4-24所示。

图4-24 访客行为页面

5. 访客特征

能够看到每一个时间段的不同终端日均访客最多的时间段，知晓访客来源于哪些渠道，城市 TOP5 是哪些城市，访客由哪些部分组成，他们的性别情况；点击“访客分析”，可以看到访客分布情况和访客对比的消费层级、消费年龄和营销偏好方面的数据，帮助商家读懂用户。如图 4 - 25 所示。

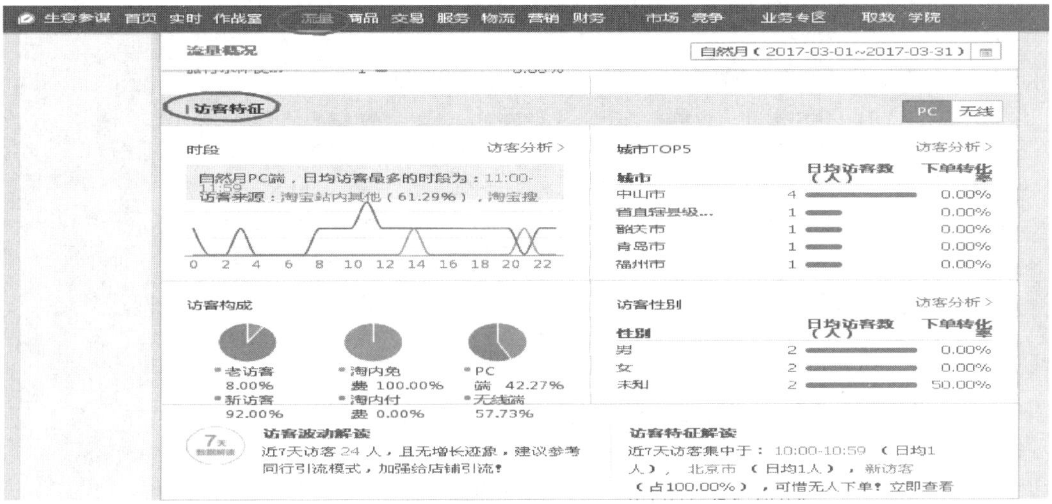

图 4 - 25　访客特征页面

二、流量地图

流量地图能够对入店的流量进行立体分析，可以查看不同终端、不同日期流量来源、店内路径、流量去向的分析数据；点击右边“指标”下拉箭头，可选择不同指标；点击“下载”，可以下载数据进行每个时期的对比分析。

流量地图提供的关键指标有流量来源、店内路径、流量去向（如图 4 - 26 所示），选择其中一个指标，可以查看不同终端、不同日期的具体数据。

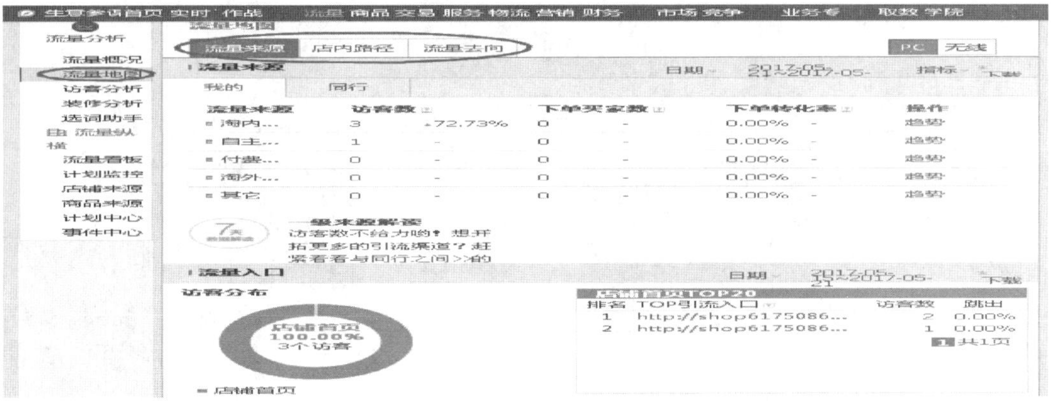

图 4 - 26　流量地图的关键指标

1. 流量来源

流量来源可以看到“我的”和“同行”在流量来源、访客数、下单买家数和下单转化率指标方面的数据，通过同行数据分析本店引流存在的问题，提供调整引流策略。如图4－27所示。

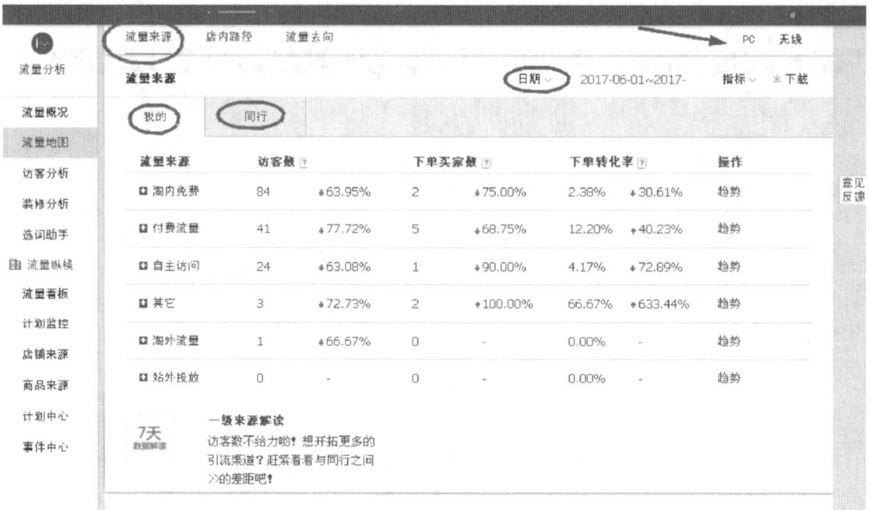

图4－27　流量来源页面

2．店内路径

店内路径能够看出访客来自哪些不同的页面，然后流去看了哪些页面，访客数所占的比例是多少，页面的排名情况如何，哪些页面更受青睐。这些数据能帮助了解店内每种页面的流量情况，有利于制定、调整推广活动的方案。如图4－28所示。

图4－28　店内路径页面

3．流量去向

流量去向能够看到访客离开店铺数量最多的页面是哪些，离开后又去了哪些页面，帮助卖家找到流量丢失的原因，思考提高各个页面访问人气的对策。如图4－29所示。

图 4－29　流量去向页面

三、访客分析

访客分析包括访客分布（见图 4－30）和访客对比（见图 4－31）。访客分布有时段分布、地域分布、特征分布、行为分布四项内容；访客对比包括消费层级、性别、年龄、地域 TOP、营销偏好和关键词 TOP 六项内容，这些数据能帮助卖家了解访客在时间、地域、行为特征、选择偏好等方面的情况，依据 7 天数据解读提出引流方案，有目标地投放广告，制定针对性更强的营销策略。

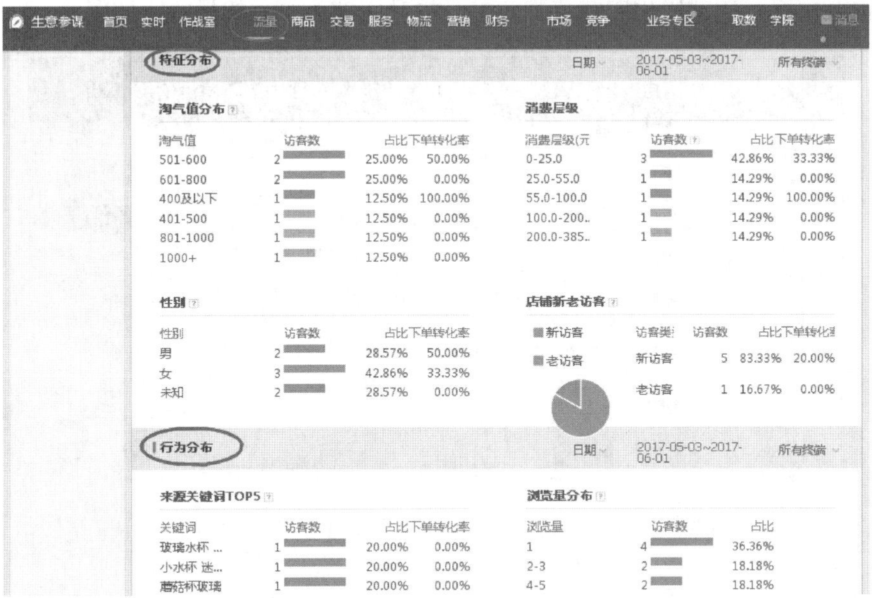

图 4－30　访客分布页面

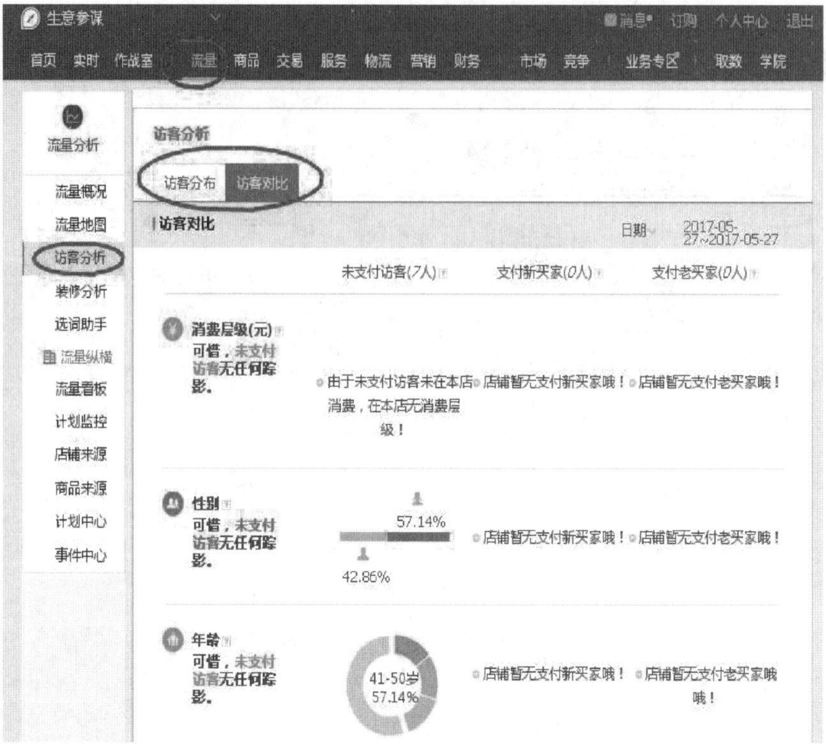

图 4-31 访客对比页面

四、装修分析

装修分析是收费订购的高级功能，能够看到 PC 端和无线端提供的数据，帮助卖家分析页面布局，检测不同位置的模块效果，了解页面设计受欢迎程度及装修调整前后对店铺整体吸引力的提升情况，达到优化店铺装修效果、提升店铺竞争力的目的。如图 4-32 所示。

图 4-32 装修分析页面

五、选词助手

选词助手提供“引流搜索词”（如图 4－33 所示）和“行业相关搜索词”（如图 4－34 所示）两个项目的搜索词。点击“引流搜索词”，可以看到本店铺搜索的关键词有哪些，访客人数有多少，在全网搜索的热度，点击率和全网商品数；点击右边的“详情分析”，可以看到数据的曲线图和带来访客的宝贝 TOP10。点击“行业相关搜索词”，可以看到整个行业推荐的相关搜索词以及行业使用最多的关键词。通过这两项搜索词的对比，可以看到本店与同行之间的差距，帮助卖家选择更好的关键词进行标题优化并引流推广。

图 4－33　引流搜索词页面

图 4－34　行业相关搜索词页面

六、流量纵横

流量纵横是一个需要付费订购的高级功能，能够提供更全面、更细化、更深入的流量监控数据，使店铺的实时和离线数据尽收眼底。如图 4-35 所示。

图 4-35　流量纵横页面

任务实施

小营对店铺的流量进行了总结分析。图 4-36 所示是全部终端 7 日流量总览数据。

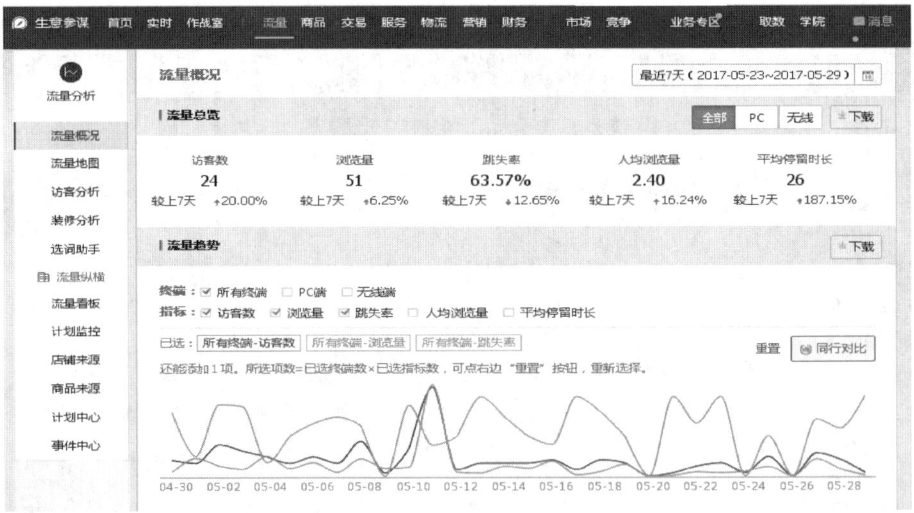

图 4-36　全部终端 7 日流量总览数据

从数据可以看出，访客数等指标中，平均停留时长为 26 秒，比上 7 日上升了 187.15%，上升幅度最大，排列第一。平均停留时长长，说明店铺对访客有吸引力。访问数、浏览量、人均浏览量和平均停留时长越高越好，而跳失率指标越低越好，最好不超过50%。跳失率低意味着店铺对访客有吸引力，有利于提高销售转化率。

图 4－37 所示是流量地图无线端 30 日店内路径数据情况。

图 4－37　无线端 30 日店内路径数据

（1）从数据中可以看出，访客进来时被商品详情页吸引的占 40%，店外其他来源的占33%。将左边的来源数据和右边的去向数据对比后可知：起初来自商品详情页的访客，4 位流向了商品分类页；店外其他来源访客有 1 位流向了商品分类页，其余 4 位离开了店铺。

（2）访客的流向说明店铺吸引力不够，不能满足访客的需求。针对大部分访客的流向情况，运营需要在首页加强爆款推荐信息、促销信息、优惠券信息方面的吸引力度，留住进店的访客。

图 4－38 所示是所有终端 30 日访客特征分布数据。

（1）从数据中可以看出，下单转化率最高的是淘气值 400 及以下、消费层级在 55～100 的访客，达到 100%；其次是男性和淘气值在 501～600 的访客，达到 50%；访客较多的女性下单转化率为 33.33%；店铺的新访客占比达 83.33%，下单转化率为 20%，老访客占比少，没有下单。

（2）根据数据可以得出：店铺的消费者购买能力不是很强，买家以男性为主，新客户比老客户多，不利于提高转化率。

（3）应加强店铺商品宣传推广，运用多种促销手段，例如打折、赠品、积分、红包等，吸引新访客下单，留住老客户，提升下单转化率。

图 4－39 所示是无线端 7 日引流搜索词的数据。

图 4-38 所有终端 30 日访客特征分布数据

图 4-39 无线端 7 日引流搜索词数据

（1）从数据中可以看出，关键词“防碎玻璃杯”带来的访客数最多，引导下单率为16.67%，排在第一。

（2）根据数据可以得出：“防碎玻璃杯”关键词有利于店铺引流和提高店铺商品转化率，可将它作为商品关键词，加入商品标题中，达到引流和提高销量的效果。

同步实训

▶ 任务描述

小明经营的淘宝店铺，生意一直比较冷淡。请你根据下面的数据，帮助小明分析一下店铺存在的问题。

日期	访问页面	终端	页面类型	访客数	下单买家	支付金额（元）	跳失率
3.1	http：//shopxx.taobao.com	PC	首页	23	1	48	0.00%
3.2	http：//shopxx.taobao.com	PC	首页	10	1	88	0.00%
3.3	http：//shopxx.taobao.com	无线	宝贝详情页	15	1	139	50.00%
3.4	http：//shopxx.taobao.com	无线	宝贝详情页	35	2	98	81.82%
3.5	http：//shopxx.taobao.com	无线	首页	28	1	105	33.33%
3.6	http：//shopxx.taobao.com	PC	宝贝详情页	22	1	188	66.67%
3.7	http：//shopxx.taobao.com	无线	宝贝详情页	16	1	99	50.00%

▶ 操作指南

（1）分析PC端和无线端的访客情况。

终端	访客数	对比结果

（2）分析销售趋势。

下单买家	支付金额	下单特点

（3）分析跳失率。

页面类型	跳失率	指标值评价			优化标题	优化装修
		正常	较好	好		

（4）提出建议。

存在的问题	改进建议

▶ 任务评价

评价内容	分值	评价		
		自我评价	小组评价	教师评价
每个项目归类正确	15			
分析思路清晰、合理	20			
理由充分	10			
正确地指出问题	30			
提出的建议合理可行	25			
合计	100			

任务三 商品分析

任务导入

同样一家店铺，有些商品容易销售，有些商品却无人问津。如何让商品吸引顾客的眼球？怎样提高商品的转化率？小营想通过商品分析了解店铺商品情况，诊断店铺商品中存在的问题，于是制定了以下任务单（见表 4－15）。

表 4－15 任务单

岗位	工作项目	具体要求	完成时限	验收
运营	商品分析	查看店铺中 2017 年 3 月份的数据，找出商品访客数、加购件数、下单转化率、支付件数、平均停留时长排名前三的商品；分析详情页跳出率；选定一件商品进行最近 30 天的单品分析；诊断“蘑菇杯”最近 30 天的情况	2 课时	
美工	调整详情页	根据运营的要求，调整详情页	2 课时	
客服	商品服务	根据运营的要求，查看店铺服务，根据需要适当调整商品服务	2 课时	
推广	调整和完善店铺商品营销	根据运营给出的商品分析数据，调整和完善店铺商品营销	2 课时	
验收人				

知识探究

商品分析提供了店铺商品的详细效果数据，包括商品概况、商品效果、异常商品、分类分析、单品分析、商品温度计、销量预测和单品服务分析。

一、商品概况

商品概况提供了一定时间周期内的商品信息总况、商品销售趋势和商品排行概览，使商家方便快捷地了解店铺商品的整体情况。如图 4－40 所示。

图 4－40　商品概况页面

1. 商品信息总况

商品信息总况从流量相关、访问质量和转化效果等方面分析指定周期内店铺商品的情况。在时间周期上，提供了最近 1 天、最近 7 天、最近 30 天以及自然日、自然月的时间选项，并且可以按所有终端、PC 端、无线端等不同终端来详细分析商品的总况。

图 4－41 显示，最近 1 天内商品的访客数为 3，商品浏览量为 3，被访问商品数为 3，平均停留时长为 44 秒，较前日上升 460.70%，异常商品数为 4。根据数据我们可以得知商品访客数不多，想要提高转化效果，需要先引流，应分析店铺商品访客流量低的原因，从平均停留时长增加幅度大中分析是否存在潜在客户，并及时了解异常商品的原因，排除异常，提高商品管理质量。

图 4－41　商品信息总况

2. 商品销售趋势

商品销售趋势分析一定时间内商品指定指标的趋势图。在进行商品销售趋势分析时，可根据需要选择相应的商品销售指标，如图 4-42 所示。图 4-43 所示为 2017 年 5 月所有终端的访客数和下单件数，其中 2017 年 5 月 11 日，当天商品访客数为 25，下单件数为 1。

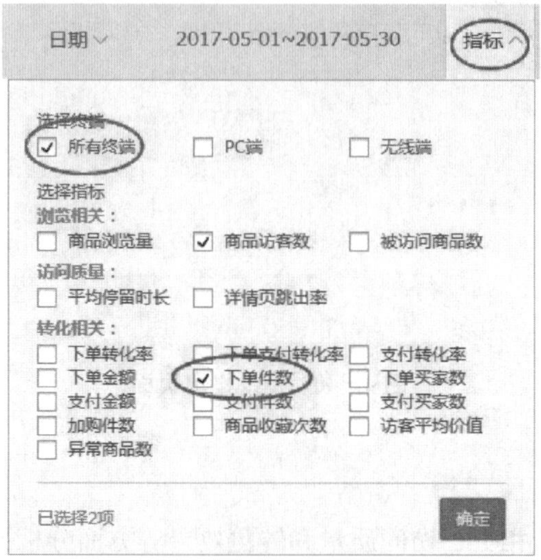

图 4-42　商品销售指标

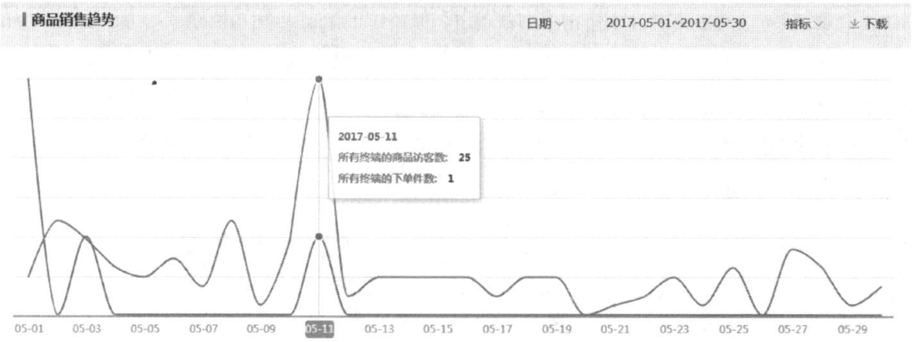

图 4-43　商品销售趋势

3. 商品排行概览

商品排行概览包括支付金额排行 TOP15 和访客数排行 TOP15。

图 4-44 显示的为 2017 年 5 月所有终端（PC 端和无线端）支付金额排行中前 15 名的商品。其中排名第一的是高档骑士魔法玻璃杯，访客数为 47，浏览量为 76，详情页跳出率为 50.33%，支付金额为 45 元，支付件数为 1 件。通过这些数据，我们可以了解到这件商品的流量情况及转化率情况，并可以通过“单品分析”直接链接到这件单品，进行单品的详细分析，了解单品销售优势的原因，分析是否具备打造爆款的潜质等。

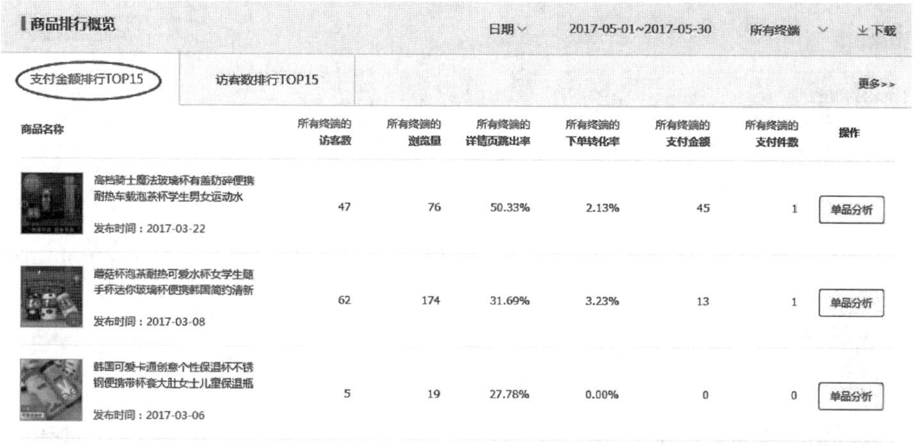

商品排行概览　日期　2017-05-01~2017-05-30　所有终端　下载

支付金额排行TOP15　访客数排行TOP15　更多>>

商品名称	所有终端的访客数	所有终端的浏览量	所有终端的详情页跳出率	所有终端的下单转化率	所有终端的支付金额	所有终端的支付件数	操作
高档骑士魔法玻璃杯有盖防碎便携耐热车载泡茶杯学生男女运动水 发布时间：2017-03-22	47	76	50.33%	2.13%	45	1	单品分析
蘑菇杯泡茶耐热可爱水杯女学生随手杯迷你玻璃杯便携韩国简约清新 发布时间：2017-03-08	62	174	31.69%	3.23%	13	1	单品分析
韩国可爱卡通创意个性保温杯不锈钢便携带杯套大肚女士儿童保温瓶 发布时间：2017-03-06	5	19	27.78%	0.00%	0	0	单品分析

图 4－44　支付金额排行 TOP15

图 4－45 显示的为 2017 年 5 月所有终端访客数排行中前 15 名的商品。其中，排名第一的是蘑菇杯，访客数为 62，所有终端的浏览量为 174，详情页跳出率为 31.69%，下单转化率为 3.23%，支付金额为 13 元，件数为 1。通过数据我们可以了解到这件商品的浏览量最多，但转化率仍不够高，也可以通过“单品分析”详细分析这件商品的各项具体数据，还可以分析这件商品是否具备打造爆款的潜力。

商品排行概览　日期　2017-05-01~2017-05-30　所有终端　下载

支付金额排行TOP15　访客数排行TOP15　更多>>

商品名称	所有终端的访客数	所有终端的浏览量	所有终端的详情页跳出率	所有终端的下单转化率	所有终端的支付金额	所有终端的支付件数	操作
蘑菇杯泡茶耐热可爱水杯女学生随手杯迷你玻璃杯便携韩国简约清新 发布时间：2017-03-08	62	174	31.69%	3.23%	13	1	单品分析
高档骑士魔法玻璃杯有盖防碎便携耐热车载泡茶杯学生男女运动水 发布时间：2017-03-22	47	76	50.33%	2.13%	45	1	单品分析
便携简约清新运动蛋水杯玻璃杯女学生韩国随手杯创意潮流防烫手 发布时间：2017-04-13	13	19	0.00%	0.00%	0	0	单品分析

图 4－45　访客数排行 TOP15

二、商品效果

商品效果展现的是全店所有商品的详细数据，包括已经发布的在线商品和 30 天内已经下架但是有数据的商品。如图 4－46 所示。

商品效果的分析指标有商品访客数、商品浏览量、下单件数、支付金额、加购件数、收藏人数、平均停留时长、详情页跳出率、下单转化率、下单支付转化率、支付转化率、下单金额、下单买家数、支付件数、支付买家数、访客平均价值、客单价、曝光量、点击次数、点击率、搜索引导访客数、搜索支付转化率、搜索引导支付买家数等，用户根据自己的需求，一次最多选择 5 个指标进行分析。

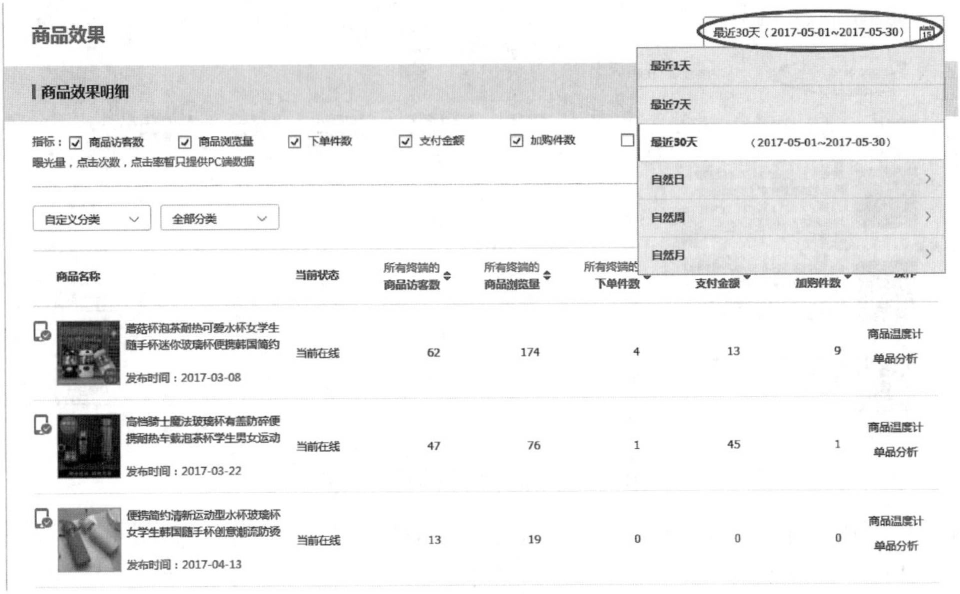

图 4－46　商品效果

三、异常商品

异常商品是系统对店铺商品的一种诊断，可分析店铺商品中存在的异常导致的问题，从而帮助卖家对症下药。

如图 4－47 所示，店铺异常商品中提示零支付商品为 4 件，在左侧方框的位置显示了零支付商品是指 90 天内发布且最近 7 天内没有产生任何销量的商品，此类商品不会进入搜索引擎，并提出了建议：修改商品标题、属性等重新发布上架，加强关联商品，加强引流。这就直观地帮助卖家及时发现店铺商品中存在的异常情况并寻找合适的解决方法，对店铺商品的管理有很大的帮助。

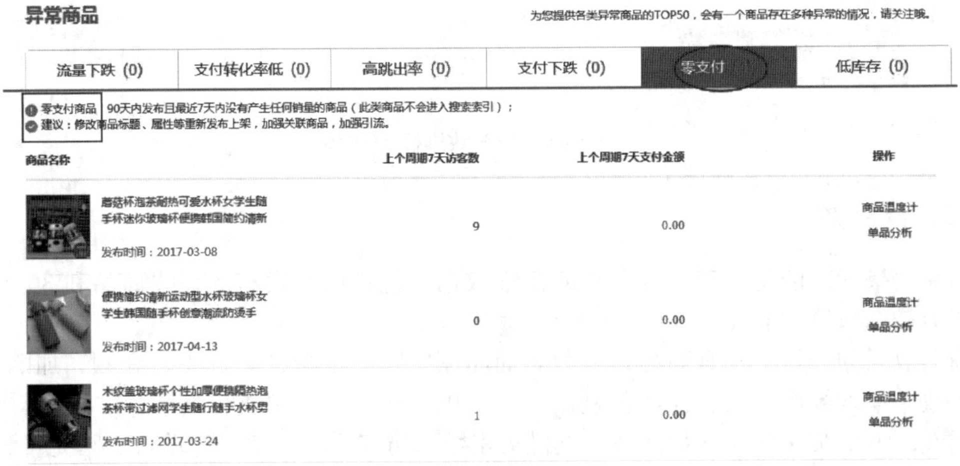

图 4－47　异常商品

四、分类分析

分类分析通过自定义分类和商品类目两项内容，可以查看店铺访客数、加购件数、引导点击转化率、下单转化率的数据情况，了解店铺商品分类在设置上是否适合顾客的搜索习惯，能否让顾客方便快捷地找到。需要注意的是，商品分类引导转化只能分析一天内的分类转化情况，如图 4－48 所示。

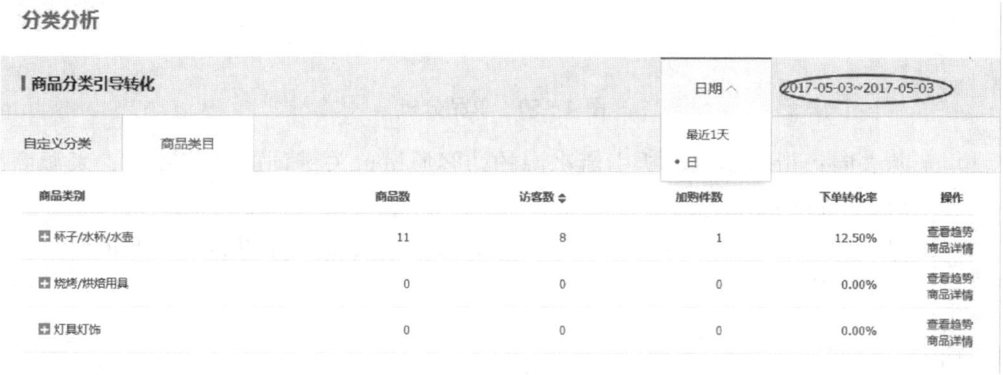

图 4－48　商品分类引导转化

点击右边的“查看趋势商品详情”，可进入商品类目趋势分析图，如图 4－49 所示。在这里可以查看最近 7 天、最近 30 天或者自定义天数的趋势图，选择的指标可以是商品数、访客数、加购件数、下单转化率。

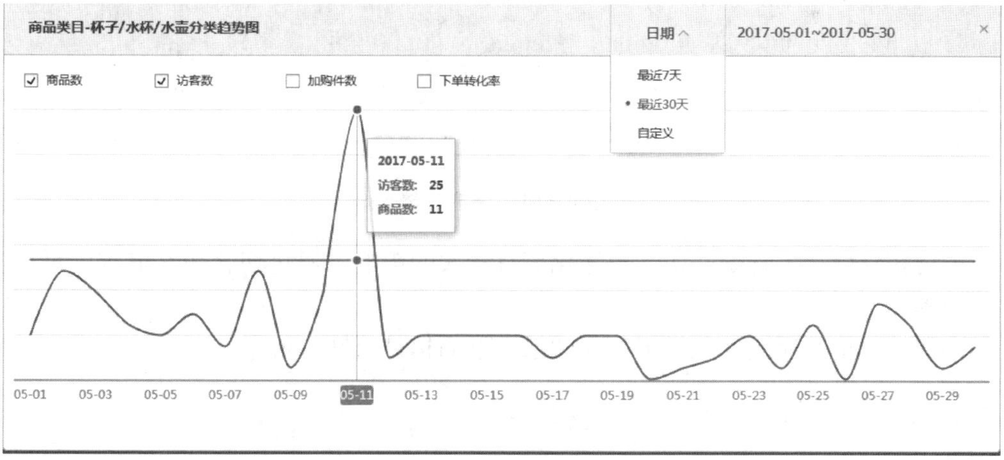

图 4－49　商品类目趋势分析图

五、单品分析

单品分析主要从来源去向、销售分析、访客分析、促销分析四个角度来分析，可以多方位了解商品的表现情况和实际效果。在单品分析页面，输入商品名称或者网址，点击即可进入该单品的分析页面，如图 4－50 所示。

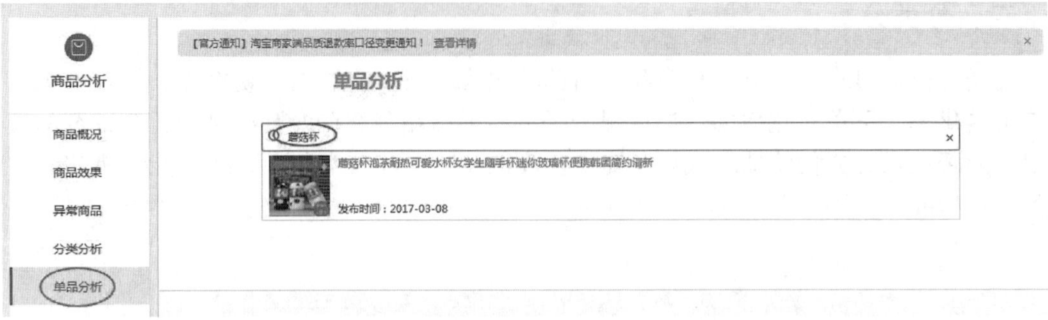

图 4-50　单品分析

（1）来源去向：帮助卖家分析引流来源的访客质量、关键词的转化效果、来源商品贡献，让卖家清楚引流的来源效果。

（2）销售分析：通过对销售趋势的分析，卖家可以大概了解商品变化的情况，通过分析变化，最后提升转化率。如图 4-51 所示。

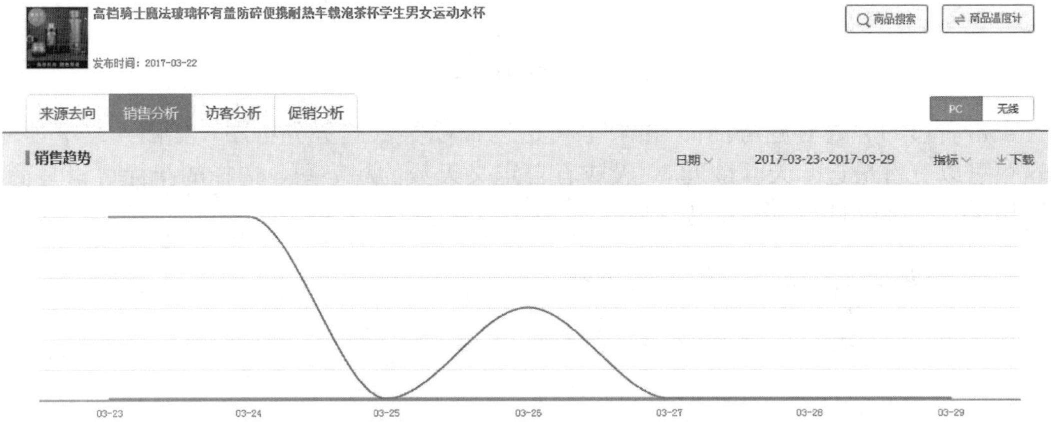

图 4-51　销售趋势

（3）访客分析：了解哪些访客对转化率有较大的影响，通过迎合顾客需求，最后实现转化率的提升。

（4）促销分析：通过量化搭配商品效果，继而提升店铺的流量。

六、商品温度计

商品温度计提供商品转化效果的数据分析，同时可对影响商品转化的因素进行检测，检测指标包括页面性能、标题、价格、属性、促销导购、描述、评价等。如图 4-52 所示。

七、销量预测

销量预测可对未来一定时间内的销售量进行预测，也可以帮助卖家预测库存，同时还可以对店铺的商品进行一个定价参考。如图 4-53 所示。

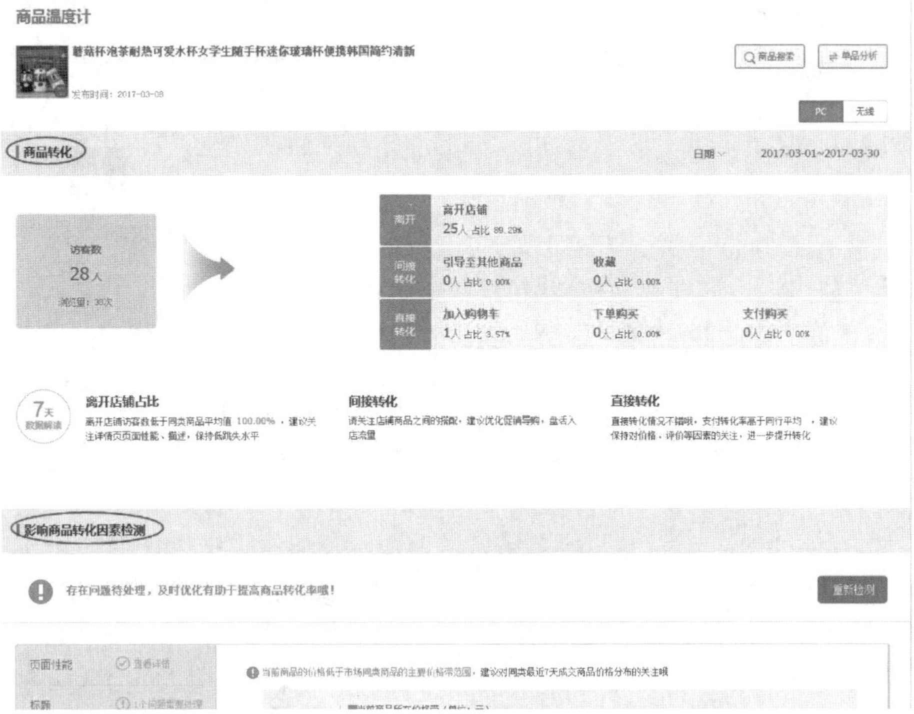

图 4－52　商品温度计

图 4－53　销量预测

八、单品服务分析

单品服务分析能够让卖家随时知道店铺某件商品是否受顾客的喜欢，已经购买的顾客反馈情况如何，哪件商品或者哪个颜色退货率高等，让卖家随时监测店铺商品的动态。输入店铺中商品关键词就可以对某件商品进行单品服务分析，如图 4－54 所示。

图 4-54　单品服务分析

任务实施

一、商品效果分析

小营分析了商品效果明细的指标，认为按“商品访客数”“加购件数”“平均停留时长”“下单转化率”“支付件数”这几项指标排序，可以初步得出一些店铺商品的分析。

打开“商品效果”，进入“商品效果明细”，选定要查找的时间段，并勾选要查找的数据指标，如图 4-55 所示。

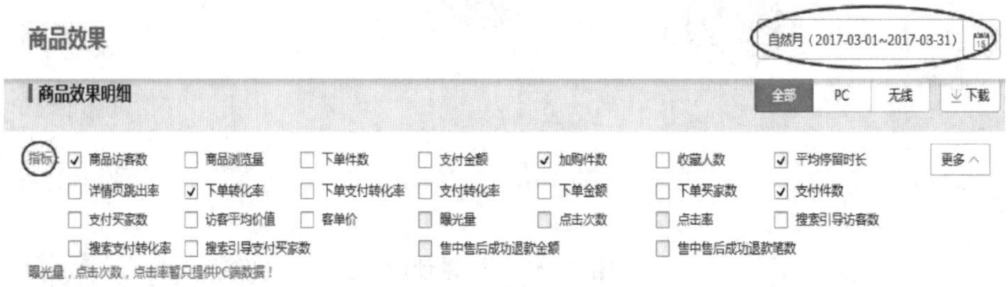

图 4-55　商品效果明细

按商品访客数排序，显示页面见图 4-56。

按加购件数排序，显示页面见图 4-57。

按平均停留时长排序，显示页面见图 4-58。

按下单转化率排序，显示页面见图 4-59。

商品名称	当前状态	所有终端的商品访客数	所有终端的加购件数	所有终端的平均停留时长	所有终端的下单转化率	所有终端的支付件数	操作
蘑菇杯泡茶耐热可爱水杯女学生随手杯迷你玻璃杯便携韩国简约 发布时间：2017-03-08	当前在线	61	3	47	4.92%	4	商品温度计 单品分析
木纹盖玻璃杯个性加厚便携隔热泡茶杯带过滤网学生随行随手水 发布时间：2017-03-06	已下架	53	4	61	1.89%	1	商品温度计 单品分析
高档骑士魔法玻璃杯有盖防碎便携耐热车载泡茶杯学生男女运动 发布时间：2017-03-22	当前在线	41	1	100	4.88%	2	商品温度计 单品分析

图 4－56　按商品访客数排序

商品名称	当前状态	所有终端的商品访客数	所有终端的加购件数	所有终端的平均停留时长	所有终端的下单转化率	所有终端的支付件数	操作
木纹盖玻璃杯个性加厚便携隔热泡茶杯带过滤网学生随行随手水 发布时间：2017-03-06	已下架	53	4	61	1.89%	1	商品温度计 单品分析
蘑菇杯泡茶耐热可爱水杯女学生随手杯迷你玻璃杯便携韩国简约 发布时间：2017-03-08	当前在线	61	3	47	4.92%	4	商品温度计 单品分析
高档骑士魔法玻璃杯有盖防碎便携耐热车载泡茶杯学生男女运动 发布时间：2017-03-22	当前在线	41	1	100	4.88%	2	商品温度计 单品分析

图 4－57　按加购件数排序

商品名称	当前状态	所有终端的商品访客数	所有终端的加购件数	所有终端的平均停留时长	所有终端的下单转化率	所有终端的支付件数	操作
卡通创意布套防爆玻璃杯透明便携防烫防漏带提绳学生情侣礼品 发布时间：2017-01-16	已下架	3	0	443	0.00%	0	商品温度计 单品分析
高档玻璃杯男女水杯带盖过滤双层隔热商务办公杯子加厚底学生 发布时间：2017-03-21	已下架	8	1	184	12.50%	1	商品温度计 单品分析
高档玻璃杯男女水杯带盖过滤双层隔热商务办公杯子加厚底学生 发布时间：2017-03-16	已下架	7	0	113	0.00%	0	商品温度计 单品分析

图 4－58　按平均停留时长排序

商品名称	当前状态	所有终端的商品访客数	所有终端的加购件数	所有终端的平均停留时长	所有终端的下单转化率	所有终端的支付件数	操作
保温玻璃杯男士办公玻璃杯茶杯保温过滤耐热便携水杯双层玻璃 发布时间：2017-04-13	当前在线	6	0	26	16.67%	1	商品温度计 单品分析
高档玻璃杯男女水杯带盖过滤双层隔热商务办公杯子加厚底学生 发布时间：2017-03-21	已下架	8	1	184	12.50%	1	商品温度计 单品分析
便携学生真空保温杯男女士不锈钢车载防漏户外旅行运动水杯 发布时间：2017-03-03	当前在线	20	0	72	5.00%	1	商品温度计 单品分析

图 4－59　按下单转化率排序

按支付件数排序，显示页面见图 4－60。

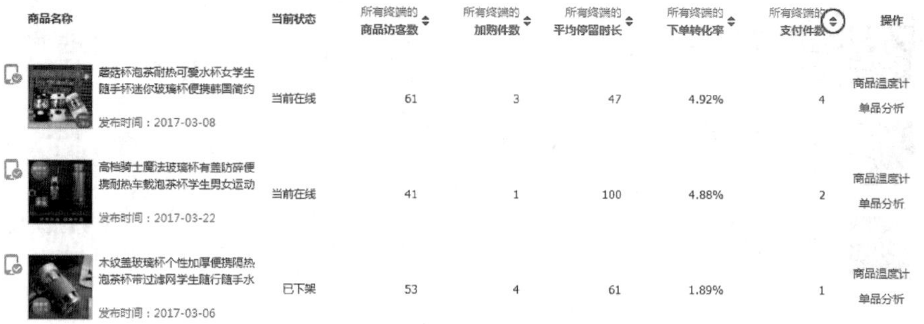

商品名称	当前状态	所有终端的商品访客数	所有终端的加购件数	所有终端的平均停留时长	所有终端的下单转化率	所有终端的支付件数	操作
蘑菇杯泡茶耐热可爱水杯女学生随手杯迷你玻璃杯便携韩国简约 发布时间：2017-03-08	当前在线	61	3	47	4.92%	4	商品温度计 单品分析
高档骑士魔法玻璃杯有盖防碎便携耐热车载泡茶杯学生男女运动 发布时间：2017-03-22	当前在线	41	1	100	4.88%	2	商品温度计 单品分析
木纹盖玻璃杯个性加厚便携隔热泡茶杯带过滤网学生随行随手水 发布时间：2017-03-06	已下架	53	4	61	1.89%	1	商品温度计 单品分析

图 4－60　按支付件数排序

再用同样的方法分析详情页跳出率，显示页面见图 4－61。

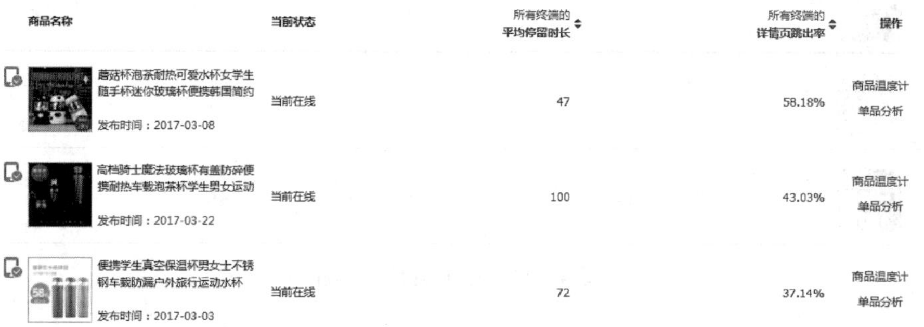

商品名称	当前状态	所有终端的平均停留时长	所有终端的详情页跳出率	操作
蘑菇杯泡茶耐热可爱水杯女学生随手杯迷你玻璃杯便携韩国简约 发布时间：2017-03-08	当前在线	47	58.18%	商品温度计 单品分析
高档骑士魔法玻璃杯有盖防碎便携耐热车载泡茶杯学生男女运动 发布时间：2017-03-22	当前在线	100	43.03%	商品温度计 单品分析
便携学生真空保温杯男女士不锈钢车载防漏户外旅行运动水杯 发布时间：2017-03-03	当前在线	72	37.14%	商品温度计 单品分析

图 4－61　按详情页跳出率排序

通过上述数据分析，可以看到商品访客数位列前三的是蘑菇杯、木纹盖玻璃杯和骑士魔法玻璃杯；加购件数位列前三的是木纹盖玻璃杯、蘑菇杯和骑士魔法玻璃杯；平均停留时长位列前三的是卡通创意防爆玻璃杯、高档玻璃杯（其中高档玻璃杯误传同一件商品两次，是违规行为，被发现后已经下架）；下单转化率位列前三的是保温玻璃杯、高档玻璃杯和便携学生真空杯；支付件数位列前三的是蘑菇杯、骑士魔法玻璃杯和木纹盖玻璃杯。

汇总整理这些数据，详见表 4－16。

表 4－16　　商品效果分析数据

商品名称	商品效果分析
蘑菇杯	访客数最多、支付件数最多、加购件数排行第二，目前正在销售中
木纹盖玻璃杯	加购件数最多、访客数排第二、支付件数排第三，目前已经下架
骑士魔法玻璃杯	访客数排第三、支付件数排第二、加购件数排第三，目前正在销售中
卡通创意防爆玻璃杯	平均停留时长最长，目前已经下架
高档玻璃杯	平均停留时长排第二、第三，下单转化率排第二，目前已经下架
便携学生真空杯	下单转化率排第三，目前正在销售中

根据数据分析，可以得出：店铺的商品中，各项数据比较有优势且仍在销售的有蘑菇

杯、骑士魔法玻璃杯、便携学生真空杯，这三件商品有打造爆款的潜质；数据比较有优势但已经下架的商品，可以考虑补货上架，增加店铺的销量。

但是，比较适合打造爆款的三件商品，详情页跳出率高，这说明通过关键词进入店铺查看商品的潜在用户，看到详情页却没有被商品吸引，而是选择直接关闭页面，或者跳到其他店铺，也就是说，商品的吸引力不够。

二、单品分析

小营选定“蘑菇杯”进行单品分析。

进入单品分析页面，在商品搜索框输入“蘑菇杯”，如图 4 - 62 所示。点击搜索框下面搜索出来的蘑菇杯商品名称，进入蘑菇杯单品分析页面。

图 4 - 62　搜索商品

单品分析分为来源去向、销售分析、访客分析、促销分析，其中来源去向属于收费项目（见图 4 - 63），促销分析暂时还没有开放，故重点分析其他两个免费分析模块。

图 4 - 63　商品流量来源去向分析

1. 销售分析

选择日期为“最近 30 天”，在“指标”处选择感兴趣的指标，如图 4 - 64 所示。

按“确定”按钮后得出选定期间蘑菇杯的销售趋势图，如图 4 - 65 所示。

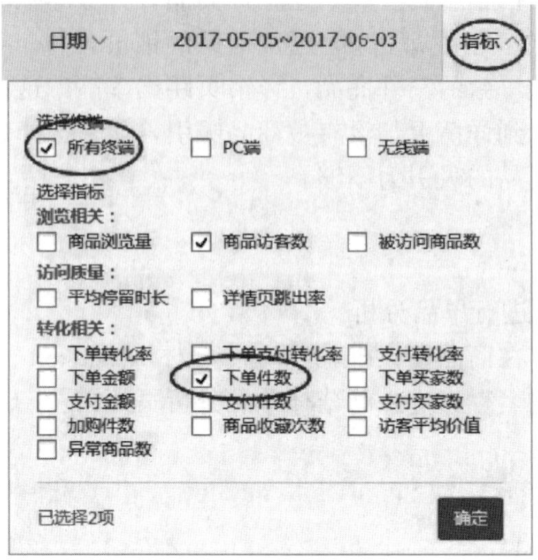

图 4－64　选择销售分析指标

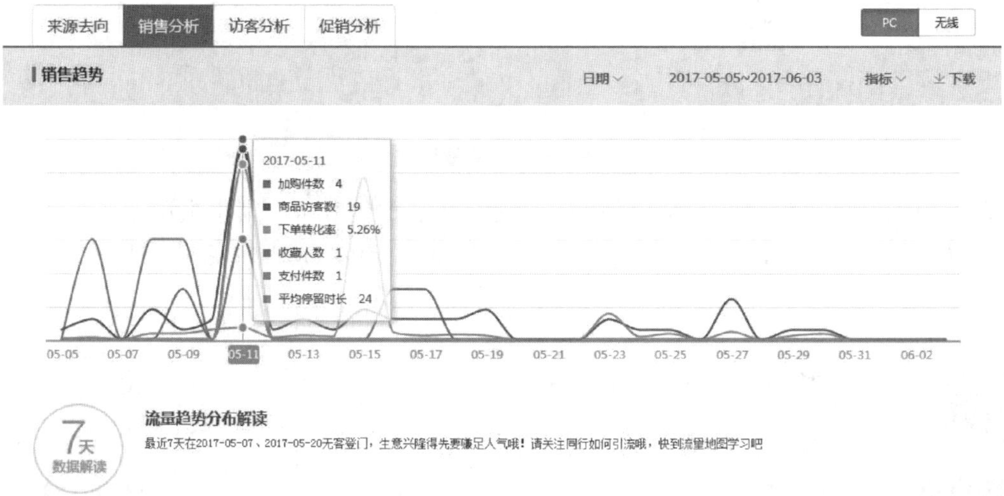

图 4－65　蘑菇杯销售趋势图

从趋势图中可以看出，5 月 11 日那天是最近 30 天唯一一天有销量的，当天各项数据分别是加购件数 4、商品访客数 19、下单转化率 5.26％、收藏人数 1、支付件数 1、平均停留时长 24 秒，但是 5 月 7 日、5 月 20 日无访客，要先想办法做好引流工作，吸引更多的人气，才能促进交易。

接下来，再来看看 SKU 销售详情。SKU 是 Stock Keeping Unit（库存量单位）的简写，即库存进出计量的单位，可以以件、盒、托盘等为单位。但对于电商而言，SKU 有另外的注解：

（1）SKU 是指一款商品，每款都有一个 SKU，便于识别商品。

（2）一款商品多色，则有多个 SKU，例如：一件衣服有红色、白色、蓝色，则 SKU 编码不相同，如果相同则会出现混淆，发错货。

近 30 天内，蘑菇杯的 SKU 销售详情如图 4－66 所示。

SKU销售详情　日期　2017-05-05~2017-06-03　指标　下载

SKU信息	价格	当前库存	新增加购件数	下单件数	下单买家数	支付件数	支付买家数	操作
可爱粉	28	98	3	0	0	0	0	查看趋势
靓丽白	28	99	2	0	0	0	0	查看趋势
神秘黑	28	98	1	0	0	0	0	查看趋势
海洋蓝	28	98	1	1	1	1	1	查看趋势

图 4－66　SKU 销售详情

需要注意的是，没有销售数据的 SKU 不会在此展示，不同时间周期展示的 SKU 数量可能不同。蘑菇杯有 4 个颜色，所以有 4 个 SKU 信息，就有 4 条相关的数据，每一个 SKU 信息都可以查看具体的趋势。例如，海洋蓝蘑菇杯的销售趋势如图 4－67 所示。

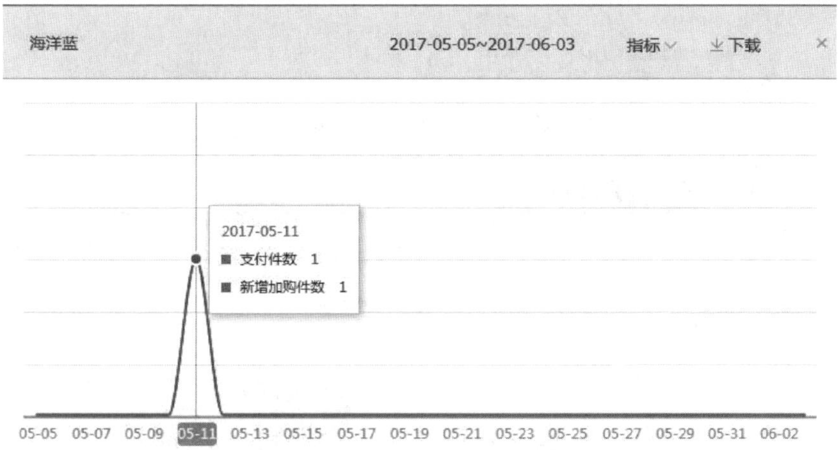

图 4－67　海洋蓝蘑菇杯销售趋势图

从图 4－67 中可以看出，在 5 月 11 日，支付件数为 1，新增加购件数为 1。通过 SKU 销售详情，卖家可以清晰地看到蘑菇杯这件商品各个颜色的关注度、销售情况等，分析出哪个颜色更受顾客关注、更让顾客喜欢。

2. 访客分析

PC 端访客分析显示页面如图 4－68 所示。无线端访客分析显示页面如图 4－69 所示。

综合 PC 端和无线端的访客分析，来访 24 小时趋势图中，16 时均有访客，无线端 20 时至 21 时有访客；访客所在地域为广东省、山东省和江苏省；没有老顾客访问店铺的这件商品；查看蘑菇杯的 100％是女生；访客的淘气值分数较高；无线端访客是在 WiFi 的网络环境下。

根据数据得出结论：蘑菇杯近 30 日的访客流量不足，老顾客关系有待加强，加购件数也不够多，四个颜色中可爱粉加购件数最多，海洋蓝有销售记录。

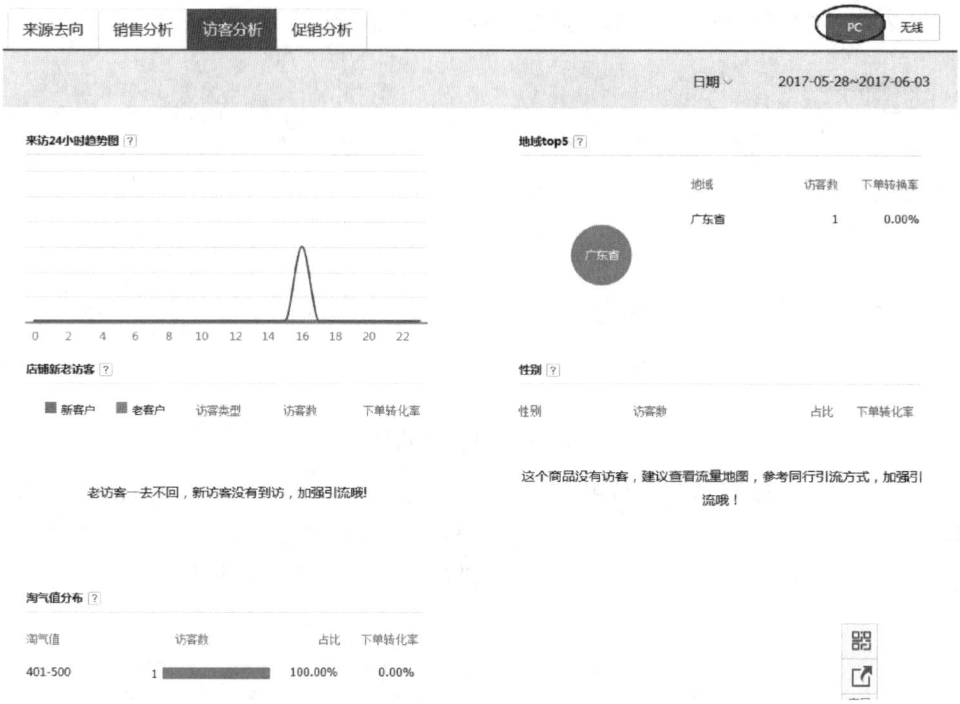

图 4-68　PC 端访客分析

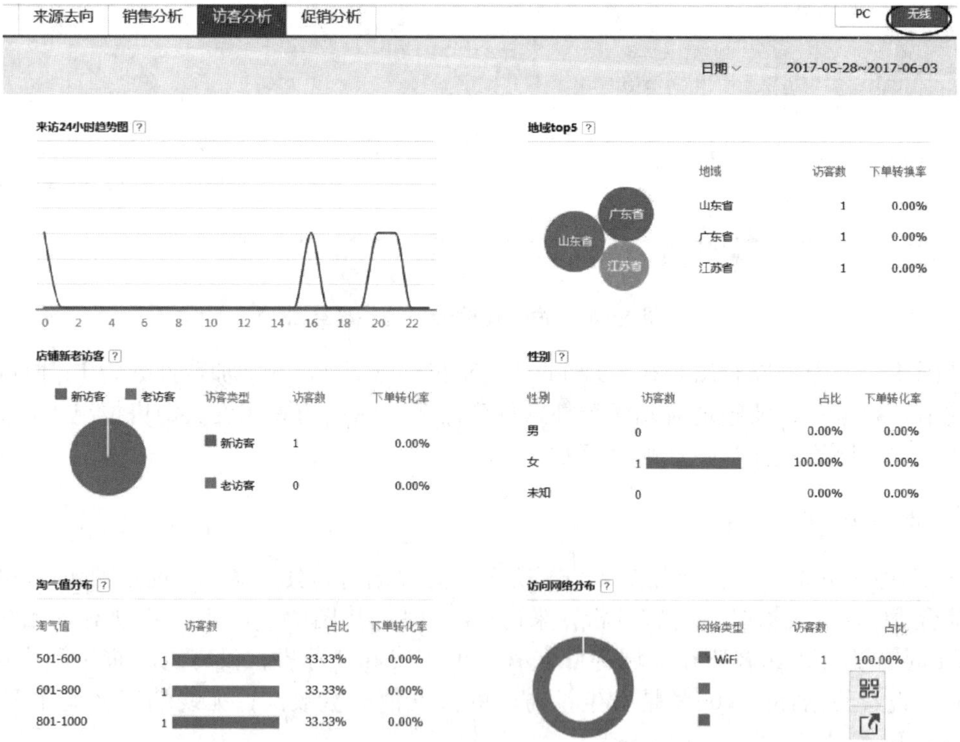

图 4-69　无线端访客分析

三、单品服务分析

客户对所购买商品的反馈情况能够很好地反映店铺商品的基本情况，小营决定对蘑菇杯进行单品服务分析。

点击“单品服务分析”，在商品搜索框中输入“蘑菇杯”，如图 4－70 所示。

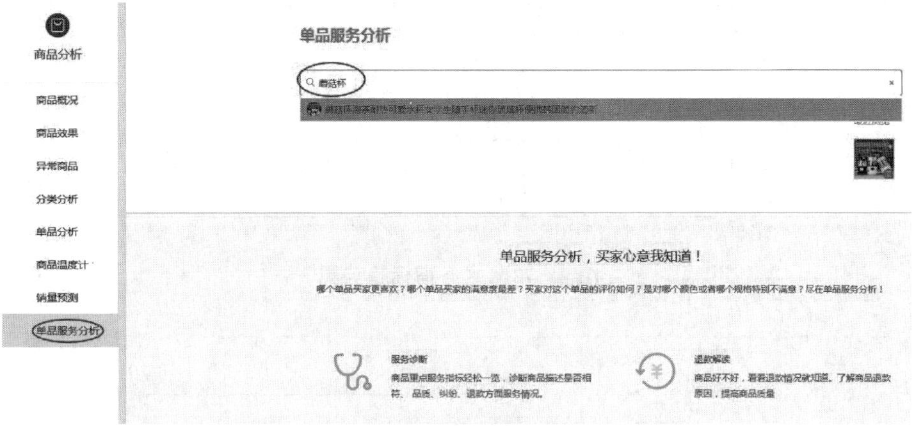

图 4－70　搜索商品

进入蘑菇杯单品服务页面，查看重点服务指标总览，如图 4－71 所示。

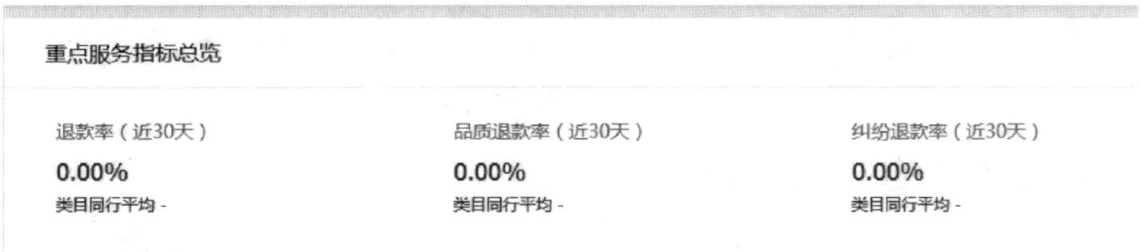

图 4－71　重点服务指标总览

从图 4－71 中可以看出，蘑菇杯在 30 天内没有退款、没有因品质问题产生的退款，也没有纠纷退款，情况良好。

选择最近 30 天服务指标趋势里的成功退款笔数、成功品质退款笔数、无线支付子订单数和正面评价数作为参考指标，得出服务指标趋势图，如图 4－72 所示。从图中可以看出 5 月 11 日有一笔无线子订单，5 月 19 日有一个正面评价，30 天内没有退款，也没有因品质问题的退款。

根据数据得出结论：蘑菇杯的单品服务做得比较好，在交易正常的情况下，没有发生退款和纠纷。

四、诊断商品

小营利用商品温度计对蘑菇杯最近 30 天的数据进行分析，给商品“把脉”。

点击“商品温度计”，在商品搜索框中输入“蘑菇杯”，如图 4－73 所示。进入蘑菇杯商品温度计页面，选择时间为“最近 30 天”。

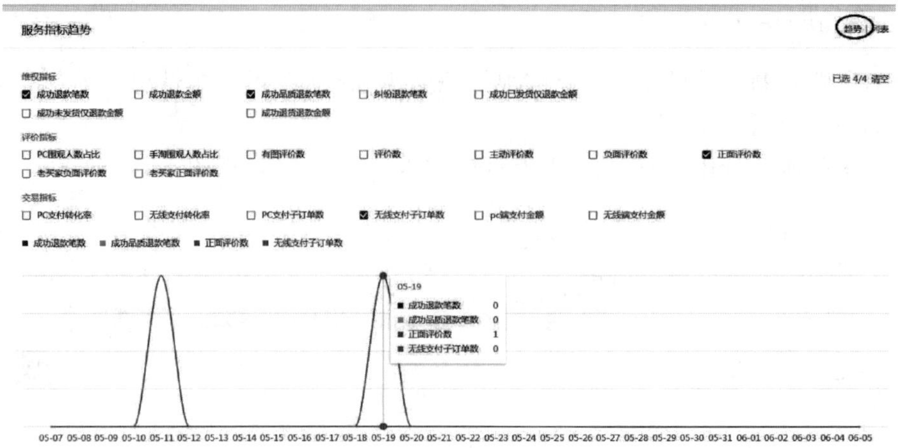

图 4-72　服务指标趋势图

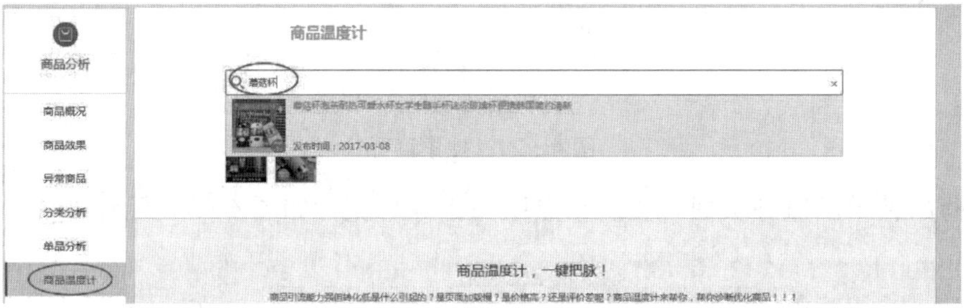

图 4-73　搜索商品

PC 端商品转化情况如图 4-74 所示。

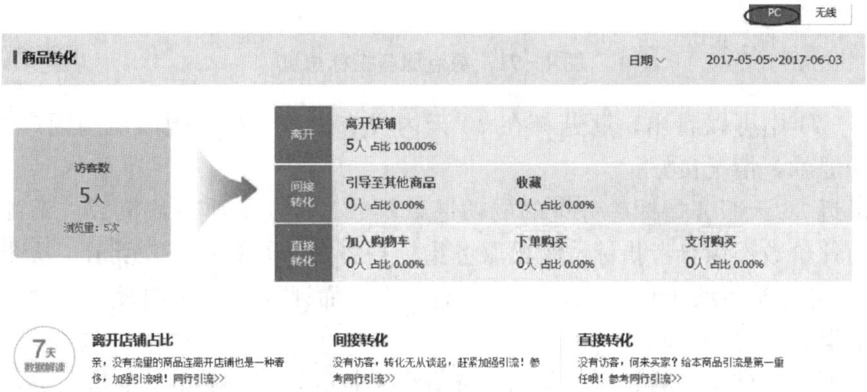

图 4-74　PC 端商品转化

得出如下结论：

（1）访客少，离开店铺人数占 100%，流量不佳。没有流量，就不可能有交易。

（2）间接转化率低，没有引导至其他商品，也没有人收藏商品。没有访客，更谈不上间接转化。

（3）直接转化率也低。没有访客，就没有买家。

PC 端影响商品转化因素检测如图 4－75 所示。

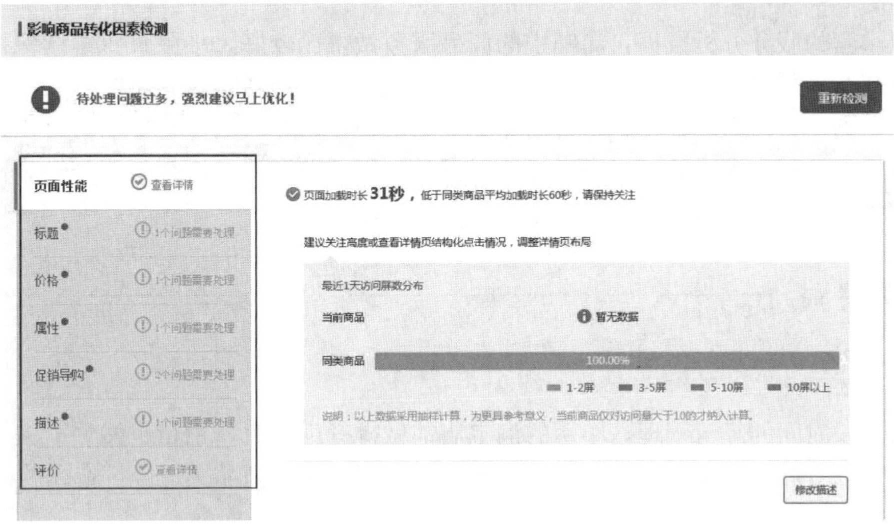

图 4－75　PC 端影响商品转化因素检测

从图 4－75 中可以看出，检测到可能影响蘑菇杯商品转化的因素比较多，左侧方框里的都需要及时处理。商品温度计的无线端检测只能检测一天内的情况，如图 4－76 所示。

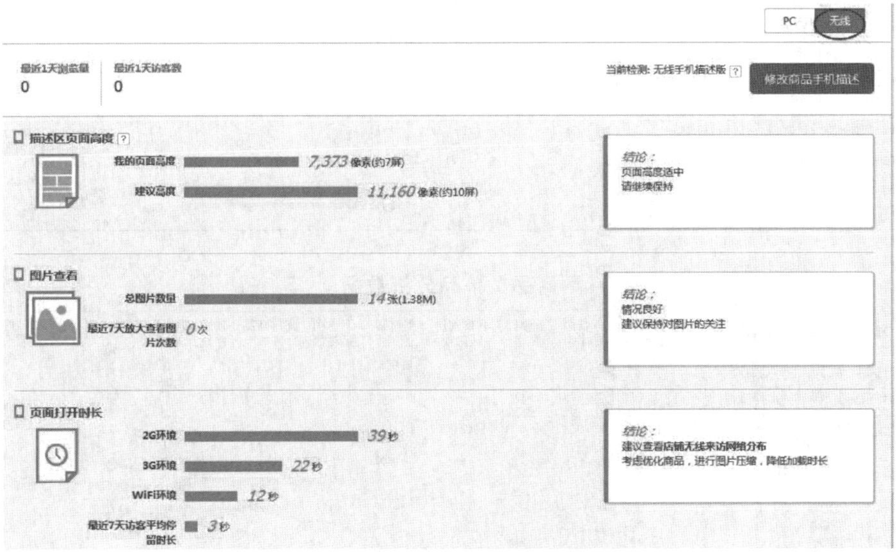

图 4－76　商品温度计无线端检测

根据无线端的数据，得出如下结论：

（1）页面大小适中，继续保持。

（2）图片数量合适，继续保持。

（3）页面打开时长一般，还可以继续优化商品图片，减少页面打开时长。

因此，小美应该做好优化页面工作，使产品主要特点突出、图片大小适当，减少页面打开时间，让商品的功能描述更加有新意，同时也可以分析竞争对手店铺中销售比较好的商品，学习对方的店铺及详情页设计，根据顾客心理调整页面设置，尽量使页面更加吸引顾客。

根据小营的服务分析数据，店铺中的商品服务做得比较好，小服只要继续保持良好的商品服务就行，同时可以做好老顾客的回访、问候等，增加老顾客的黏性。

小广根据小营给出的数据，结合商品存在的问题，做好引流工作，同时可以适当增加用户体验活动，减少页面的跳出率，也可以设计一些老顾客活动，提高店铺销量，并发现具有爆款潜质的商品。

同步实训

任务描述

经过一段时间的经营管理，小明的淘宝店铺做得有声有色，销量也慢慢上去了。请你根据以下两款台灯的单品分析数据，帮小明分析一下，哪件商品更适合打造爆款。

商品 1 单品分析数据

统计日期	所属终端	商品浏览量	商品访客数	平均停留时长	详情页跳出率	下单转化率	下单支付转化率	支付转化率	下单商品件数	支付商品件数	加购件数	收藏人数	搜索引导支付买家数	客单价	搜索引导访客数
2017-03-25	所有终端	400	111	14.55	73.87%	8.11%	100.00%	8.11%	11	10	15	10	6	37.33	89
2017-03-26	所有终端	316	121	13.41	82.64%	4.96%	83.33%	4.13%	9	6	10	1	3	42	97
2017-03-27	所有终端	352	139	15.89	76.98%	6.47%	77.78%	5.04%	12	8	26	8	4	45.76	115
2017-03-28	所有终端	498	160	18.57	77.50%	8.13%	92.31%	7.50%	19	16	21	7	10	56.99	116
2017-03-29	所有终端	786	215	12.62	70.70%	6.51%	92.86%	6.05%	14	13	25	10	12	34.7	169
2017-03-30	所有终端	1255	335	16.38	65.97%	5.37%	94.44%	5.07%	18	17	62	19	12	34.59	219
2017-03-31	所有终端	1113	322	16.63	70.19%	7.76%	96.00%	7.45%	26	24	59	12	16	34.71	246
2017-03-25	PC端	3	3	65.00	-	33.33%	100.00%	33.33%	1	1	1	0	0	35	2
2017-03-26	PC端	5	3	61.00	66.67%	33.33%	0.00%	0.00%	1	0	0	0	0	0	1
2017-03-27	PC端	6	5	115.50	-	0.00%	-	0.00%	0	0	0	0	0	0	3
2017-03-28	PC端	6	4	141.00	-	25.00%	100.00%	25.00%	1	1	0	0	0	45	2
2017-03-29	PC端	5	4	80.80	-	0.00%	-	0.00%	0	0	0	0	0	0	1
2017-03-30	PC端	6	4	71.67	75.00%	25.00%	100.00%	25.00%	1	1	0	0	0	35	2
2017-03-31	PC端	7	5	458.71	-	0.00%	-	0.00%	0	0	0	0	0	0	2
2017-03-25	无线端	397	109	14.17	73.39%	7.34%	100.00%	7.34%	10	9	14	10	6	37.63	87
2017-03-26	无线端	311	118	12.65	83.05%	4.24%	100.00%	4.24%	8	6	10	1	3	42	96
2017-03-27	无线端	346	134	14.16	76.12%	6.72%	77.78%	5.22%	12	8	26	8	4	45.76	112
2017-03-28	无线端	492	156	17.08	76.92%	7.69%	91.67%	7.05%	18	15	21	7	10	58.08	114
2017-03-29	无线端	781	211	12.18	70.14%	6.64%	92.86%	6.16%	14	13	25	10	12	34.7	168
2017-03-30	无线端	1249	331	16.12	65.86%	5.14%	94.12%	4.83%	17	16	62	19	12	34.56	217
2017-03-31	无线端	1106	318	13.83	69.81%	7.86%	96.00%	7.55%	26	24	59	12	16	34.71	244

商品 2 单品分析数据

统计日期	所属终端	商品浏览量	商品访客数	平均停留时长	详情页跳出率	下单转化率	下单支付转化率	支付转化率	下单商品件数	支付商品件数	加购件数	收藏人数	搜索引导支付买家数	客单价	搜索引导访客数
2017-03-25	所有终端	82	35	11.91	65.71%	2.86%	100.00%	2.86%	2	1	3	0	1	44	35
2017-03-26	所有终端	70	29	15.75	72.41%	6.90%	100.00%	6.90%	2	2	3	1	1	43.56	25
2017-03-27	所有终端	83	36	7.56	75.00%	0.00%	-	0.00%	0	0	2	1	0	0	34
2017-03-28	所有终端	88	34	17.44	76.47%	5.88%	100.00%	5.88%	3	3	1	2	1	65.9	31
2017-03-29	所有终端	36	20	10.51	70.00%	10.00%	100.00%	10.00%	2	2	1	0	1	42	19
2017-03-30	所有终端	81	44	12.32	70.45%	0.00%	-	0.00%	0	0	0	0	0	0	38
2017-03-31	所有终端	65	30	7.58	66.67%	0.00%	-	0.00%	0	0	2	3	0	0	24
2017-03-25	PC端	0	0	0.00	-	-	-	-	0	0	0	0	0	0	0
2017-03-26	PC端	1	1	49.00	0.00%	0.00%	-	0.00%	0	0	0	0	0	0	0
2017-03-27	PC端	0	0	0.00	-	-	-	-	0	0	0	0	0	0	0
2017-03-28	PC端	0	0	0.00	-	-	-	-	0	0	0	0	0	0	0
2017-03-29	PC端	0	0	0.00	-	-	-	-	0	0	1	0	0	0	0
2017-03-30	PC端	7	1	18.57	-	0.00%	-	0.00%	0	0	0	0	0	0	1
2017-03-31	PC端	1	1	16.00	-	0.00%	-	0.00%	0	0	0	0	0	0	0
2017-03-25	无线端	82	35	11.91	65.71%	2.86%	100.00%	2.86%	2	1	3	0	1	44	35
2017-03-26	无线端	69	28	15.27	75.00%	7.14%	100.00%	7.14%	2	2	3	1	1	43.56	25
2017-03-27	无线端	83	36	7.56	75.00%	0.00%	-	0.00%	0	0	2	1	0	0	34
2017-03-28	无线端	88	34	17.44	76.47%	5.88%	100.00%	5.88%	3	3	1	2	1	65.9	31
2017-03-29	无线端	36	20	10.51	70.00%	10.00%	100.00%	10.00%	2	2	0	0	1	42	19
2017-03-30	无线端	74	43	11.73	72.09%	0.00%	-	0.00%	0	0	0	0	0	0	37
2017-03-31	无线端	64	29	7.45	65.52%	0.00%	-	0.00%	0	0	2	3	0	0	24

操作指南

对比两个商品的数据，分析得出结论。

我认为商品（　　）更适合打造爆款	
理由 1	
理由 2	
理由 3	
理由 4	
理由 5	
理由 6	
理由 7	
理由 8	
理由 9	
理由 10	

▶ 任务评价

评价内容		分值	评价		
			自我评价	小组评价	教师评价
分析理由	没有（0 个理由）	0			
	不充分（1～3 个理由）	20			
	比较充分（4～6 个理由）	40			
	充分（7～8 个理由）	60			
	非常充分（9～10 个理由）	80			
表达清晰		20			
合计		100			

任务四　交易、服务分析

任务导入

小营每天都会关注店铺的实时、流量、商品这些数据，这些数据能不能告诉小营店铺整体营业情况，最近 7 天或一段时间的交易额情况呢？在商品售出以后，有没有出现退货情况？顾客的评价又是怎样的？请完成以下任务单（见表 4－17）。

表 4-17 任务单

岗位	工作项目	具体要求	完成时限	验收
运营	交易、服务分析	根据数据，关注交易构成，分析引流问题；关注退款率和投诉率，分析服务评价和评价趋势	1课时	
客服	完善售前售后服务	提高对客户的售前售后服务质量	1课时	
美工	宝贝效果和详情页优化	根据退款商品原因，修改宝贝效果和详情页	1课时	
推广	调整营销策略	根据交易构成数据，对销量高、转化率高的类目进行重点推荐，商品定价采用多价格段	1课时	
验收人				

知识探究

每个店铺经营者除了关心商品人气情况外，都应该关注每天的交易情况，目的是随时掌握店铺交易中出现的问题，及时做好资金周转工作。此外，对于店铺的售后服务状况，也应及时进行了解，拴住老顾客。

一、交易分析

交易分析分为交易概况、交易构成和交易明细三个项目。

1. 交易概况

交易概况从整体上来反映店铺的交易情况，让商家可以从梯形图中看到店铺的转化情况，可以根据需要选择不同终端（PC 端、无线端）、不同日期（最近 1 天、7 天、30 天、日、周、月）。交易概况下有 4 个不同的指标可进行对比分析，图 4-77 所示为交易总览的分析页面，图 4-78 所示为交易趋势的分析页面。交易趋势通过蓝色和浅绿色曲线对比，能够很直观地看到与同行的差距。

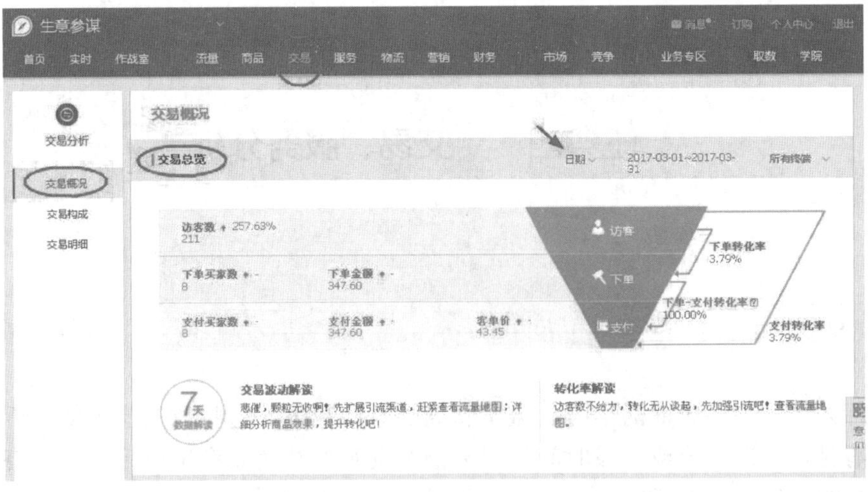

图 4-77 交易总览

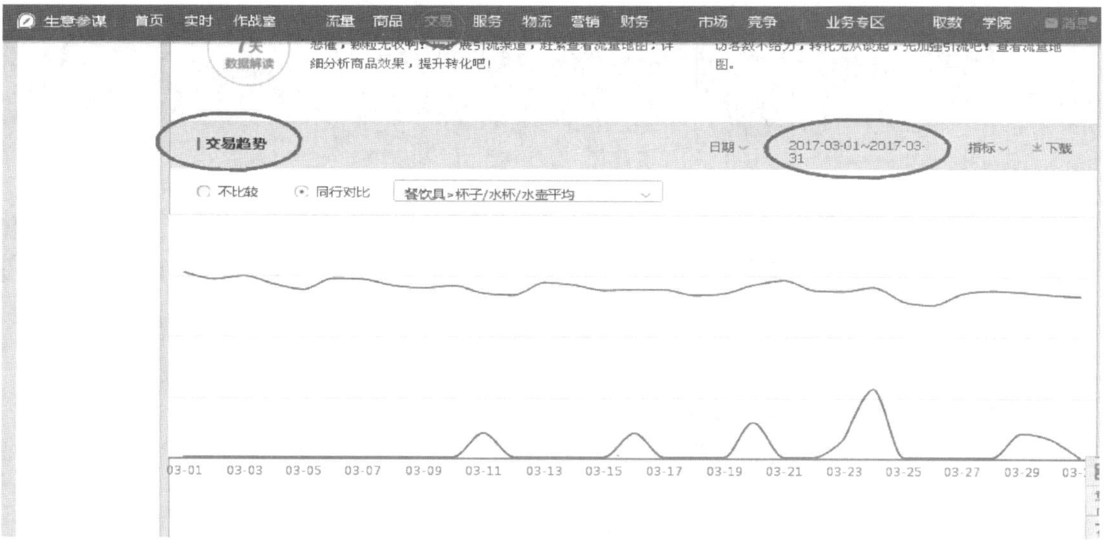

图 4－78　交易趋势

2. 交易构成

交易构成提供了终端构成、类目构成、品牌构成、价格带构成、资金回流构成 5 个指标，具体指标介绍见表 4－18。

表 4－18　　交易构成指标

指标	指标介绍	指标意义
终端构成	分析 PC 端、无线端交易情况	通过对比数据调整经营决策
类目构成	以类目为分析对象，分析店铺的交易情况	反映 7 天内店铺一级类目下商品的交易情况
品牌构成	分析某个品牌的支付金额占比和购买情况	支付金额、支付金额占比、支付件数越高，排名越靠前
价格带构成	分析店铺中商品的价格段构成	帮助了解哪个价格段最受欢迎，以及转化率的高低情况
资金回流构成	统计出已签收未确认收货的订单，根据离自动确认收货的时间长短，分成几块有行动点的数据	提醒商家及时联系买家，促进资金回流

终端构成、类目构成的分析页面如图 4－79 所示。

品牌构成的分析页面如图 4－80 图所示。

价格带构成、资金回流构成的分析页面如图 4－81 所示。

3. 交易明细

交易明细提供整个店铺当天成交订单量，如图 4－82 所示。在“确认收货金额”出来以后，可以对商品成本和运费成本进行设置，那么就可以了解到每一笔订单的利润情况。

图 4－79 终端构成、类目构成

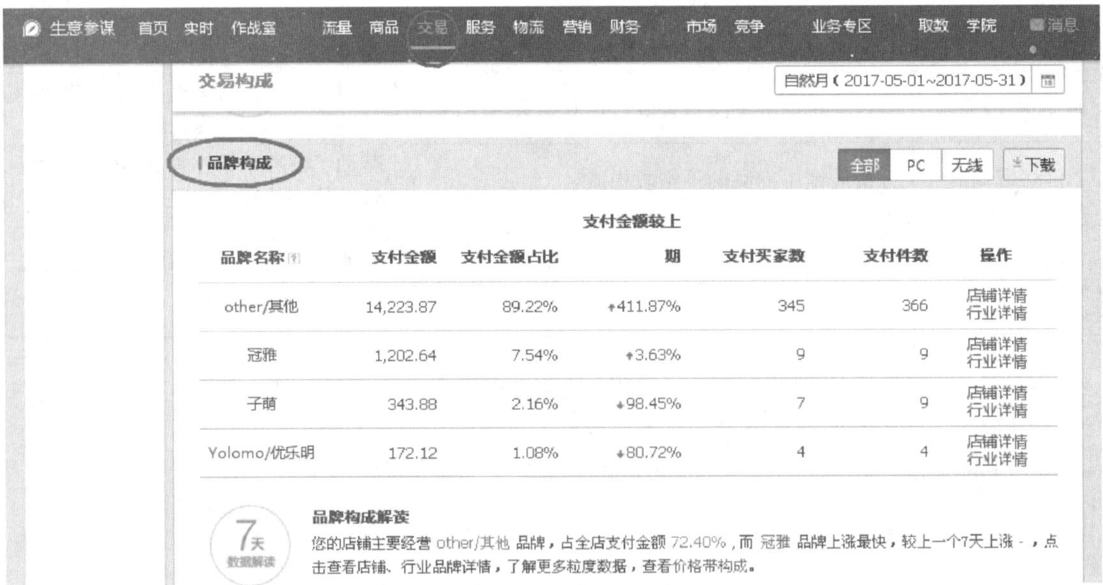

图 4－80 品牌构成

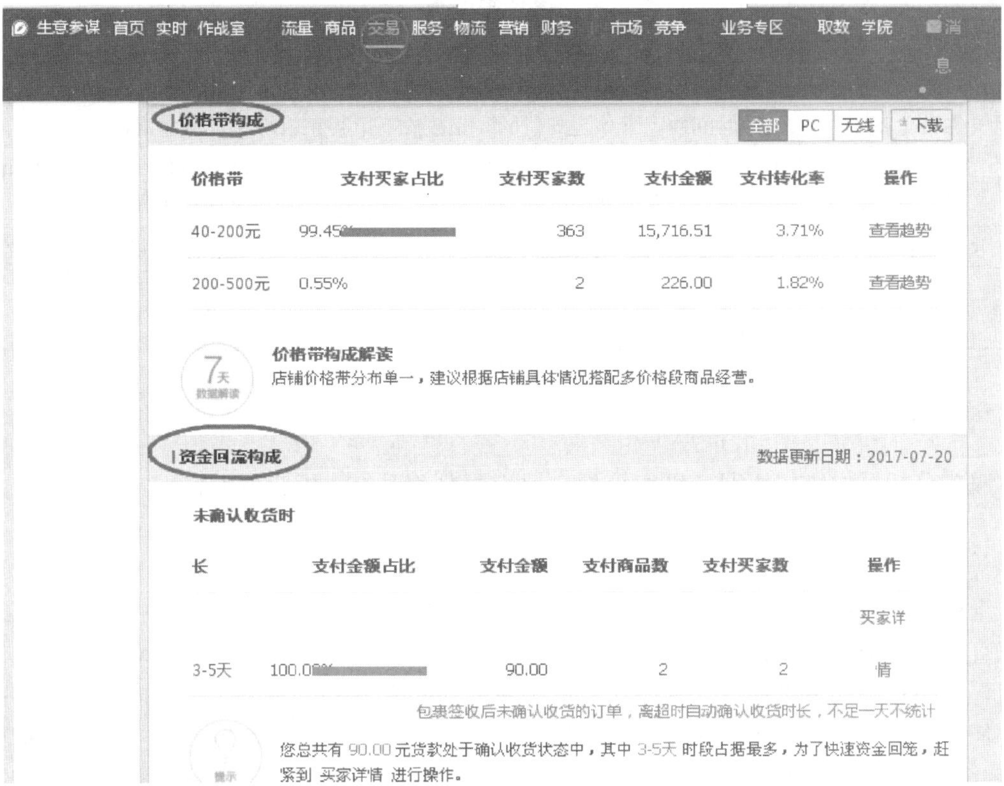

图 4－81　价格带构成、资金回流构成

图 4－82　交易明细

交易明细的指标介绍见表 4－19。

表 4－19　　交易明细指标

指标	指标介绍	指标意义
支付转化率	统计时间内，支付买家数÷访客数	比例越高越好
下单支付转化率	统计时间内，下单且支付的买家数÷下单买家数	比例越高越好
确认收货指数	根据买家最近半年的确认收货频率，计算出的一个催单确认收货成功的概率指数	星级越高，表示催单确认收货成功率越高
确认收货金额	支付金额－售中成功退款金额	差额越大越好
商品成本	根据商家上传的单个商品成本，计算的确认收货订单中商品成本之和	越低越好

二、服务分析

服务分析提供维权概况、维权分析、评价概况和评价分析四项内容。

1. 维权概况

维权概况包括维权总览、维权趋势和 TOP 退款商品（近 30 天）三个指标。维权总览可以直接看到描述相符评分、卖家服务评分和物流服务评分的分值，可以对比前日、同行均值，知道自己的评价情况，如图 4－83 所示。维权趋势可以选择 30 天指标和单天指标中的任何四项，可以选择右侧的趋势或列表，了解所选择的指标的图形；TOP 退款商品（近 30 天）可以直接看到近 30 天内有哪些商品进行退款处理，具体情况怎样，如图 4－84 所示。

图 4－83　维权总览

2. 维权分析

维权分析包括退款原因分析和退款商品两项，可以查看不同时间类目下的哪些商品要求退款、退款原因是什么、退款成功与否、金额多少等情况。如图 4－85 所示。

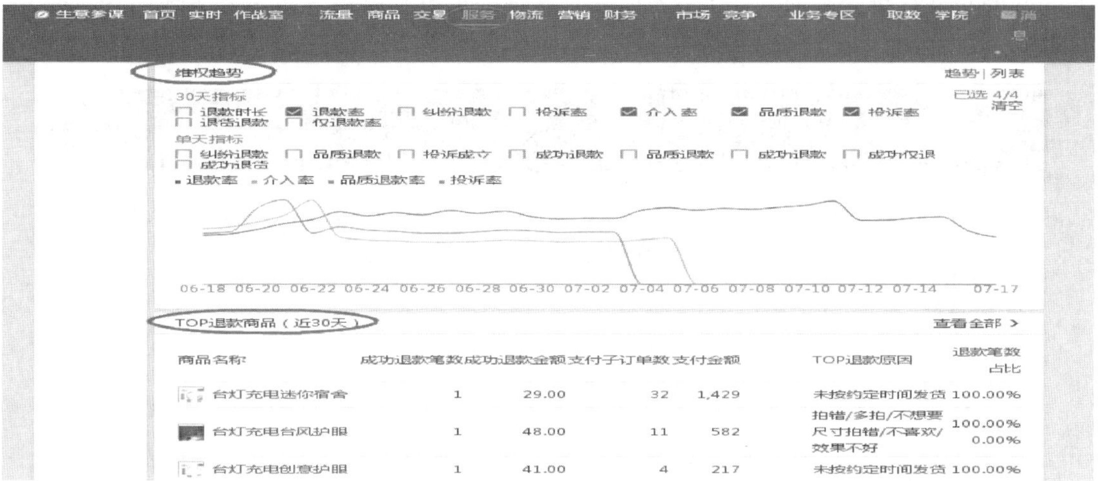

图 4－84　维权趋势、TOP 退款商品（近 30 天）

图 4－85　维权分析

3. 评价概况

评价概况通过评价总览（近 180 天）、评价趋势和 TOP 负面评价商品（近 30 天）三方面的内容，反映商品服务的评价情况。前面两项内容均采用评分的形式来反映服务状况的好坏，评分越高越好，如图 4－86 所示；后面一项内容根据负面评价数、围观人数占比、TOP 负面评价关键词（评价数量）来反映商品的好坏程度，数值越大表明评价越差，如图 4-87 所示。

图 4-86 评价总览、评价趋势

图 4-87 TOP 负面评价商品（近 30 天）

4．评价分析

评价分析由评价趋势、评价内容分析和商品评价分析三部分组成。评价趋势可以选择曲线趋势图或列表图，能看到所选指标的相关情况，如图 4-88 所示。评价内容分析可以选择负面评价和正面评价，能看到评价的数量、所占比例、评价的关键词；商品评价分析也是根据负面评价数、围观人数占比、TOP 负面评价关键词（评价数量）来反映商品的好坏程度，数值越大表明评价越差，如图 4－89 所示。

图 4－88　评价趋势

图 4－89　评价内容分析、商品评价分析

任务实施

小营对店铺的交易、服务数据进行了分析。店铺 2 月份的交易概况如图 4－90 所示。

图 4－90　2 月份的交易概况

（1）从数据中可以看出，访客数 3 718 人中只有 118 人下单，下单转化率只有 3.17%，店铺整体支付转化率是 3.15%，总体来说转化率偏低。

（2）通过转化率解读可知：98.64%的访客访问宝贝后离开，宝贝排版等详情制作存在不合理因素，需要做好宝贝详情以及优化宝贝方面的工作。

最近 30 天终端构成情况如图 4－91 所示。

图 4－91　最近 30 天终端构成

（1）从数据中可以看出，无线端买家数最多，PC 端买家数虽比不上无线端，但支付转化率高。

（2）根据数据可以得出：PC 端有利于店铺引流和提高店铺商品支付转化率，可在提高整体终端商品支付转化率时，将重点放在 PC 端。

3 月份交易构成中的价格带构成情况如图 4－92 所示。

图 4－92　价格带构成

（1）从数据中可以看出，40～200 元的买家数最多，支付买家占比最高；500 元以上的买家比较少，但支付转化率最高。

（2）根据数据可以得出：买家多的价格带和高价格带均有利于提高店铺商品支付转化率，应调整店铺的价格带分布，加强店铺搭配多价格段商品经营。

服务质量分析中的维权概况情况如图 4－93 所示。

图 4－93　维权概况

（1）从数据中可以看出，该店铺当天退款时长和介入率比前一天有所下降，但退款率、品质退款率和品质退款商品数比前一天上升了，并且退款时长、退款率、介入率、品质退款率和品质退款商品数这几个指标都高于同行均值。

（2）维权总览所列指标，无论是对比自己店铺还是对比同行均值，都是越低越好。可查看要退款的商品，根据具体情况处理好出现的问题。

同步实训

任务描述

小明在经营淘宝店铺的过程中出现了商品退款问题，请根据下面的截图总结退款原因，并写出解决措施。

生意参谋 首页 实时 作战室 流量 商品 交易 服务 物流 营销 财务 市场 竞争 业务专区 取数 学院 消息

月（2017-04-01~2017-04-30） 家装主材 > 灯具灯饰

退款商品

商品名称	成功退款笔数	成功退款金额	支付子订单数	支付金额	TOP退款原因	退款笔数占比	操作
台灯充电迷你宿舍台风护眼可	19	811.98	501	22,236	拍错/多拍/不想要 其他 质量问题	63.16% 15.79% 10.53%	趋势 单品分析
充电台灯夹子灯宿舍超长续航	1	44.00	20	892	拍错/多拍/不想要 协商一致退款 快递一直未送到	100.00% 0.00% 0.00%	趋势 单品分析
台风卧室床头led水晶创意时	1	126.00	3	413	拍错/多拍/不想要	100.00%	趋势 单品分析
台灯充电创意宿舍保视力台风	1	45.08	19	954	尺寸拍错/不喜欢/效果不好 材质与商品描述不符	100.00% 0.00%	趋势 单品分析
台灯充电创意护眼宿舍书桌小	1	49.00	20	955	其他 质量问题	100.00% 0.00%	趋势 单品分析

▶ 操作指南

（1）总结退款商品所占比例和出现退款的原因。

退款商品名称	退款商品笔数	退款笔数		退款原因
		占比	评价（高或低）	

（2）根据退款原因，写出改进措施。

▶ 任务评价

评价内容	分值	评价		
		自我评价	小组评价	教师评价
罗列的商品名称正确	15			
标注的商品笔数正确	15			
退款笔数占比正确	20			
每个原因归类正确	25			
改进措施合理	25			
合计	100			

任务五　物流、营销分析

任务导入

物流对网店的影响非常大，如何方便快捷地监督管理店铺物流，提高店铺的物流服务水平？怎样通过店铺后台数据，进行营销分析，设置比较好的营销活动？生意参谋里的物流分析、营销分析能够给小营一些指导性的帮助。请根据任务单（见表 4－20）完成物流、营销分析。

表 4－20　　**任务单**

岗位	工作项目	具体要求	完成时限	验收
运营	选一件宝贝作为营销推广商品	通过生意参谋中的“营销”模块选定一件进行单品营销的商品	2 课时	
美工	完善被选定商品的图片及详情页	合理安排主副图，检查最后一张副图是否为白底图；完善详情页	2 课时	
客服	回访老顾客	主动回访老顾客，调查客户使用体验，想办法争取一些好评或者图片追评	2 课时	
推广	制定单品营销方案	利用生意参谋中的“营销”模块，制定一个单品营销方案	2 课时	
验收人				

知识探究

物流是电子商务的重要环节，物流的质量直接影响着 DSR 评分及很多售后问题；营销是电子商务的重要组成部分，是淘宝店铺生存与发展的必要手段。生意参谋中提供了物流模块和营销模块（如图 4－94 所示），帮助店铺经营者及时发现物流问题，及时了解店铺的营销活动数据和活动效果。

图 4－94　生意参谋中的物流模块和营销模块

一、物流

生意参谋里的物流包括物流分析、物流管家、供应链服务三个模块。

1. 物流分析

物流分析包括物流概况、物流分布、物流监控。物流分析模块的数据能够看出物流服务质量评价及物流异常等参数，对提高客户感受度及降低客服的劳动强度有一定的帮助。

（1）物流概况。

物流概况包括物流总览、物流趋势、物流服务质量评价、物流异常、TOP 收货省份分布、TOP 收货物流公司分布等指标。

通过物流总览和物流趋势，卖家能够看出某个时间段物流板块的大部分数据，大体了解物流情况。

如图 4－95 所示，在这个物流总览页面，可以清晰地看到支付父订单数为 3，发货包裹数为 3，说明 3 个订单都已经发货完毕；揽收包裹数为 2，说明还有 1 个订单没有快递员来收，需要跟进；派送包裹数为 4，签收成功包裹数为 5，通过这两个数据卖家可以了解到商品配送情况，并关注这些买家的评价，对买家已经给出的评价进行跟踪，了解中差评原因，及时处理中差评订单，对未及时评价的买家，提示、引导买家进行好评评价，做好售后跟踪服务。

图 4－95 物流总览

在物流趋势页面（如图 4－96 所示），可以看到平均支付—发货时长、平均发货—揽收时长、平均揽收—签收时长、平均发货—签收时长、平均支付—签收时长，从中可以看出店铺物流服务的平均数据，卖家应争取减少平均时长，在物流服务上得到买家的认可。

在物流服务质量评价页面（如图 4－97 所示），可以看到客户对于物流评分的占比，从中可以看出物流服务的质量。

从物流异常信息页面可以看到异常原因，如图 4－98 所示。

图 4－96　物流趋势

图 4－97　物流服务质量评价

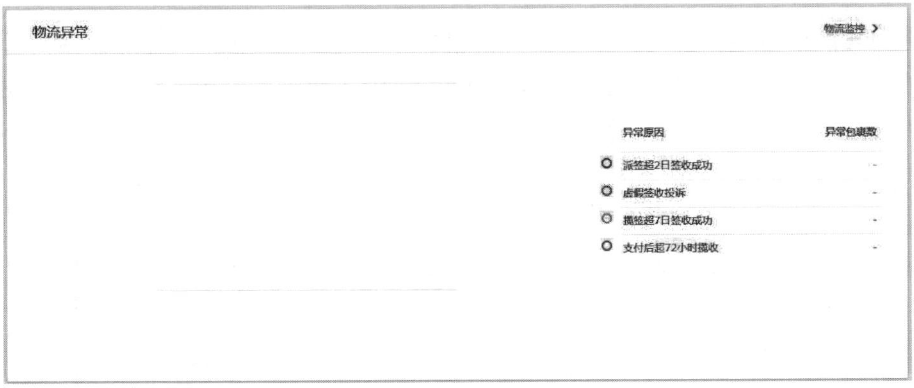

图 4－98　物流异常

TOP 收货省份分布可以看出主要客户的所在区域和物流时长，既有助于卖家加强物流管理，也可以在设置营销活动时作为顾客群分析的参考数据；TOP 收货物流公司分布可以看出店铺中主要采用的物流公司的物流服务情况，如图 4－99 所示。

TOP收货省份分布　　物流分布 >

排名	收货省份	揽收包裹数 (占比)	平均揽收-签收时长	签收成功率
1	广东省	2 (100.00%)	49.35小时	100.00%
2	湖南省	0 (0.00%)	37.96小时	100.00%
3	广西壮族自治区	0 (0.00%)	0.00小时	100.00%

TOP收货物流公司分布　　物流分布 >

排名	物流公司	揽收包裹数 (占比)	平均揽收-签收时长	签收成功率
1	天天快递	2 (100.00%)	39.21小时	100.00%
2	申通快递	0 (0.00%)	68.40小时	100.00%

图 4－99　TOP 收货省份分布、TOP 收货物流公司分布

（2）物流分布。

物流分布涵盖的指标如图 4－100 所示，从这里可以看到关于物流的大部分信息。

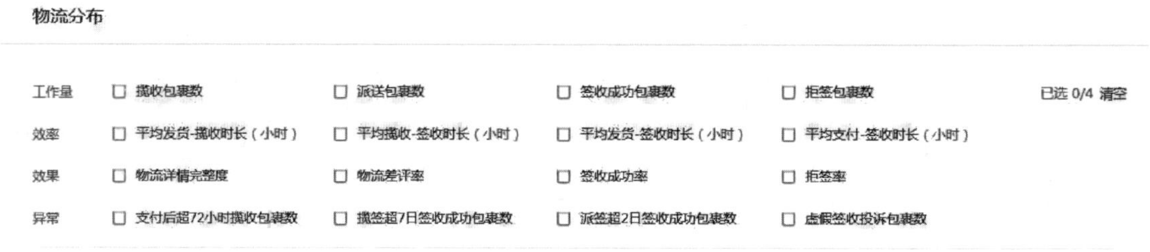

图 4－100　物流分布

（3）物流监控。

这个模块的信息来自菜鸟快递指数，数据每小时更新。如图 4－101 所示，物流监控会把物流异常的订单列举出来，卖家可以根据实际情况和快递公司及客户进行沟通，及时主动解决问题。

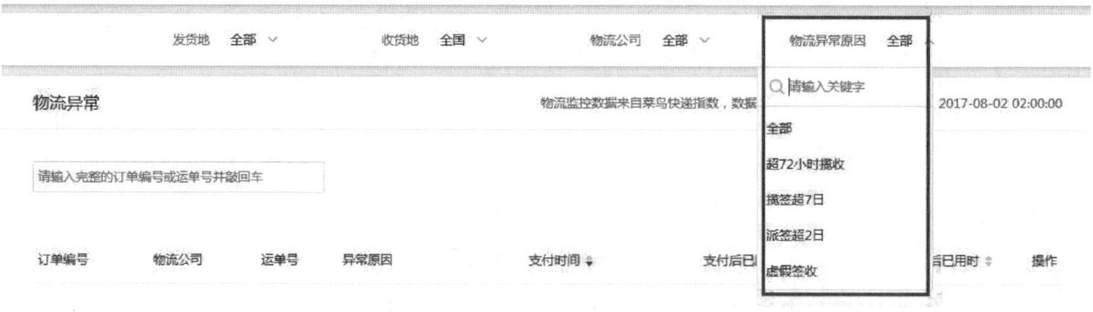

图 4－101　物流监控

2. 物流管家

物流管家包含包裹中心、异常包裹、买家投诉包裹和退货包裹。及时跟踪异常物流信息不但能有效提升客户体验和 DSR 评分，而且能帮助商家及时发现问题订单和异常问题，及时处理经营隐患。

包裹中心显示的是店铺中处于发货到签收物流链路中的全部物流包裹，如图 4－102 所示。包裹状态包括已揽收未中转、已中转未派件、已派件未签收、已签收。查找方式有根据特定日期查询、按包裹状态查询、按物流公司查询和按特定订单查询。店铺管理者可以随时方便快捷地查找到物流过程中存在异常或者可能有异常风险的订单物流状态，及时跟进处理。

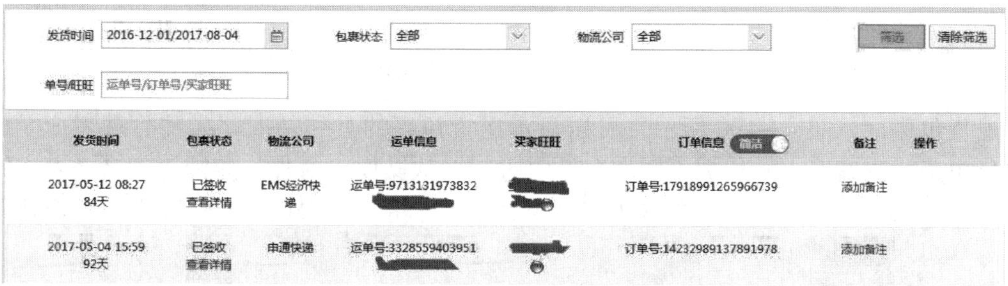

图 4－102　包裹中心

异常包裹主要有三个方面的异常：派签超时、揽收超时、物流未更新，如图 4－103 所示。这三个方面的异常经常会引起买家的不满，造成不好的评价，降低店铺的动态评分。在异常包裹中，“没有消息就是好消息”，没有提示就是店铺中的物流没有存在问题；如果有提示，则需要及时跟进处理。

图 4－103　异常包裹

通过买家投诉包裹（如图 4－104 所示），可以很直观地看到特定签收时间内买家投诉包裹的订单详情。点击右边的“图表”，可以看到一个直观的表格数据，包括未完结投诉包裹量、投诉率、3 天投诉完结率和二次投诉率。店铺管理者在查看这些数据时，若没有数据就是表示店铺某个签收时间段没有投诉；如果出现了投诉率，则需要跟进处理有问题的订单，尽量三天内处理完并避免二次投诉，以降低对店铺的不良影响。

图 4－104　买家投诉包裹

退货包裹（如图 4－105 所示）可以显示退货包裹的具体情况，店铺管理者应及时跟进退货包裹物流情况，并根据不同情况及时进行退款操作。此外，店铺管理者还可以通过查找某个买家的退货情况，判断该买家是否属于恶意退货，根据不同情况进行合理处理。

图 4－105　退货包裹

3. 供应链服务

供应链服务包含商家服务 360、网络仿真、分仓宝、参数设置。

二、营销分析

营销分析包含营销工具与营销效果两部分，这部分数据对于单品营销、多品套餐、全店优惠的合理规划都有借鉴意义。

1. 营销工具

营销工具有创意营销和爱上聚划算。

创意营销可以选择单品营销、多品营销和全店优惠三种方式，如图 4－106 所示。

图 4－106　创意营销

爱上聚划算（如图 4－107 所示）需要满足聚划算参与条件才能提交申请。

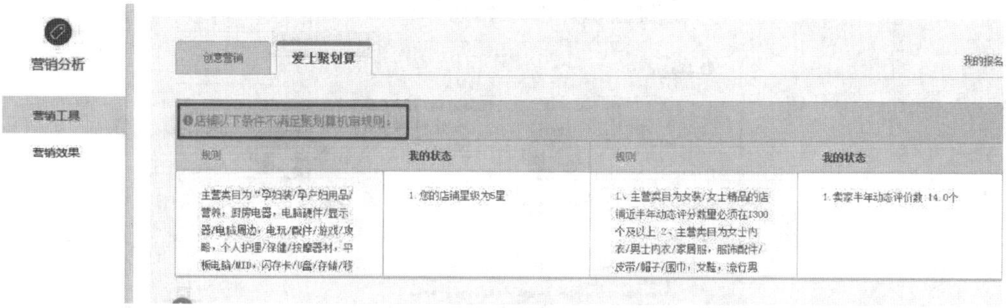

图 4－107　爱上聚划算

2. 营销效果

营销效果是对店铺营销活动的数据反馈，会显示营销工具效果的 TOP 排行，也会统计支付金额及客单价等数据。如图 4－108 所示。

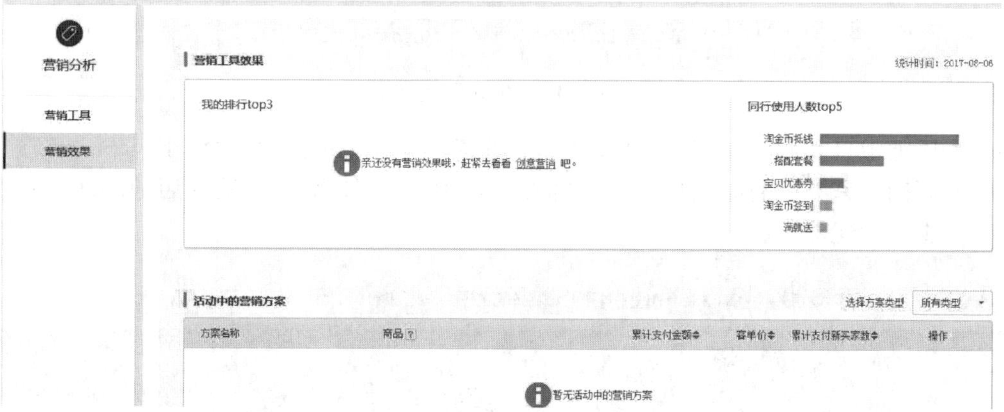

图 4－108　营销效果

任务实施

小营打开“生意参谋”，进入“营销”，系统已经根据店铺中商品的各项数据，评定了商品的星级。小营根据系统推荐，选定了第一件商品作为本次推广的商品，点击“立即生成营销方案”，如图 4－109 所示。

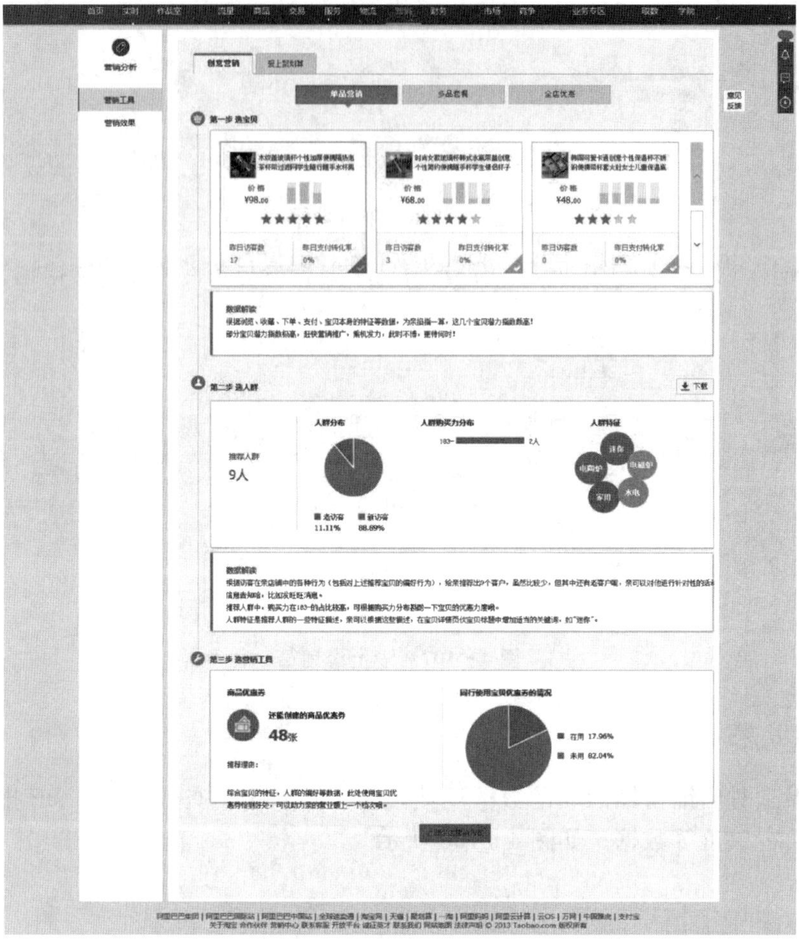

图 4－109　生成营销方案

根据店铺中自动筛选的商品和人群，系统提供了推荐使用的营销工具——“淘宝卡券”中的店铺优惠券、商品优惠券、包邮券，如图 4－110 所示，根据店铺的实际情况选择一款优惠券创建即可。

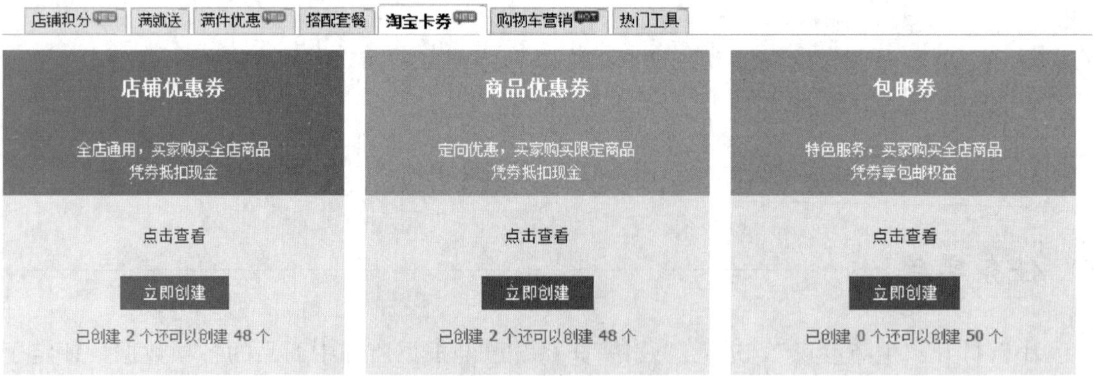

图 4－110　淘宝卡券

同步实训

任务描述

小明在生意参谋上看到有一个揽收超时的异常包裹，他深知物流服务对店铺经营的重要性，想要立即跟踪处理物流异常，提高物流服务质量评价。请你帮他跟踪处理该异常包裹。

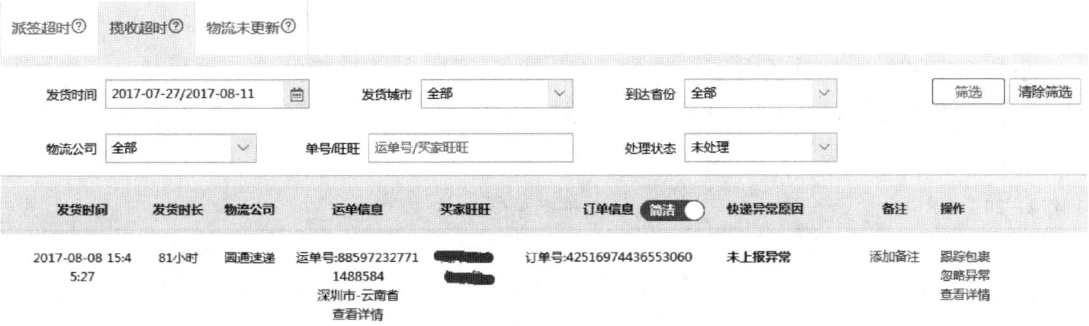

操作指南

（1）异常包裹数据汇总。

异常包裹类型	发货时间	发货时长	物流公司	发货地	收货地

（2）如何处理？

对物流公司：

对买家：

任务评价

评价内容	分值	评价		
		自我评价	小组评价	教师评价
数据汇总准确	50			
处理方式恰当	50			
合计	100			

任务六 取数分析

任务导入

小营对店铺的数据分析有了一定的了解，加深了对店铺管理的信心，慢慢地，他对店铺的数据也变得更加敏感，他知道这些数据里面隐含着很多的商机。为了更好地管理店铺，他开始学习淘宝后台生意参谋的取数分析，并制定了以下任务单（见表 4-21）。

表 4-21　　任务单

岗位	工作项目	具体要求	完成时限	验收
运营	取数分析	对店铺中感兴趣的数据进行分析	2 课时	
美工	首页、详情页调整	根据运营对首页和详情页的取数分析，调整首页和详情页	2 课时	
客服	提高服务水平	根据运营对指数“服务”的取数，发现店铺中存在的问题，并提出改进方案	2 课时	
推广	设计推广方案	根据运营对流量、交易的取数分析，设计合适的推广方案	2 课时	
验收人				

知识探究

生意参谋中的“取数”就是取数分析，是提供给卖家自由提取数据的工具，拥有丰富的店铺维度的指标数据，能提供不同时间段（自然天、自然周、自然月）的店铺、商品数据查询服务，如图 4-111 所示。

图 4-111　取数分析

取数分析主要包含我要取数、我的报表、推荐报表三大功能，其中 BI 分析目前仅针对受邀客户开放。

一、我要取数

根据汇总需要，选择汇总周期，可以选择自然天、自然周、自然月，其中访客数、PC端访客数、无线端访客数的指标在汇总周期内是去重计算的。汇总周期为“自然天”时，可以选择昨日之前的任意允许范围内的一天，如图4-112所示；汇总周期为“自然周”时，只能选择一个完整自然周，如图4-113所示；汇总周期为“自然月”时，只能选择完整自然月，如图4-114所示。无论选择哪种汇总周期，输入框的查询日期起始值只显示开始的第一天、结束值只显示结束的最后一天。

图4-112　自然天取数

图4-113　自然周取数

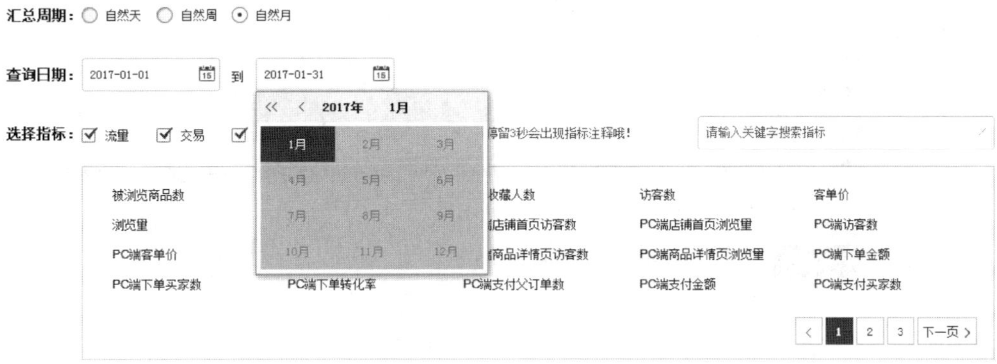

图4-114　自然月取数

二、我的报表

“我的报表”默认为空。在自主取数中选择指标，如图 4－115 所示，生成的报表可以保存在“我的报表”中。最多只允许卖家添加 10 个报表到“我的报表”中。

图 4－115　选择指标

在“我的报表”中，可以查看保存的报表以及进行数据分析，如图 4－116 所示。

图 4－116　查看报表

三、推荐报表

卖家可以根据需要使用生意参谋推荐的报表，如店铺分析日报、店铺流量日报、店铺PC端分析日报等。

1. 店铺分析日报

店铺分析日报包含淘宝卖家每日必看的店铺经营关键数据，提供最近7个自然天的店铺流量关键指标、成交关键指标以及PC端、无线端关键指标、店铺跳失、转化等相关的分析查询，如图4-117所示。

图4-117　店铺分析日报

图4-118所示为2017年4月24日建斌商城店铺分析日报取数预览，显示最近7天的数据。

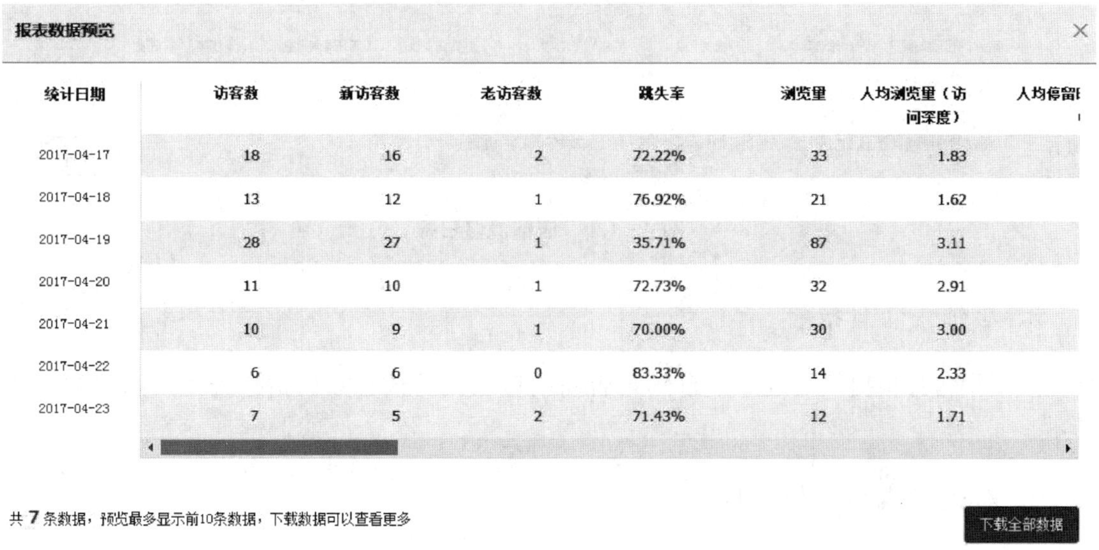

报表数据预览

统计日期	访客数	新访客数	老访客数	跳失率	浏览量	人均浏览量（访问深度）
2017-04-17	18	16	2	72.22%	33	1.83
2017-04-18	13	12	1	76.92%	21	1.62
2017-04-19	28	27	1	35.71%	87	3.11
2017-04-20	11	10	1	72.73%	32	2.91
2017-04-21	10	9	1	70.00%	30	3.00
2017-04-22	6	6	0	83.33%	14	2.33
2017-04-23	7	5	2	71.43%	12	1.71

共7条数据，预览最多显示前10条数据，下载数据可以查看更多

下载全部数据

图4-118　店铺分析日报取数预览

下载后的店铺分析日报数据如图 4－119 所示。从中可以清晰地看到店铺 7 天内的关键数据。比如 7 天内无线端访客数明显多于 PC 端访客数，无线端的支付转化率也明显高于 PC 端，这个可以提醒店铺管理者注重无线端手机后台设计，想办法给顾客提供更便捷的购物方式。

数据说明：以下数据为您所选时间周期的相关指标的数据，如需查看其它数据，访问生意参谋的自助取数功能进行查询下载。
收藏网址 http://d.alibaba.com，让数据帮您生意参

统计日期	访客数	新访客数	老访客数	跳失率	浏览量	人均浏览量（访问深度）	人均停留时长（秒）	PC端访客数	PC端浏览量	无线端访客数	无线端访客数占比	无线端浏览量	商品详情页访客数	商品详情页浏览量	被浏览商品数	支付子订单数	支付金额	支付转化率	PC端支付金额	无线端支付金额	无线端支付金额占比	无线端支付转化率	支付商品件数	支付买家数	客单价
2017-04-17	18	16	2	72.22%	33	1.83	276	15	21	3	16.67%	12	18	32	4	–	–	–	–	–	–	–	–	–	–
2017-04-18	13	12	1	76.92%	21	1.62	27	3	7	10	76.92%	14	11	19	5	–	–	–	–	–	–	–	–	–	–
2017-04-19	28	27	1	35.71%	87	3.11	120	10	31	19	65.52%	56	20	46	7	1	14.90	3.57%	–	14.90	100.00%	5.26%	1	1	14.90
2017-04-20	11	10	1	72.73%	32	2.91	20	3	4	8	72.73%	28	9	24	4	1	44.65	9.09%	–	44.65	100.00%	12.50%	1	1	44.65
2017-04-21	10	9	1	70.00%	30	3.00	40	2	3	8	80.00%	27	9	17	10	–	–	–	–	–	–	–	–	–	–
2017-04-22	6	6	0	83.33%	14	2.33	9	–	–	6	–	14	6	9	4	–	–	–	–	–	–	–	–	–	–
2017-04-23	7	5	2	71.43%	12	1.71	53	–	–	7	–	12	7	12	5	0	–	0.00%	–	–	–	0.00%	–	0	0.00

图 4－119　下载后的店铺分析日报数据

2. 店铺流量日报

店铺流量日报提供最近 7 个自然天店铺流量相关的核心数据指标，使卖家轻松了解流量构成与流量质量，如图 4－120 所示。

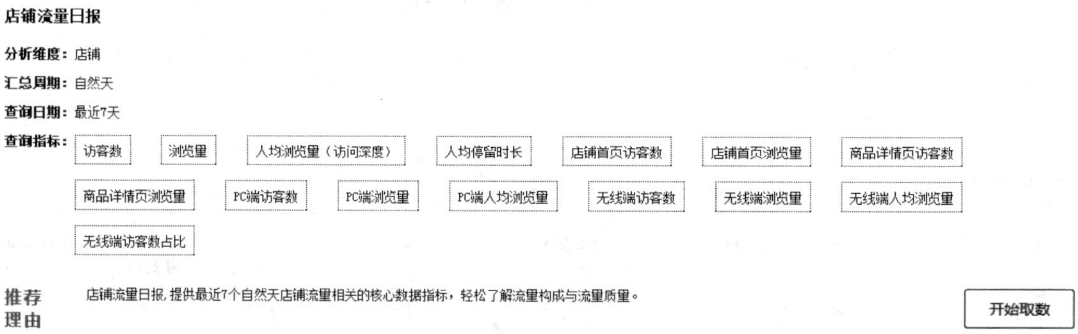

图 4－120　店铺流量日报

3. 店铺销售日报

店铺销售日报提供最近 7 个自然天店铺销售相关的核心数据指标查询，如图 4－121 所示。

4. 店铺无线端分析日报

无线端运营人员每天必须查看店铺无线端关键数据。店铺无线端分析日报提供最近 7 个自然天店铺无线的流量与无线的销售情况详细数据查询，如图 4－122 所示。

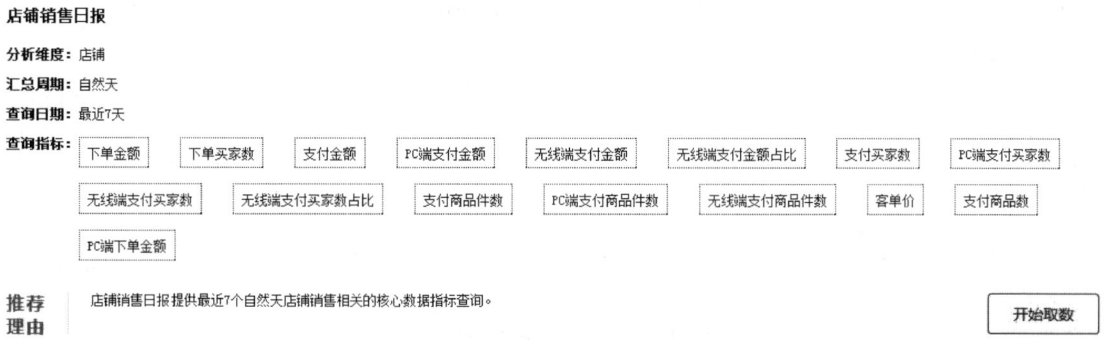

图 4－121　店铺销售日报

图 4－122　店铺无线端分析日报

5. 店铺 PC 端分析日报

PC 端运营人员每天必须查看店铺 PC 端数据。店铺 PC 端分析日报提供最近 7 个自然天店铺 PC 端的流量与销售情况详细数据查询，如图 4－123 所示。

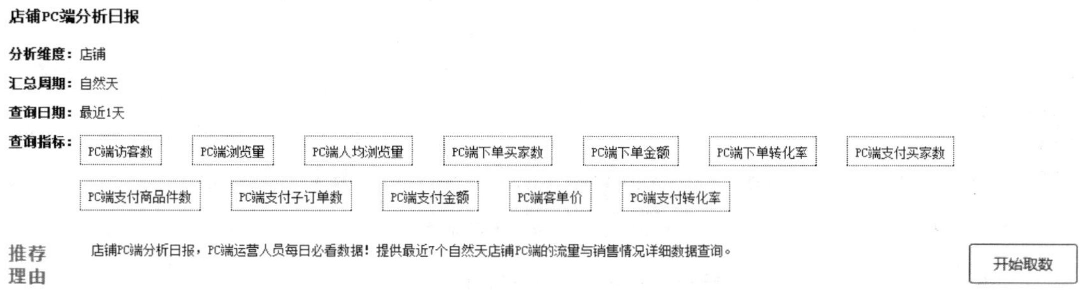

图 4－123　店铺 PC 端分析日报

6. 店铺客户分析日报

店铺客户分析日报提供最近 7 个自然天的店铺访客与买家关键指标，帮助卖家分析店铺的老客户与潜在客户的构成情况，如图 4－124 所示。

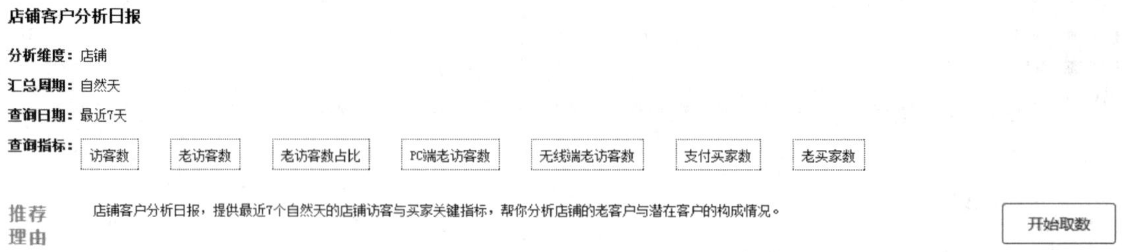

图 4－124　店铺客户分析日报

7. 店铺分析周报

店铺分析周报提供每周一次的核心指标的汇总数据，提供最近 4 个自然周的店铺流量与销售相关的数据查询，如图 4－125 所示。

图 4－125　店铺分析周报

8. 店铺流量周报

店铺流量周报提供每周一次的流量汇总数据，提供最近 4 个自然周店铺 PC 端与无线端的流量数据分析查询，如图 4－126 所示。

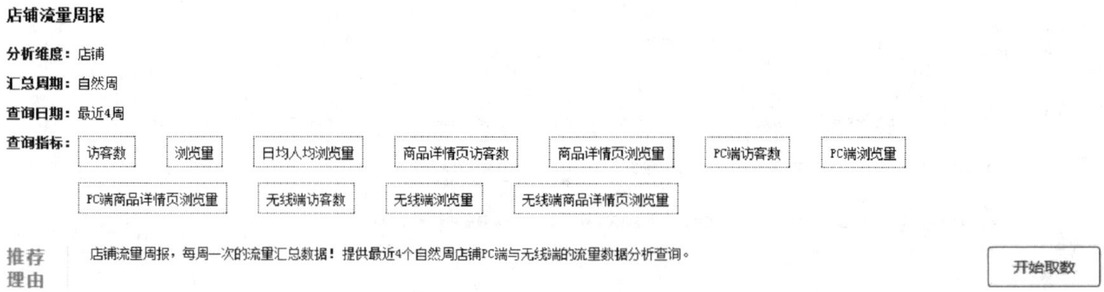

图 4－126　店铺流量周报

9. 店铺分析月报

店铺分析月报提供每月一次的核心指标的汇总数据，提供最近 3 个自然月的店铺流量与销售相关的数据查询，如图 4－127 所示。

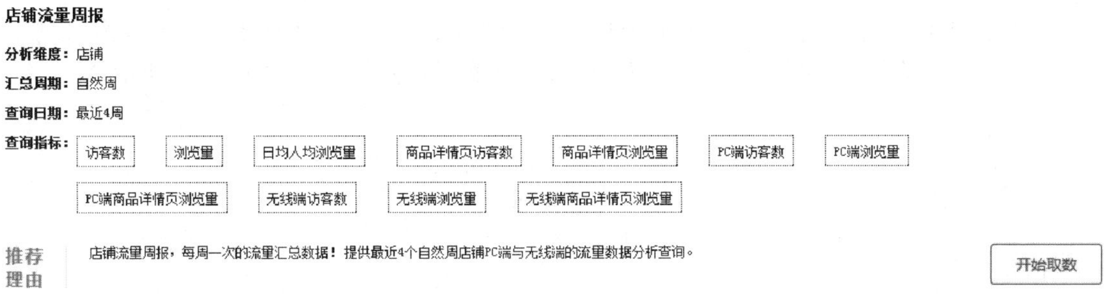

图 4－127　店铺分析月报

10．店铺分析日报（简版）

店铺分析日报（简版）可轻松查看最近 7 天店铺每日最核心的数据，包括 PC 端与无线端流量、交易及转化率指标，如图 4－128 所示。

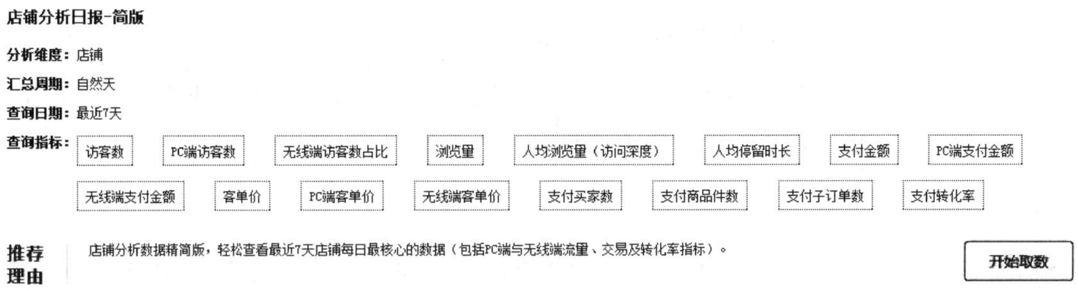

图 4－128　店铺分析日报（简版）

11．店铺服务分析日报

店铺服务分析日报提供最近 7 天每日的店铺服务质量关键指标数据，如图 4－129 所示。卖家可通过数据分析改善店铺服务质量。

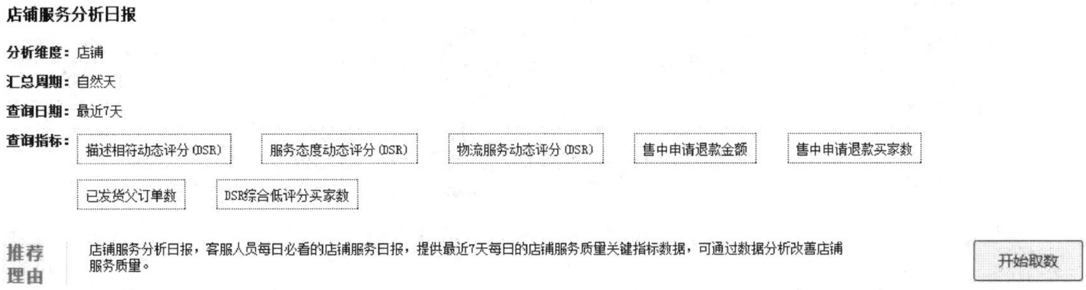

图 4－129　店铺服务分析日报

12. 商品分析日报

商品分析日报可以查看单个商品每日的关键指标数据，知道该商品的引流能力（浏览量、访客数）、买家喜爱度（商品收藏人数）、买家购买意愿等。如图 4－130 所示。

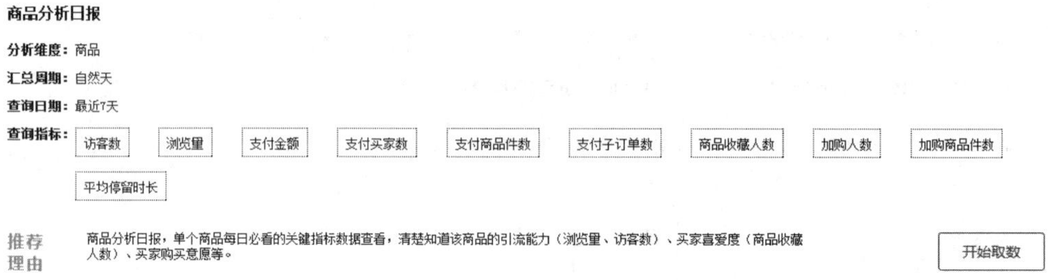

图 4－130　商品分析日报

任务实施

一、分析店铺中自然周的转化率数据

小营想提取 2017 年 5 月 1 日至 2017 年 5 月 14 日店铺交易中有关转化率数据，并导出报表，分析得到一些有助于店铺管理的信息。

1. 取数

进入“我要取数”，可以看到有两种分析维度：店铺和商品。选择不同的维度，所能提取的数据指标是不一样的。选定“店铺”，汇总周期为“自然周”，查询日期为“2017－05－01 到 2017－05－14”，如图 4－131 所示。

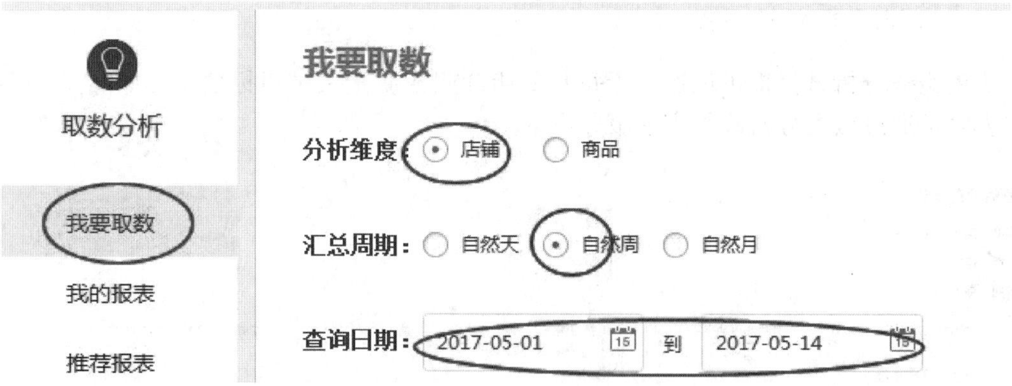

图 4－131　“我要取数”参数设置

在“选择指标”区域勾选对应的指标名称，即可选择该指标。也可以输入关键字快速搜索到指标。如果要删除已选择的指标，则在下方已选择指标上点击×号即可。

如图 4－132 所示，选择“选择指标”区域的“交易指标”，并在右边文本框输入“转化率”，店铺中有关转化率的指标自动显示在下面。

图 4－132　选择指标

操作小提示：

（1）鼠标停留在“选择指标”区域的指标名称上 3 秒以上，即可出现该指标的解释。

（2）对已选择的指标，可以单击按住后拖动进行排序。

（3）在选择指标时，可在搜索框输入关键字，快速地将含有指定关键字的指标筛选出来。

选择完指标后，可以进行预览数据、加入我的报表和重置等操作，如图 4－133 所示。

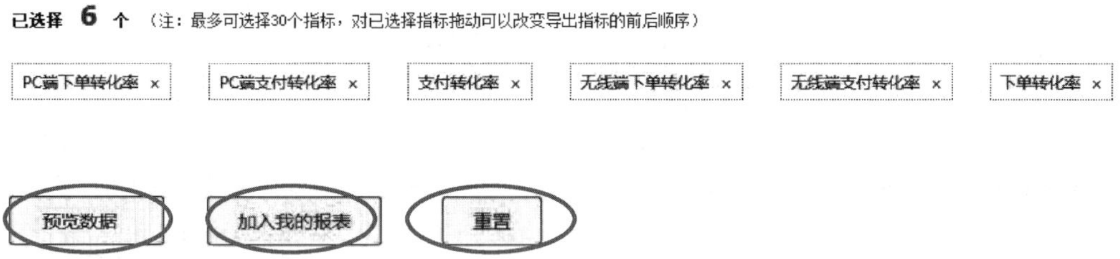

图 4－133　指标处理

（1）预览数据。

点击“预览数据”按钮，即可弹出报表数据预览窗口，如图 4－134 所示，每次最多显示前 10 条数据，并可以下载所有数据到一个 Excel 表格。

报表数据预览

统计日期	PC端下单转化率	PC端支付转化率	支付转化率	无线端下单转化率	无线端支付转化率	下单转化率
2017-05-01~2017-05-07	12.50%	12.50%	2.50%	2.94%	-	5.00%
2017-05-08~2017-05-14	-	-	1.75%	2.08%	2.08%	1.75%

共 2 条数据，预览最多显示前10条数据，下载数据可以查看更多

下载全部数据

图 4－134　数据预览

（2）加入我的报表。

将“我要取数”经常用到的查询指标保存到“我的报表”中，可以方便以后快速查看和下载相关指标的报表。在“我要取数”页面点击“加入我的报表”（如图 4－135 所示），打开“完善报表信息”页面（如图 4－136 所示），填写相关信息并确认加入。

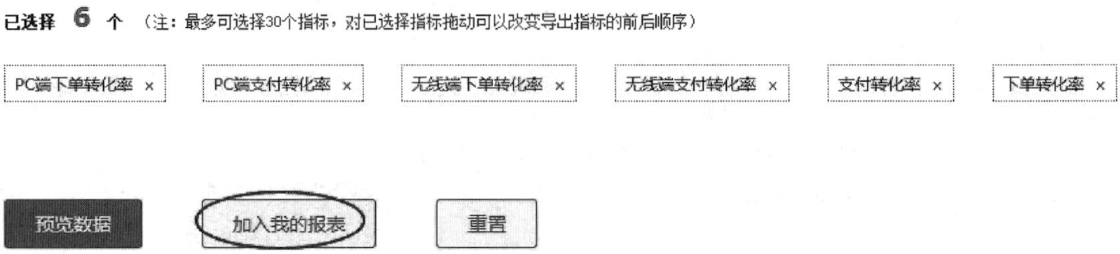

图 4－135　加入我的报表

图 4－136　完善报表信息

添加完成后，可在“我的报表”中查看保存的报表，并可对报表进行“预览数据”“修改报表”“删除报表”等操作，如图 4－137 所示。表示该报表自动更新。

图 4－137　查看保存的报表

（3）重置。

选择完指标后，点击“重置”，可将表单所选择的指标恢复到进入“我要取数”页面时的默认状态，即清空所选指标。

2. 报表分析

如图 4－138 所示，5 月份的第一周，PC 端下单转化率为 12.5%，无线端下单转化率为 2.94%，PC 端支付转化率为 12.5%，无线端支付转化率为 2.50%，总的下单转化率为 5%；第二周的数据中，无线端下单转化率为 2.08%，无线端支付转化率为 2.08%，支付转化率为 1.75%，下单转化率为 1.75%。可以看出，购买本店商品的顾客有 PC 端的，也有无线端的。在美化商品图片时，既要考虑到图片的清晰度，也要考虑到打开图片的速度问题和无线端的流量问题。

统计日期	PC端下单转化率	PC端支付转化率	无线端下单转化率	无线端支付转化率	支付转化率	下单转化率
2017-05-01~2017-05-07	12.50%	12.50%	2.94%	-	2.50%	5.00%
2017-05-08~2017-05-14	-	-	2.08%	2.08%	1.75%	1.75%

图 4－138　报表数据

二、店铺客户分析日报

（1）点击“推荐报表”，选择“店铺客户分析日报”，点击“开始取数”，进入“我要取数”页面，如图 4－139 所示。

图 4－139　店铺客户分析日报

（2）点击“预览数据”，进入“报表数据预览”页面，如图 4－140 所示。

报表数据预览

统计日期	访客数	老访客数	老访客数占比	PC端老访客数	无线端老访客数	支付买家数	老买家数
2017-05-31	4	1	25.00%	1	0	-	-
2017-06-01	2	0	0.00%	0	0	-	-
2017-06-02	1	0	0.00%	-	0	-	-
2017-06-03	4	0	0.00%	-	0	-	-
2017-06-04	2	0	0.00%	-	0	-	-
2017-06-05	2	0	0.00%	-	0	-	-
2017-06-06	2	0	0.00%	0	0	-	-

共 7 条数据，预览最多显示前10条数据，下载数据可以查看更多　　下载全部数据

图 4－140　店铺客户分析日报数据预览

（3）分析数据。从报表数据中可以看出，最近 7 天店铺访客少，老客户访客只有 1 个，支付买家数为 0。根据数据可以得出：店铺存在严重的流量问题，新客户很少，老客户访问数也非常少，要提高店铺的销量，必须先做好引流和老客户关系管理工作。

三、店铺分析周报

（1）在“推荐报表”中选择“店铺分析周报”，如图 4－141 所示。

图 4－141　店铺分析周报

（2）点击“预览数据”，如图 4－142 所示。

报表数据预览 ×

统计日期	访客数	PC端访客数	无线端访客数	浏览量	支付金额	支付买家数	支付子订
2017-05-08~2017-05-14	57	11	48	179	13.00	1	
2017-05-15~2017-05-21	21	4	17	53	-	-	
2017-05-22~2017-05-28	26	5	21	55	-	-	
2017-05-29~2017-06-04	17	3	14	24	-	-	

共 4 条数据，预览最多显示前10条数据，下载数据可以查看更多

下载全部数据

图 4－142　店铺分析周报数据预览

（3）下载数据，如图 4－143 所示。

数据说明：以下数据为您所选时间周期的相关指标的数据，如需查看其他数据，访问生意参谋的自助取数功能进行查询

收藏网址 http://d.alibaba.com，让数据帮您生意参谋！

统计日期	访客数	PC端访客数	无线端访客数	浏览量	支付金额	支付买家数	支付子订单数	支付商品件数	客单价	人均支付商品件数	支付转化率
2017-05-08~2017-05-14	57	11	48	179	13.00	1	1	1	13.00	1	1.75%
2017-05-15~2017-05-21	21	4	17	53	–	–	0	–	–	–	–
2017-05-22~2017-05-28	26	5	21	55	–	–	–	–	–	–	–
2017-05-29~2017-06-04	17	3	14	24	–	–	–	–	–	–	–

图 4－143　店铺分析周报数据下载

（4）分析数据。我们可以看出最近 4 周的店铺访客数据、浏览数据、支付情况等，其中第一周访客数为 57，PC 端访客数为 11，无线端访客数为 48，浏览量为 179，支付金额为 13 元，支付买家数为 1，支付子订单数为 1，件数为 1，客单价为 13 元，人均支付商品件数为 1，支付转化率为 1.75%。再综合后三周的 PC 端和无线端访客数据分布情况，可以得出：店铺中访客多为无线端访客，支付订单也来自无线端，可见顾客更喜欢用无线端浏览和购买商品。在进行店铺商品图片设置时，要注意图片的大小，既要保证清晰，又要方便顾客快捷地打开。从数据中还可以看出，近 4 周访客数不多，支付订单数也不多，需要加强引流工作，提高店铺销量。

同步实训

▶ 任务描述

小明的淘宝店铺在他的精心经营下，经营状况不错，但是他在查看店铺数据时发现，6 月份销售不错的某款台灯，在 7 月份最近 7 天的销售量明显下跌，他赶紧用商品温度计诊断此商品情况，在“影响商品转化因素检测”中显示“待处理问题过多，强烈建议马上优化！”请你根据系统分析截图，帮小明优化商品。

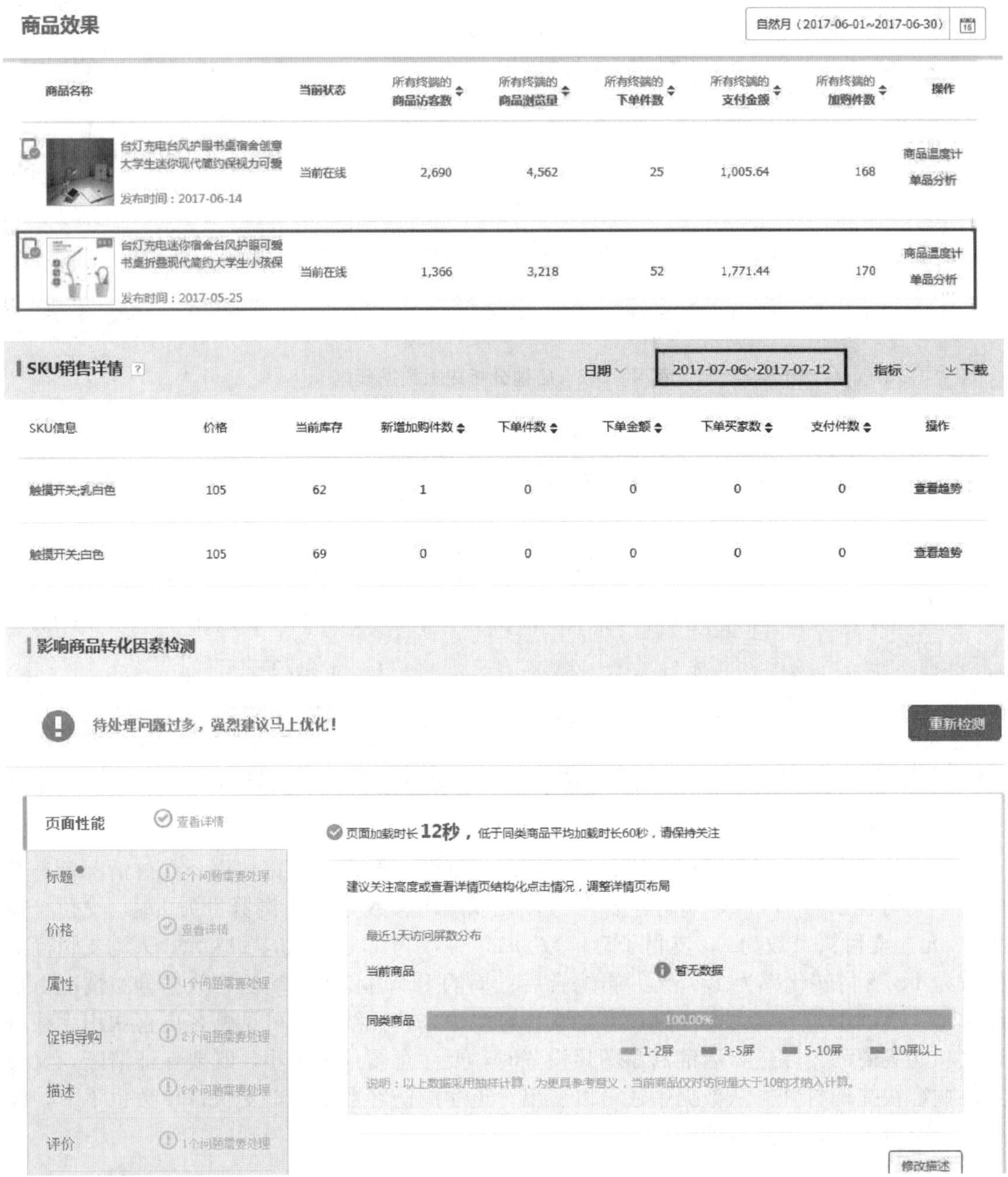

▶ 操作指南

（1）优化标题。

原标题	优化后的标题
台灯充电迷你宿舍台风护眼可爱书桌折叠现代简约大学生小孩保视力	

（2）优化属性。

原属性设置

需要修改的属性设置

（3）优化评价。请你根据评价指标，谈谈该怎样提高店铺的好评率。

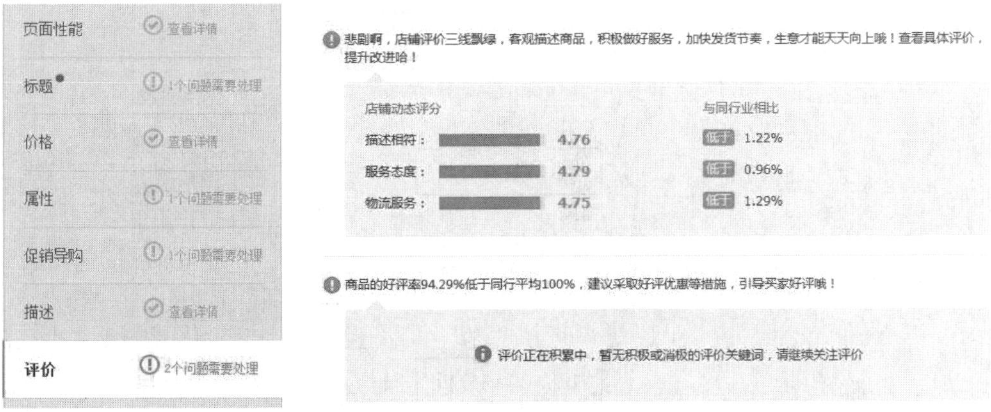

▶ 任务评价

评价内容	分值	评价		
		自我评价	小组评价	教师评价
标题优化	30			
属性优化	20			
评价优化	50			
合计	100			

情境总结

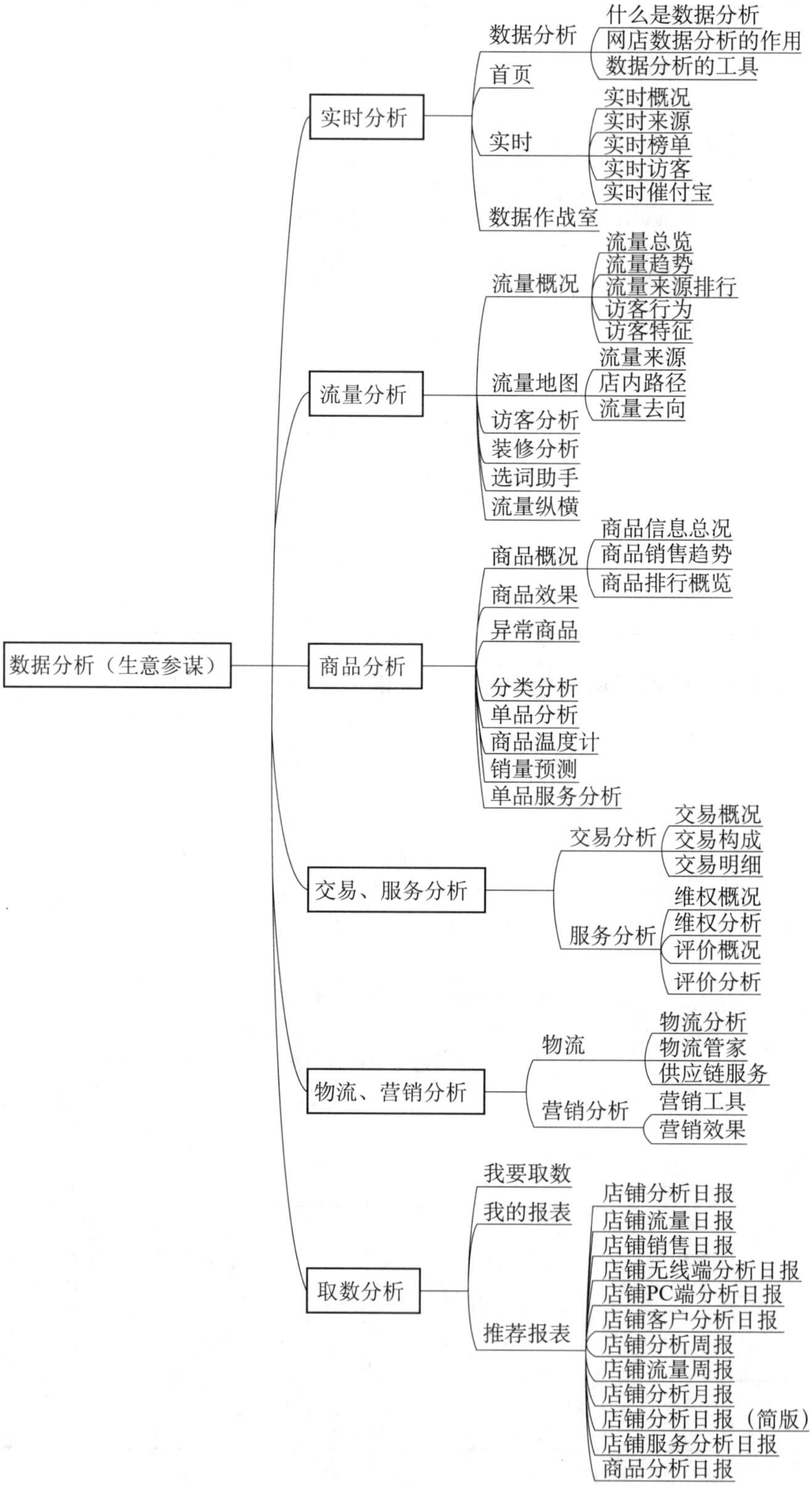
数据分析（生意参谋）
实时分析
数据分析
什么是数据分析
网店数据分析的作用
数据分析的工具
首页
实时
实时概况
实时来源
实时榜单
实时访客
实时催付宝
数据作战室
流量分析
流量概况
流量总览
流量趋势
流量来源排行
访客行为
访客特征
流量地图
流量来源
店内路径
流量去向
访客分析
装修分析
选词助手
流量纵横
商品分析
商品概况
商品信息总况
商品销售趋势
商品排行概览
商品效果
异常商品
分类分析
单品分析
商品温度计
销量预测
单品服务分析
交易、服务分析
交易分析
交易概况
交易构成
交易明细
服务分析
维权概况
维权分析
评价概况
评价分析
物流、营销分析
物流
物流分析
物流管家
供应链服务
营销分析
营销工具
营销效果
取数分析
我要取数
我的报表
推荐报表
店铺分析日报
店铺流量日报
店铺销售日报
店铺无线端分析日报
店铺PC端分析日报
店铺客户分析日报
店铺分析周报
店铺流量周报
店铺分析月报
店铺分析日报（简版）
店铺服务分析日报
商品分析日报

基础训练

网店数据分析

一、实训任务

请对某店铺的数据进行分析，找出店铺中存在的问题，并给出改进意见。

二、任务实施

1. 写出店铺数据分析情况

2. 写出店铺存在的问题

3. 写一份店铺改进建议

三、任务评价

评价内容	分值	评价		
		自我评价	小组评价	教师评价
店铺数据分析正确	30			
所提店铺存在的问题有理有据	30			
店铺改进建议理由充分	40			
合计	100			

拓展训练

利用生意参谋中的流量分析、商品分析、交易分析、服务分析、物流分析、营销分析全面剖析自己的店铺，对店铺中存在的问题进行整改，做好店铺的引流和服务工作，提高店铺的经营效益。

学习情境五

我要推广

情境介绍

小营开设淘宝店铺有一段时间了，商品均已发布完成，店铺装修与优化也都已完成，但店铺的流量和销量却一直上不来。经过数据分析，他重新对店铺进行了优化。目前，他想打造两个爆款，利用爆款来引流，于是他决定对店铺进行推广。除了利用淘宝本身的推广小工具外，他准备投入部分资金利用直通车来推广，先把流量和销量拉上来，再尝试淘宝客推广和站外推广。那么，小营应该选择哪些站内推广小工具进行推广？如何利用直通车推动爆款？如何将淘宝客推广做到最好？怎样做站外推广？这些都是小营接下来需要学习和思考的问题。

学习目标

▶ 知识目标

1. 了解免费试用推广小工具的挑选和使用方法
2. 了解直通车的推广方法
3. 了解淘宝客的推广方式
4. 了解什么是站外推广、站外推广的渠道以及如何进行站外推广

▶ 技能目标

1. 掌握免费试用推广小工具的推广技巧
2. 掌握直通车推广技巧
3. 能够为网店进行淘宝客推广
4. 掌握站外推广方法的使用

任务一 免费试用推广小工具

任务导入

在淘宝中要打造爆款，就需要进行推广，但在淘宝网上，80%的推广工具是要付费的。对于新店铺来说，一开始就利用付费工具来推广，成本很高。其实在淘宝网上，有很多付费小工具是可以免费试用的，只不过试用期间有些功能用不了，但如果能好好利用这些可试用的功能，也可以很好地对店铺或宝贝进行推广。小营决定拿出店铺的引流款蘑菇杯，利用免费试用推广小工具进行推广。他制定了以下任务单（见表5-1）。

表5-1　　任务单

岗位	工作项目	具体要求	完成时限	验收
运营	制订推广计划	为引流款商品制订一个小工具推广的计划	2课时	
美工	主图设计	为引流款商品制作主图	2课时	
客服	熟悉商品信息	熟悉引流款商品的信息	2课时	
推广	站内推广工具推广	利用站内免费试用的推广小工具进行推广	2课时	
验收人				

知识探究

一、什么是网店推广

推广，就是做广告。网店推广就是把自己的产品、店铺通过网络让更多的人了解、接受，从而达到宣传、销售的目的。

二、网店推广的主要方式

网店推广的主要方式有两种：

（1）淘宝站内推广。

（2）淘宝站外推广。

三、淘宝站内免费试用的推广小工具

在淘宝站内，有很多推广小工具，在这些小工具中，有些工具推广的效果很不错。开店初期，如果直接购买这些小工具，那就显得太浪费，因为一是同类型的小工具有很多，不知道哪个工具合适，二是由于不懂得如何使用，可能造成资源浪费，所以可以先借助一

些免费试用的小工具来进行推广，这样既可以省去成本，又可以了解哪个工具好用。

选择免费试用的推广小工具的流程如下：

(1) 在卖家中心，点击“软件服务”中的“我要订购”（如图5-1所示），进入服务市场；也可以直接登录服务市场（https://fuwu.taobao.com）。

图5-1　订购页面

(2) 在服务市场页面的搜索栏中输入“推广工具”，点击“搜索”，如图5-2所示。

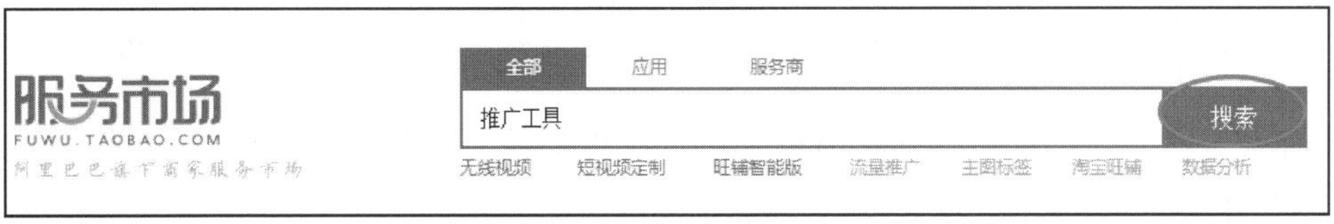

图5-2　搜索页面

(3) 在搜索结果页面勾选“免费试用”选框，就可以筛选出免费试用的推广小工具，如图5-3所示，根据需要选择一款小工具试用。

图5-3　免费试用的推广小工具

很多小工具功能相近，比如打折的工具有美折、宝折、云打折等，同类型的工具可以选使用人数多的来试用。

任务实施

一、订购免费试用的推广小工具

(1) 在服务市场搜索栏中输入“推广工具”，点击搜索后，勾选“免费试用”选框，就可以找到“引爆流量”工具，如图5-4所示。将鼠标放上去，会显示该工具的介绍，如图5-5所示。

图 5-4 引爆流量工具图

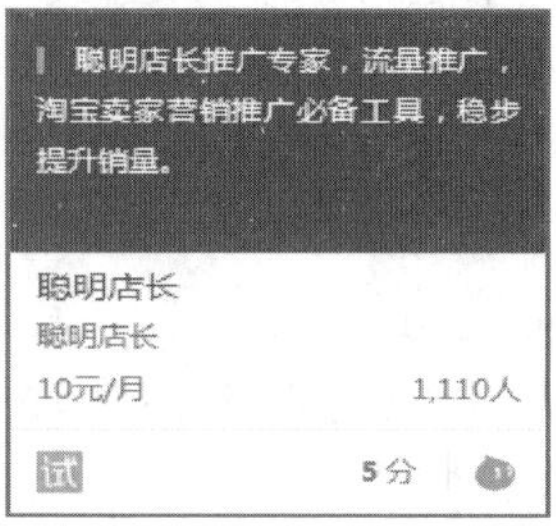

图 5-5 引爆流量工具说明

（2）点击该工具，查看服务详情，觉得合适再选择“体验版”，点击“立即购买”，如图 5-6 所示。

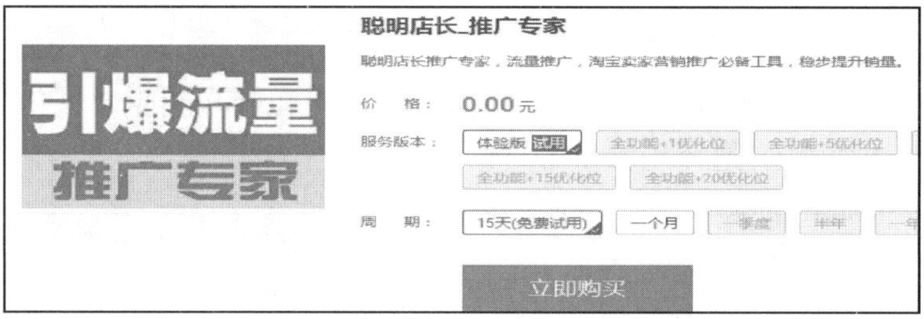

图 5-6 引爆流量工具购买页面

（3）订购成功的页面如图 5-7 所示，点击图标就可以进入设置。

图 5-7 订购成功的页面

（4）点击“立即使用”后，会弹出一个对话框，单击“立即授权”就可进入该工具的主页面，如图 5-8 所示。

（5）点击查看用户权限，出现如图 5-9 所示的功能界面，可以查看体验版能够使用的功能。其中打勾的表示体验版可以使用的功能。由图 5-9 可知，在本推广工具中，体验版能用的功能有宝贝关联推广、微博营销推广、批量信息修改、批量价格修改、标题优化、网站群发、宝贝屏蔽检测。

（6）在功能界面右下角，有开启服务的功能，点击“开启/关闭”按钮，可以开启或关闭该功能；右侧还有四个功能：宝贝屏蔽检测、批量修改价格、批量修改标题、批量修改描述，如图 5-10 所示。点击其中一个功能，如宝贝屏蔽检测，可以进到此推广工具界面。

图 5-8　引爆流量主页面

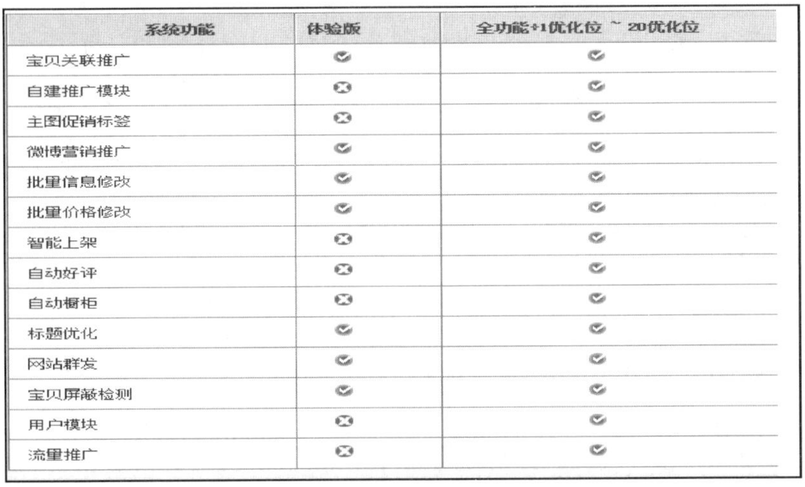

系统功能	体验版	全功能+1优化位 ~ 20优化位
宝贝关联推广	✓	✓
自建推广模块	✗	✓
主图促销标签	✗	✓
微博营销推广	✓	✓
批量信息修改	✓	✓
批量价格修改	✓	✓
智能上架	✗	✓
自动好评	✗	✓
自动橱柜	✗	✓
标题优化	✓	✓
网站群发	✓	✓
宝贝屏蔽检测	✓	✓
用户模块	✗	✓
流量推广	✗	✓

图 5-9　引爆流量功能界面

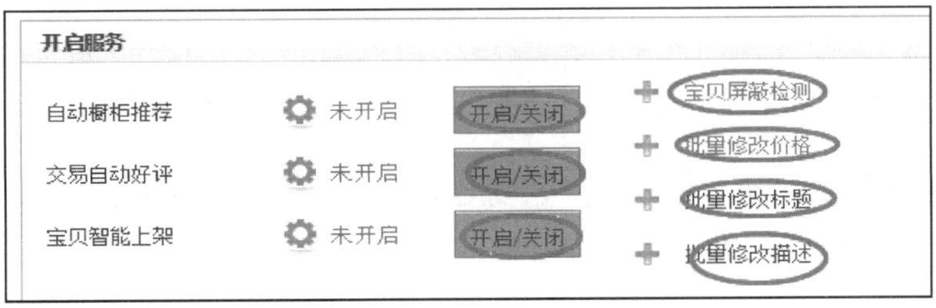

图 5-10　引爆流量工具的功能启用窗口

图 5－11 所示是引爆流量工具的全部功能，有很多功能试用版不能用，下面介绍两个功能：宝贝关联推广和网站群发，其他功能的操作方法类似。

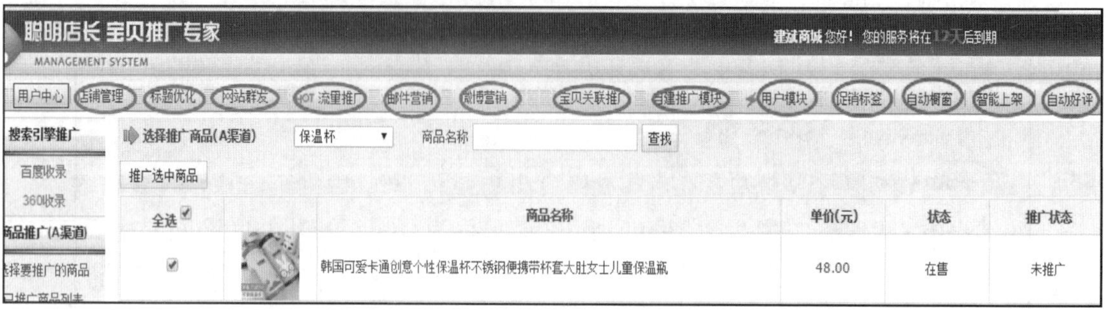

图 5－11　引爆流量工具的全部功能

二、宝贝关联推广

（1）单击“宝贝关联推广”按钮，出现添加关联宝贝窗口，勾选要进行关联营销的宝贝，如图 5－12 所示。

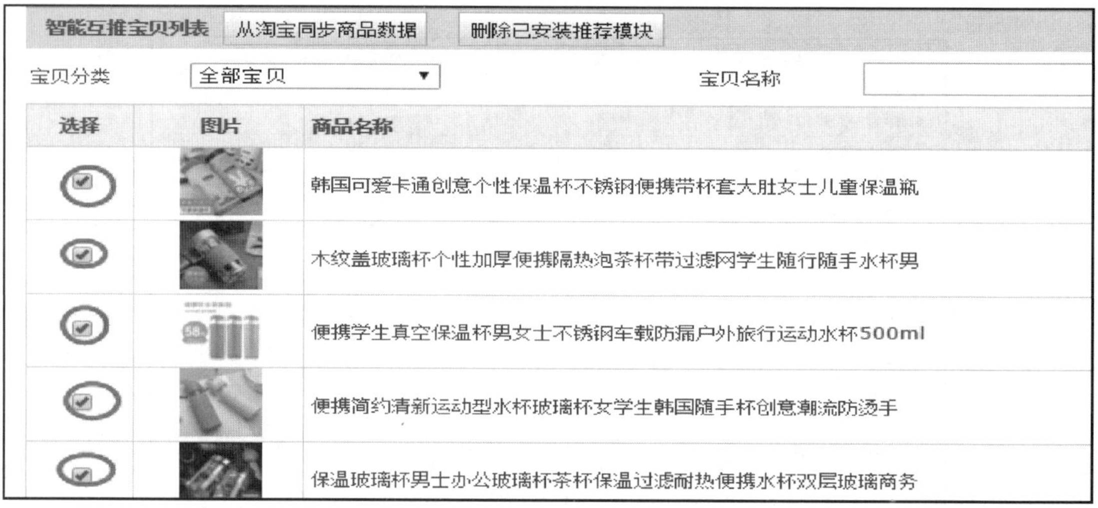

图 5－12　添加关联宝贝窗口

（2）在宝贝关联设置窗口设置推荐模块风格、宝贝选取规则、安装位置等，如图 5－13所示。

（3）设置好之后，单击“保存当前设置”，再单击“预览显示效果”，可查看制作的效果，如图 5－14 所示。

（4）如果感觉效果不错，单击“开始安装到淘宝”，在淘宝店铺的宝贝详情页就可以产生这样的关联营销效果，如图 5－15 所示。

三、网站群发

（1）单击“网站群发”按钮，出现如图 5－16 所示的选择商品窗口。

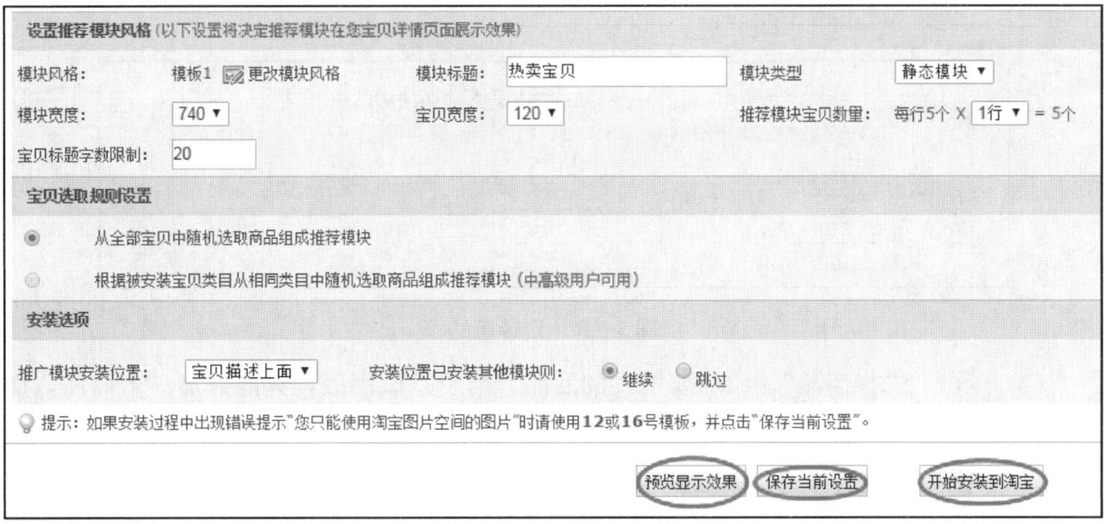

图 5－13　宝贝关联设置窗口

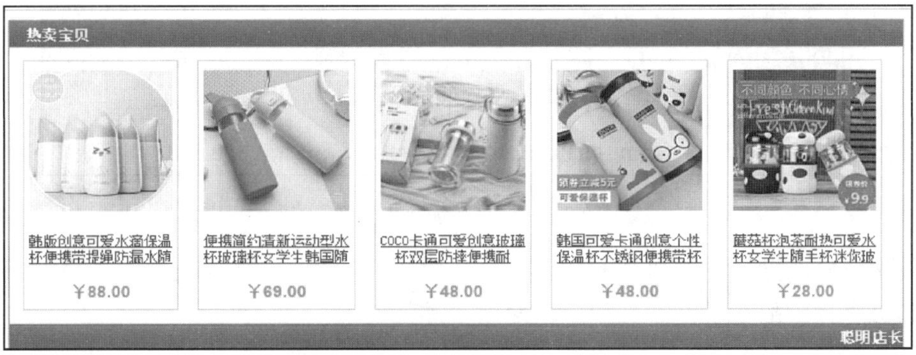

图 5－14　预览显示效果窗

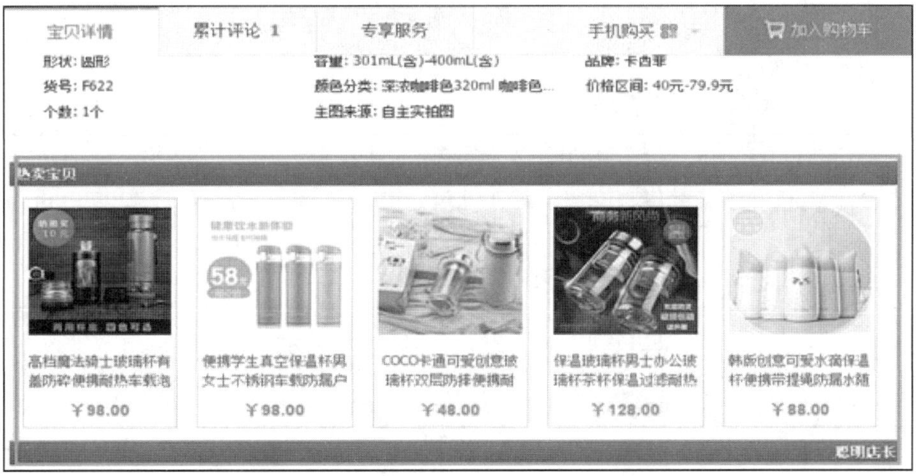

图 5－15　店铺宝贝详情页显示的效果

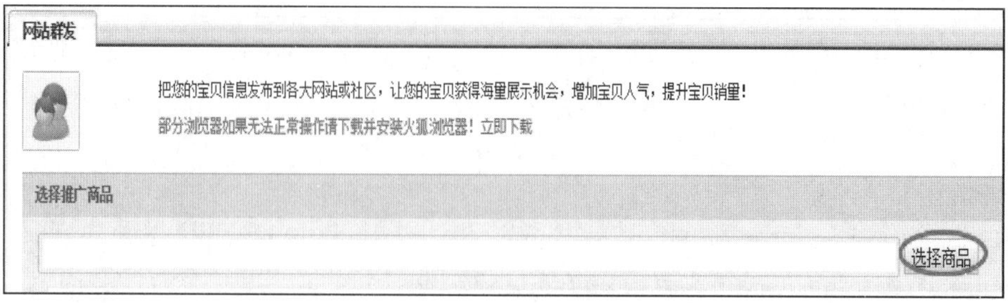

图 5-16　选择商品

（2）单击“选择商品”，添加要群发的商品，由于是试用版，只能添加一个商品，如图 5-17 所示。

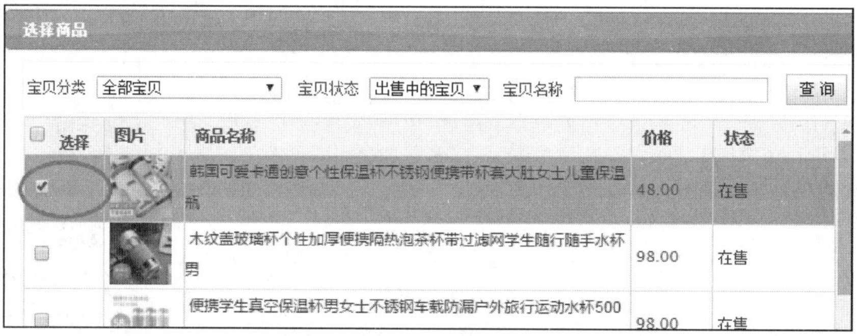

图 5-17　添加群发商品

（3）选择好商品后，点击外网的“发布”按钮，如图 5-18 所示。然后按提示一步步操作，即可将选中的宝贝发布到相应的网站中进行展示。

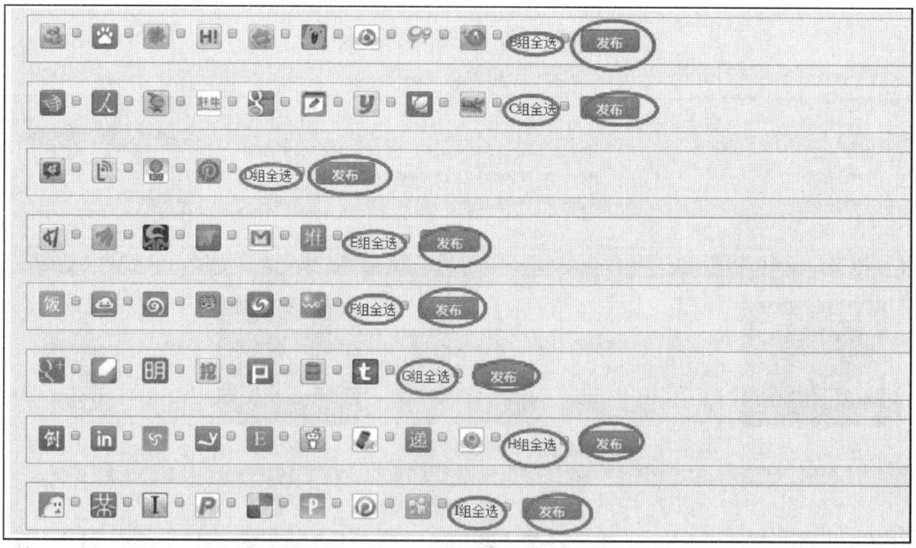

图 5-18　外网发布

同步实训

任务描述

小明打算对淘宝店铺里的台灯进行推广，但又不知如何推广，请你为小明做一个推广方案。（台灯资料详见电子素材）

操作指南

（1）分析淘宝网上排名前 5 名的同类产品的卖点、价格。

产品名称	店铺名称	卖点	价格

（2）根据本店产品的特点，确定本店的 1 个热销产品。

产品名称	打造热销产品的理由

（3）根据热销产品的特点、成本和淘宝网上同类产品的价格，确定本品的免费试用推广小工具。

产品名称	免费试用推广小工具

（4）根据确定的推广方式，优化产品主图。

产品名称	主图包含的内容

（5）根据推广工具的功能，强化客服必须掌握的产品卖点。

产品名称	产品主要卖点

任务评价

评价内容	分值	评价		
		自我评价	小组评价	教师评价
确定的热销产品是否有较强的卖点	10			
与网上同类产品相比，是否具有优势	30			
推广方式是否合理	15			
推广的效果是否明显	30			
客户人群定位是否合理	15			
合计	100			

任务二 直通车推广

任务导入

经过使用推广工具，小营淘宝店铺的销量逐步上升。为了进一步提升店铺的交易量，他准备选取一款宝贝尝试做直通车推广，同时也准备推广店铺，同步提升店铺和宝贝的展现率。他制定了如下任务单（见表 5－2）。

表 5－2 **任务单**

岗位	工作项目	具体要求	验收
运营	制订推广计划	选款并制订一个直通车推广的计划	
美工	直通车图设计	包含促销信息、商品卖点	
客服	熟悉商品信息	熟悉做直通车款的商品信息	
推广	直通车推广	设置直通车推广计划及关键词出价和投放时间、区域	
验收人			

知识探究

一、什么是淘宝直通车

淘宝直通车是专为淘宝卖家量身定制的一款推广工具，是按点击付费的营销工具，它的精准搜索匹配也给商品带来了更加精准的潜在客户。每件商品可以设置 200 个关键字，卖家可以针对每个竞价关键词自由定价，并且可以看到在雅虎和淘宝网上的排名位置，排名位置可用淘大搜查询，并按实际被点击次数付费。

二、淘宝直通车的准入条件

淘宝网卖家要开通淘宝直通车，需要具备如下条件：

（1）店铺状态正常（店铺可正常访问）；

（2）用户状态正常（店铺账户可正常使用）；

（3）淘宝店铺的开通时间不低于 24 小时；

（4）近 30 天内成交金额大于 0；

（5）店铺综合排名靠前；

（6）店铺如因违反《淘宝规则》中的相关规定被处罚扣分的，还需符合一些额外条件。

三、淘宝直通车展示位置

PC 端搜索结果页带“掌柜热卖”标识的，无线端带“hot”标识的即为淘宝直通车的展示位置。

淘宝网搜索结果页面每页展示 17 个宝贝，右侧展示 1～12 位（如图 5－19 所示），下面展示 13～17 位（如图 5－20 所示），搜索页面可一页一页往后翻，展示位以此类推。此外，“已买到宝贝”页面中的“掌柜热卖”，“我的收藏”页面中的“掌柜热卖”，“每日焦点”中的“热卖排行”，淘宝首页靠下方的“热卖单品”也都是展示位。

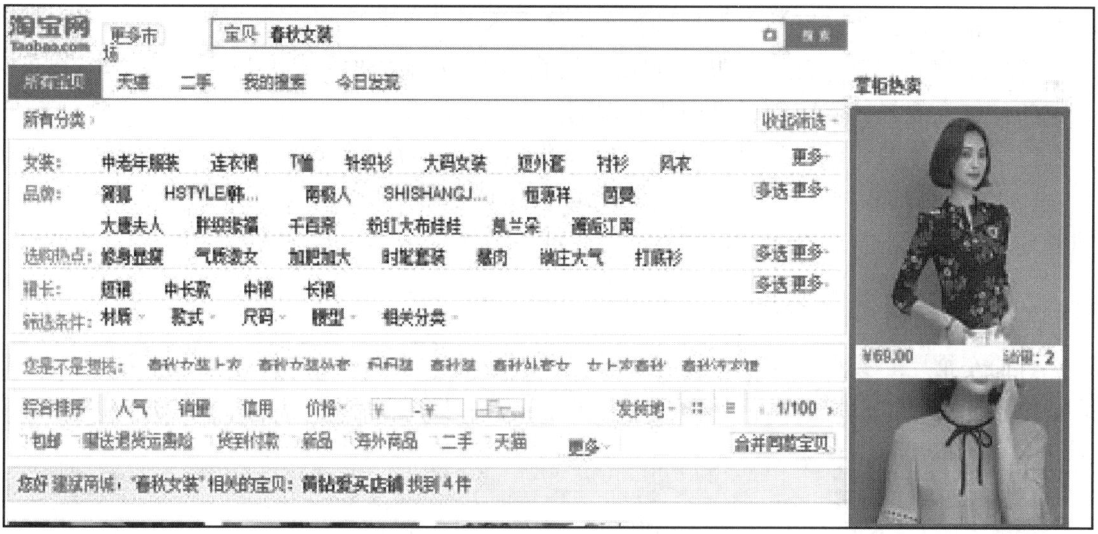

图 5－19　搜索结果页右侧直通车展示位

图 5－20　搜索结果页底端直通车展示位

四、淘宝直通车的推广原理

1. 排名规则

影响直通车推广排名最主要的两个因素是推广出价和质量得分。一般情况下，设置的推广价格越高，并且质量得分越好，推广的商品越有机会展现在靠前的直通车展位。

什么是质量得分？质量得分是衡量卖家设置的关键词与宝贝推广信息和买家搜索意向之间相关性的一个重要参考，它的计算涉及多种因素，主要有：

（1）相关性：关键词与宝贝类目、属性及文本等信息的相符程度；

（2）基础分：根据直通车账户近期的关键词推广效果给出的动态得分；

（3）创意效果：推广创意近期的关键词动态点击反馈；

（4）买家体验：根据买家在店铺的购买体验给出的动态反馈；

（5）其他相关因素：例如图片质量、是否消保、是否存在某些严重违规行为、是否处罚等；其他淘宝推荐重要属性：化妆品是否加入消费者保障并缴纳保证金等。

2. 单次点击扣费规则

直通车推广，按点击扣费，只有在展位上点击了卖家推广的宝贝才会进行扣费。扣费原则按卖家关键词设定的出价，扣费小于等于出价。如果是在自然搜索中点击宝贝，则不会产生直通车扣费。

五、开通直通车

（1）进入直通车后台：在左侧“营销中心”点击“我要推广”，再点击“淘宝/天猫直通车”，即可进入直通车后台，如图 5－21 所示。

图 5－21 进入直通车后台

（2）确认协议：首次进入直通车后台，需要同意协议，请自行阅读《淘宝直通车软件服务协议》并确认，如图 5－22 所示。

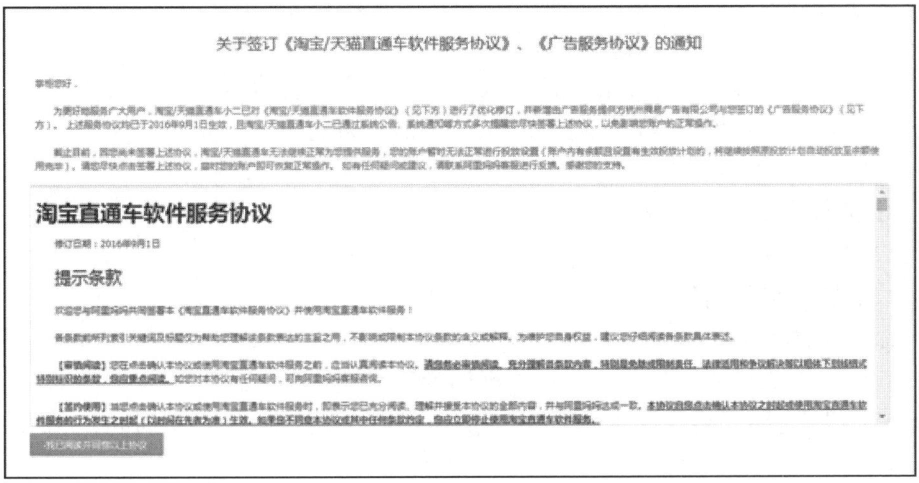

图 5－22　确认协议

（3）充值：在直通车后台点击“我要充值”即可进行充值操作，首次充值最低 500 元，续充最低 200 元，如图 5－23 所示。

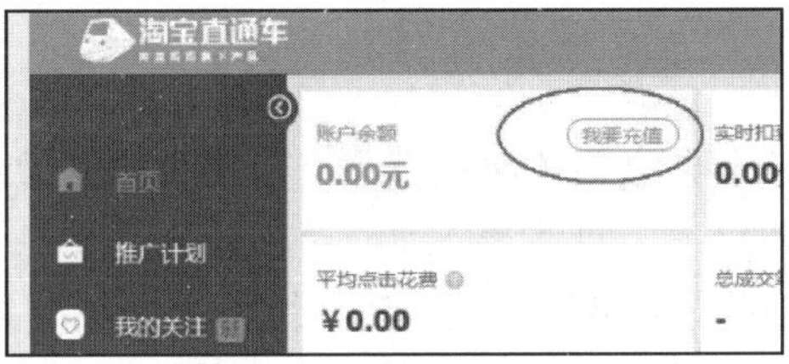

图 5－23　直通车充值界面

六、淘宝直通车主页面介绍

开通了直通车功能后，就可进到直通车主页面进行相应的设置，主要有 7 个功能：首页、推广计划、我的关注、报表、账户、工具和第三方，如图 5－24 所示。

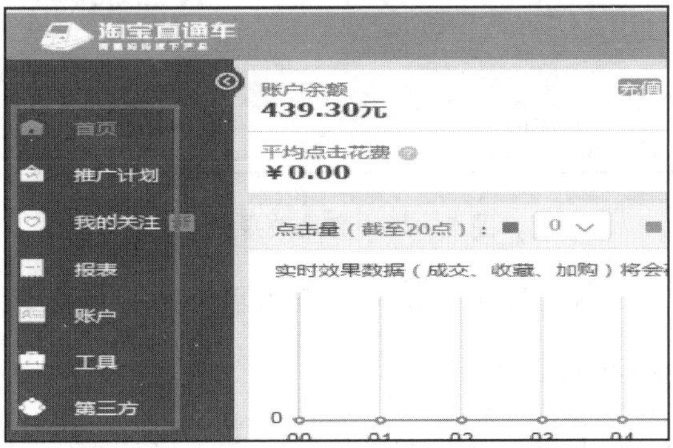

图 5－24　直通车主页面

七、直通车基础操作

直通车主要分为宝贝推广和店铺推广。推广方式的设立步骤如下：
第一步：先建立一个标准推广计划。
第二步：为标准推广计划设置推广方式：宝贝推广或店铺推广。
第三步：新建宝贝推广或店铺推广。以宝贝推广为例：
（1）选择宝贝。
（2）添加创意。
（3）设置搜索的关键词。
（4）设置关键词的出价。
（5）添加精选人群。
第四步：设置更具体的推广方式：关键词推广或定向推广。
第五步：设置直通车推广计划的四大参数：日限额、投放平台、投放时间、投放地域。

任务实施

一、选款做直通车推广

1. 推广宝贝的甄选

进行直通车推广，选好宝贝是最关键的步骤，也是前提。如果宝贝不好，无论有多少人流进来，也没办法提高转化率。具体要求如下：

首先，推广的宝贝一定要有突出的卖点，比如性价比高、产品功能强、品质好等。

其次，推广的宝贝一定要是店铺中综合质量较高的。可以选择点击率、转化率、收藏率高的，客户浏览时间长、反馈情况好的宝贝，这个可以借助生意参谋中的商品效果模块进行筛选，如图 5－25 所示。

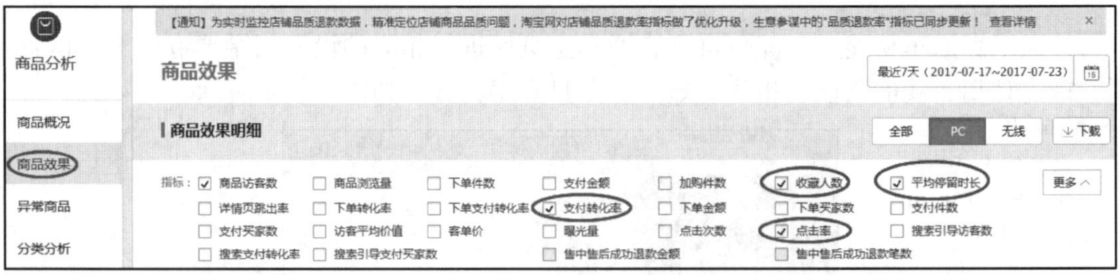

图 5－25 商品效果分析

根据宝贝筛选要求，小营选择了一款男士办公玻璃杯尝试做直通车推广。

2. 对推广宝贝进行优化

（1）宝贝所属类目的优化。宝贝的类目是否发布正确，很大程度上会影响关键词的质量得分高低，所以首先要检查自己的宝贝类目有没有发布错误。

（2）宝贝标题的优化。宝贝标题要根据关键词的点击情况进行优化，把点击率高、展现量大且转化率高的关键词优化到产品标题中，加大宝贝被搜索到的概率。

（3）宝贝推广标题的优化。根据宝贝标题的优化情况对宝贝推广标题进行相应的更改，可以提高关键词的得分。

（4）宝贝推广图的优化。宝贝推广图是直接展示在展示窗的图片，目标客户是否会点击进店查看此款宝贝，推广图起关键作用。推广图必须直击宝贝卖点，比如性价比、产品功能、品质等。

二、开通淘宝直通车

（1）在“营销中心”点击“我要推广”，再单击“淘宝/天猫直通车”图标，如图 5－26 所示。

图 5－26　开通淘宝直通车页面

（2）进入淘宝直通车首页后，点击“充值”，进入充值页面，如图 5－27 所示。淘宝直通车第一次充值要预存 500 元以上的费用，以后再充值时只要高于 200 元即可。

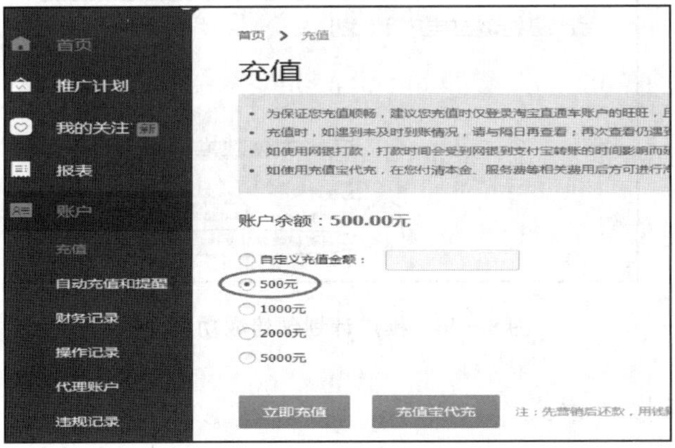

图 5－27　直通车充值页面

三、新建宝贝推广计划

小营要把店中的男士办公玻璃杯打造成热销产品，准备在直通车里进行推广。

1. 新建推广计划

（1）单击“推广计划”下的“标准推广”，再单击“新建推广计划”，如图 5－28 所示，可进入推广计划的设置。

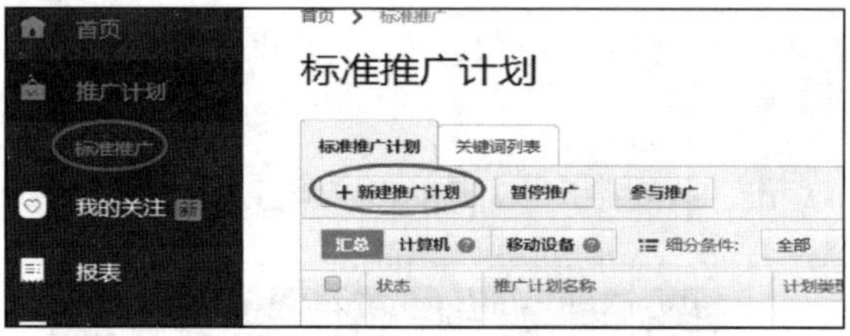

图 5－28 标准推广计划添加页面

（2）将推广计划名称命名为“男士玻璃杯”，如图 5－29 所示；点击“提交”，则一个新的推广计划项目创建完成，如图 5－30 所示；点击“设置和管理标准推广计划”，就可进入刚才创建的推广计划中添加宝贝。

图 5－29 设置推广计划名称

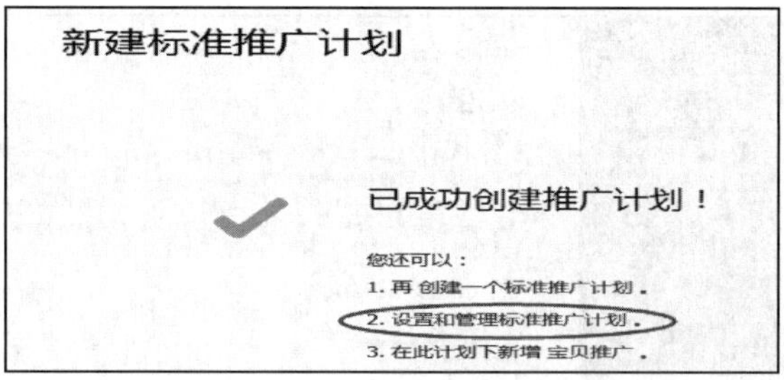

图 5－30 推广计划创建成功页面

2. 设置关键词推广方式

在推广计划中选中刚才建立的推广计划，再单击“全部”旁的小三角形，选择“关键词”推广，点击“确定”，如图 5－31 所示。

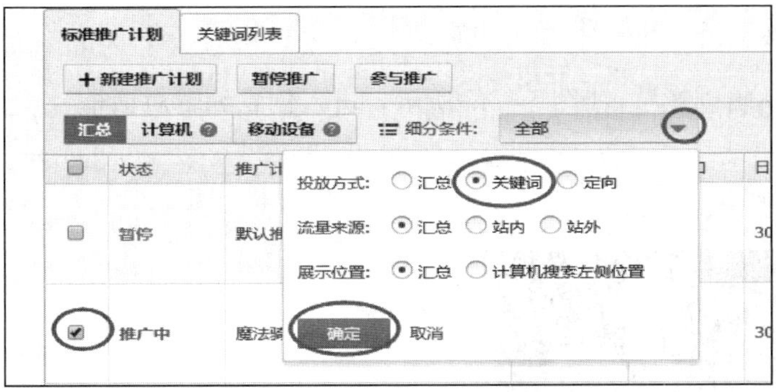

图 5-31　关键词推广方式设置

3. 添加推广的宝贝

（1）单击推广计划后面的“编辑”，如图 5-32 所示。

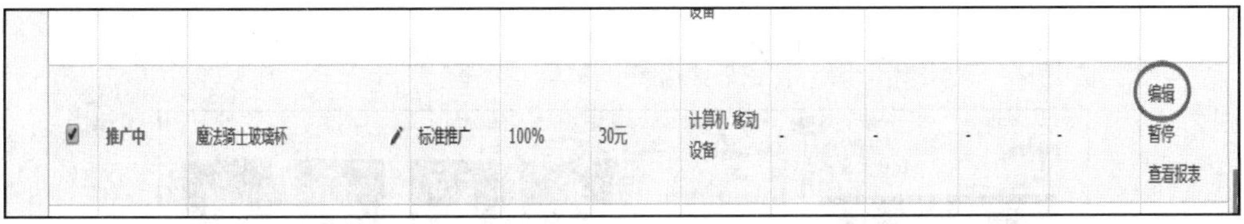

图 5-32　编辑计划

（2）选择“宝贝推广”，点击“新建宝贝推广”，如图 5-33 所示。

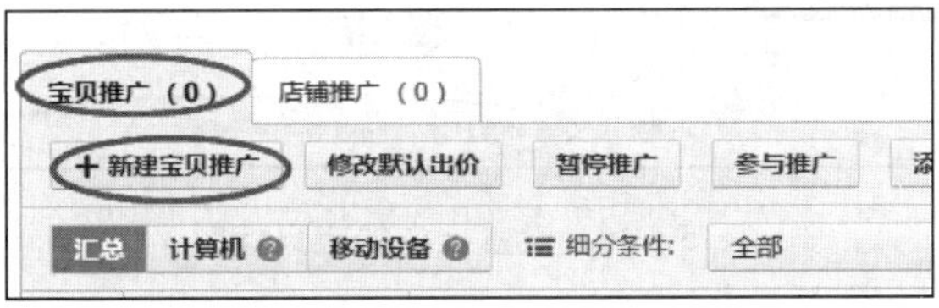

图 5-33　新建宝贝推广

（3）选择“保温玻璃杯男士办公玻璃杯茶杯保温过滤耐热便携水杯双层玻璃商务”，单击此款宝贝，把它添加进来，如图 5-34 所示。

图 5-34　添加要推广的宝贝

4. 添加创意

(1) 单击“编辑创意”，如图 5 - 35 所示，进入创意编辑对话框。

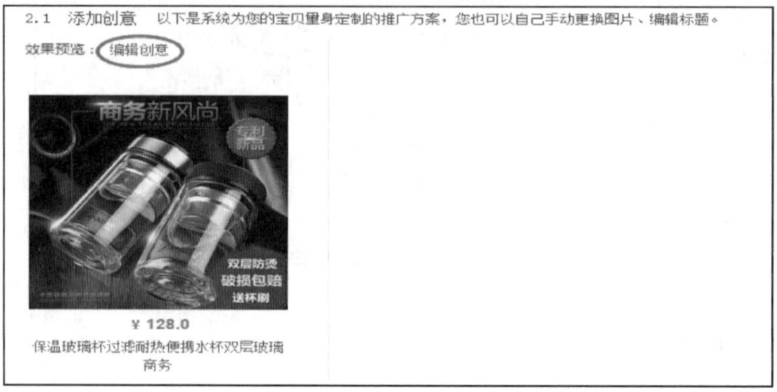

图 5 - 35 编辑创意

(2) 选择一张创意图片，为此款宝贝设置好推广的标题，如图 5 - 36 所示。

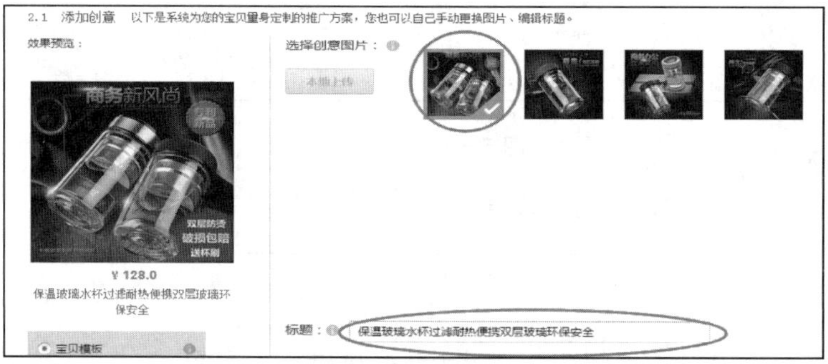

图 5 - 36 设置推广的宝贝标题

5. 添加关键词

(1) 为此款宝贝添加搜索关键词，并为关键词出价。单击“更多关键词”，可以添加 200 个关键词，如图 5 - 37 所示。

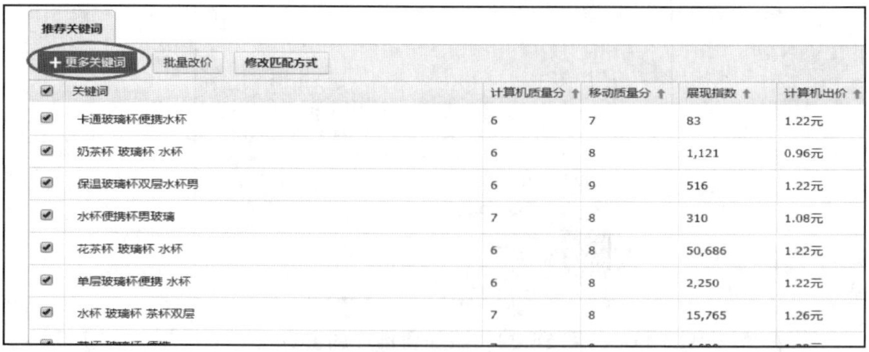

关键词	计算机质量分	移动质量分	展现指数	计算机出价
卡通玻璃杯便携水杯	6	7	83	1.22元
奶茶杯 玻璃杯 水杯	6	8	1,121	0.96元
保温玻璃杯双层水杯男	6	9	516	1.22元
水杯便携杯男玻璃	7	8	310	1.08元
花茶杯 玻璃杯 水杯	6	8	50,686	1.22元
单层玻璃杯便携 水杯	6	8	2,250	1.22元
水杯 玻璃杯 茶杯双层	7	8	15,765	1.26元

图 5 - 37 添加关键词

(2) 在添加关键词时，要注意所选关键词必须是本宝贝相关的属性，并且在选择时注意推荐关键词的市场平均出价，如果设置的关键词的价格低于平均价太多，那展示的位置就会排在很多页后，同时还要关注竞争指数、点击率和点击转化率，如图 5-38 所示。

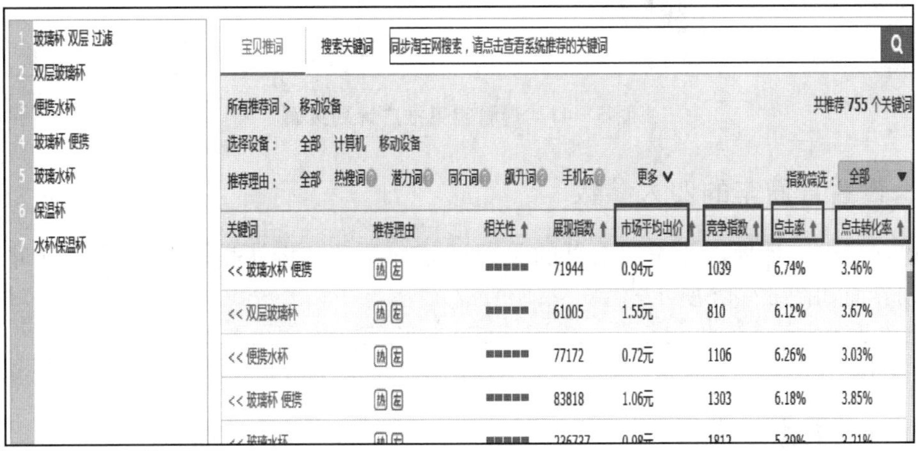

图 5-38　关键词参考指标

6. 添加推荐人群

单击“批量添加”，可以将推荐人群的溢价成批添加进来，如图 5-39 所示。

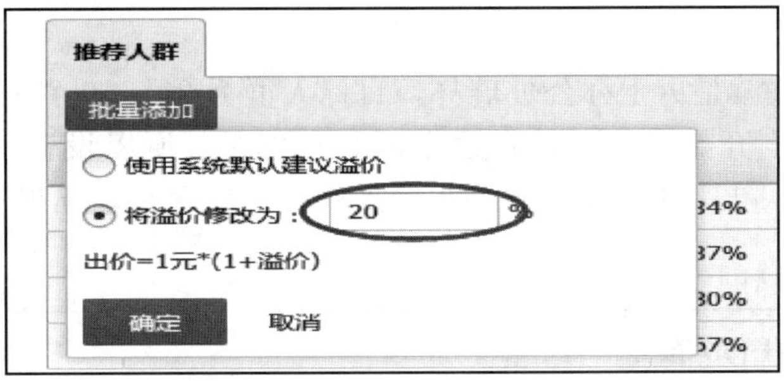

图 5-39　添加推荐人群

7. 完成推广

单击“完成推广”，这个推广计划就完成了，如图 5-40 所示。点击“查看宝贝推广”，可进入查看宝贝推广计划页面，如图 5-41 所示。

图 5-40　宝贝完成推广提示

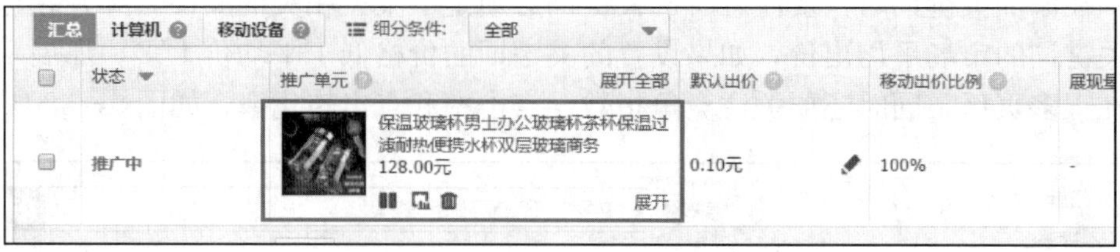

图 5-41　查看宝贝推广计划页面

四、设置直通车的四大参数

在建立了推广计划，并添加宝贝的关键词后，最后一步就是设置直通车的四大参数。四大参数界面如图 5-42 所示。

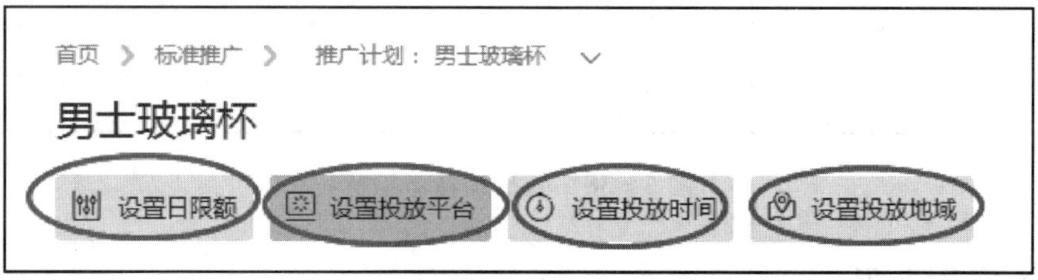

图 5-42　四大参数界面

1. 设置日限额

本店要打造的爆款是男士办公玻璃杯，目标人群为 20～40 岁的男性人群，上班族和学生居多，由于刚开始操作，对直通车不是很熟悉，所以设置一天最多消费 30 元（在消费了 30 元后，推广计划会自动停止，推广的宝贝会自动不展示），设置页面如图 5-43 所示。

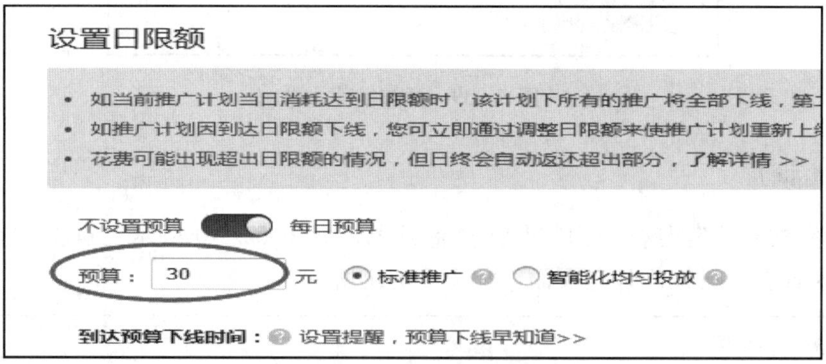

图 5-43　设置日限额

2. 设置投放平台

为了让投放效果明显，投放平台设置为站内和站外都投，设置参数如图 5-44 所示。

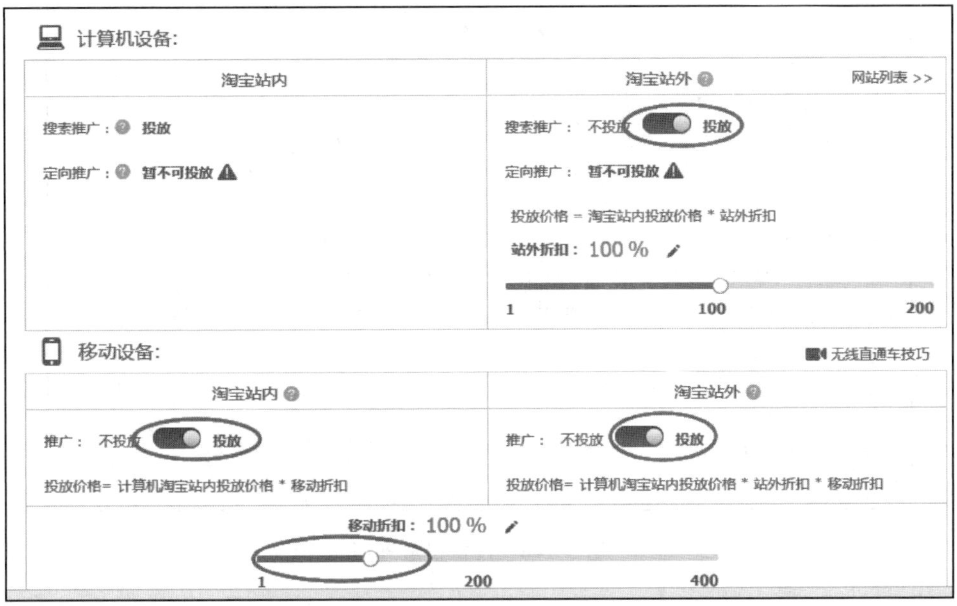

图 5-44　设置投放平台

3. 设置投放时间

由于本店要打造的爆款商品的目标人群以上班族和学生居多，所以设置的时间为周一至周五 9:00～16:30、18:00～24:00 开放，周六周日全天，设置页面如图 5-45 所示。

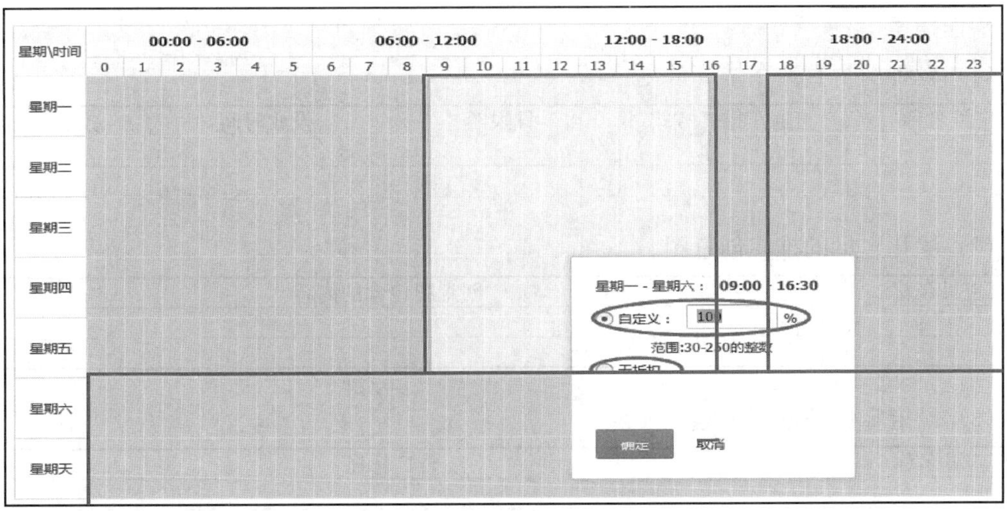

图 5-45　设置投放时间

4. 设置投放地域

由于本店要打造爆款的玻璃水杯适合所有地区的人群，所以不限地域使用，选择所有区域，设置页面如图 5-46 所示。

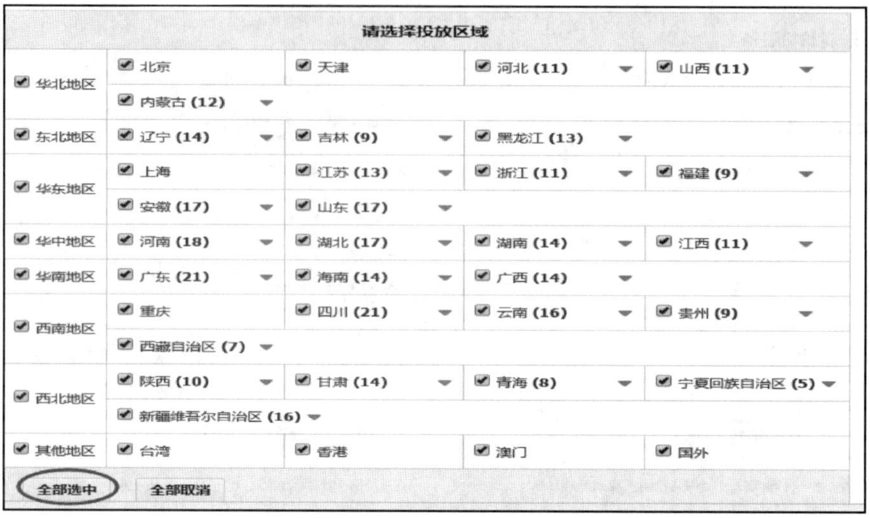

图 5-46　设置投放地域

同步实训

▶ 任务描述

小明打算从自己的淘宝店铺里选两款台灯进行直通车推广，请你为他设计一个直通车推广计划。（台灯资料详见电子素材）

▶ 操作指南

（1）设计一个直通车推广计划。

宝贝名称	直通车推广方式	日限额	投放时间	投放地域

（2）优化宝贝的推广创意图。

宝贝名称	创意图包含的内容

（3）设定宝贝的推广标题。

宝贝名称	推广标题

（4）甄选宝贝的关键词。

宝贝名称	设定关键词	关键词出价

▶ 任务评价

评价内容	分值	评价		
		自我评价	小组评价	教师评价
推广创意图是否能直击目标客户的痛点	15			
推广标题设置是否合理	20			
关键词的设置是否满 200 个	15			
关键词的选词是否合理	30			
选取的推广宝贝是否合理	20			
合计	100			

任务三　淘宝客

任务导入

小营店内销售的蘑菇杯造型可爱、价格实惠，买家评价好，销量也不错，他想对这款杯子做淘宝客推广。为此，小营发布了如下任务单（见表 5－3）。

表 5－3　任务单

岗位	工作项目	具体要求	完成时限	验收
运营	制订计划	制订淘宝客计划	2 课时	
美工	主图设计	为开通淘宝客商品制作主图	2 课时	
客服	推荐淘宝客商品	对推广的商品进行推荐	2 课时	
推广	招募淘宝客	招募淘宝客进行商品推广	2 课时	
验收人				

知识探究

一、什么是淘宝客

1. 定义

淘宝客，简称 CPS，属于效果类营销推广。区别于淘宝直通车的按点击付费，淘宝客是一种按成交计费的推广模式，淘宝客获取商品链接或者代码，买家经过淘宝客的推广（链接、个人网站、博客或者帖子）进入淘宝卖家店铺完成购买后，淘宝客就可得到由卖家支付的佣金。简单地说，淘宝客就是指帮助卖家推广商品并获取佣金的人，这个购买必须是有效购物，即指确认收货。

2. 淘宝客推广展示位置

（1）网站弹窗，如图 5-47 所示。

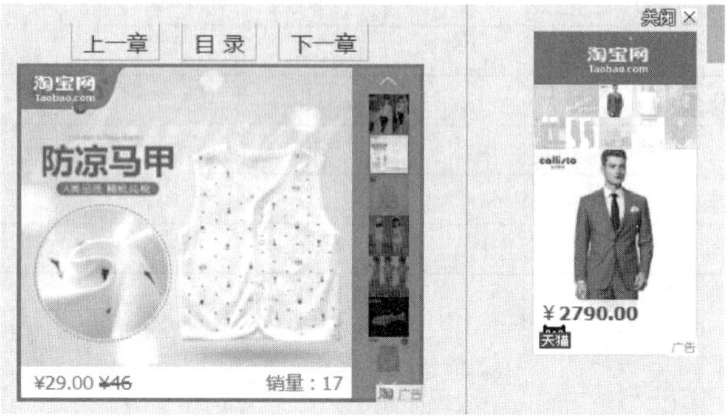

图 5-47 淘宝客网站弹窗

（2）导购类网站，如图 5-48 所示，引导买家通过自己的平台进入淘宝网购买。

图 5-48 导购类网站折 800

（3）博客类网站，例如博客（如图 5-49 所示）、微博（如图 5-50 所示）等。博主通过博文的形式发布软文，在软文中带有产品二维码、链接、淘口令等。

图 5-49 博客

图 5－50　微博

（4）互动类网站，例如淘宝头条（如图 5－51 所示）、微淘（如图 5－52 所示）、淘宝直播（如图 5－53 所示）等。在直播的过程中发布产品链接，或分享产品链接在自己的主页，购买即产生淘宝客佣金。

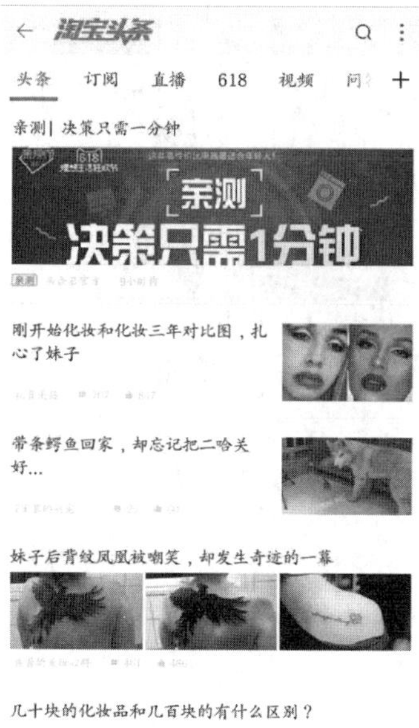

图 5－51　淘宝头条

图 5－52　微淘

图 5－53　淘宝直播

(5) 比价类网站，例如慢慢买（如图 5－54 所示）、盒子比价网（如图 5－55 所示）等。通过产品的筛选对比，让买家觉得实惠进而购买。

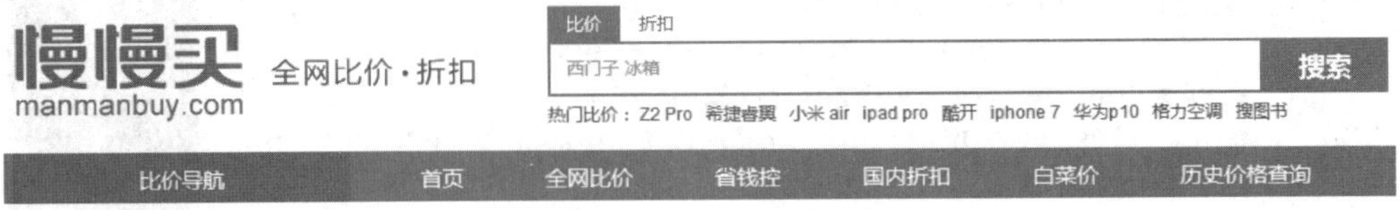

图 5－54 慢慢买

图 5－55 盒子比价网

(6) 返利网站，例如比购（如图 5－56 所示）。这种网站的优势在于能够囤积自己的大批顾客，但是，由于淘宝网对返利网的限制，不符合淘宝网的相关规定，所以这种网站在操作上存在难度。

图 5－56 比购

3. 淘宝客交易的流程

在淘宝客中，有淘宝联盟、卖家、淘宝客及买家四个角色，每一个角色都是不可或缺的。淘宝客交易流程如图 5－57 所示。

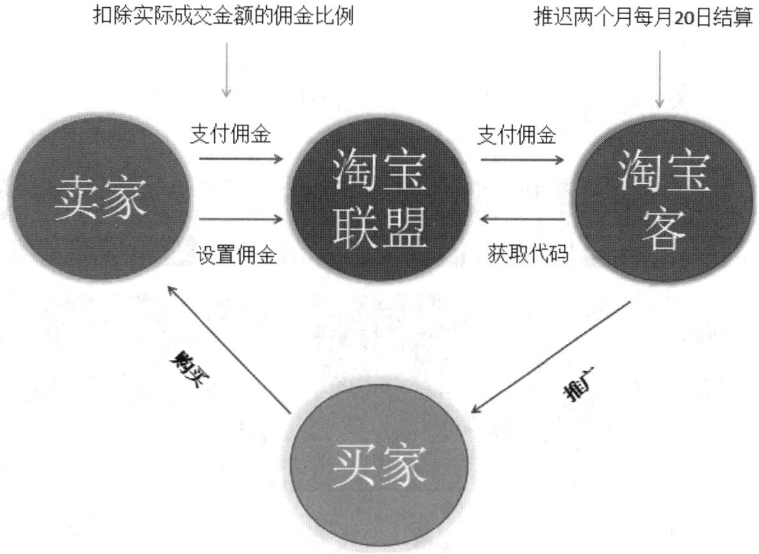

图 5－57　淘宝客交易流程图

（1）淘宝联盟：阿里巴巴旗下的一个推广平台，可以帮助卖家推广产品、帮助淘宝客赚取利润，从每笔推广的交易中抽取相应的服务费用。

（2）卖家：佣金支出者，把需要推广的产品提供给淘宝联盟，并设置每卖出一件产品支付的佣金。

（3）淘宝客：赚取佣金的人，在淘宝联盟找到卖家发布的产品，并且推广出去，当有买家通过其发布的推广链接成交后，就能够赚到卖家所提供的佣金（其中一部分需要作为淘宝联盟的服务费）。

（4）买家：在网站上进行购买的人。

举例说明：淘宝客在淘宝联盟中找到一款水滴保温杯，这款产品的佣金是12％，店里的类目佣金是10％，淘宝客在其他网站发布这款产品的链接成功后，买家点击链接并进入淘宝店铺购买了水滴保温杯，卖家就应该付给淘宝客成交金额（需要扣除运费）的12％作为佣金。如果买家点击后没有马上购买，而是在15天内进行了购买，卖家应该依旧付给淘宝客12％的报酬。如果买家没有购买淘宝客发布的水滴保温杯，而是在店里购买了其他产品，卖家则按成交额的10％付给淘宝客报酬，同样也是15天内有效。

4. 淘宝客准入条件

（1）卖家店铺动态评分各项分值均不低于4.5。

（2）店铺状态正常且出售中的商品数大于等于10件（同一商品库存有多件的，仅计为1件商品）。

（3）签署支付宝代扣款协议。

（4）未在使用阿里妈妈或其关联公司其他营销产品（包括但不限于钻石展位、淘宝直通车、天猫直通车等）服务时因违规被中止或终止服务。

5. 淘宝客的开通方法

（1）进入“卖家中心”，点击“淘宝客”，如图 5－58 所示。

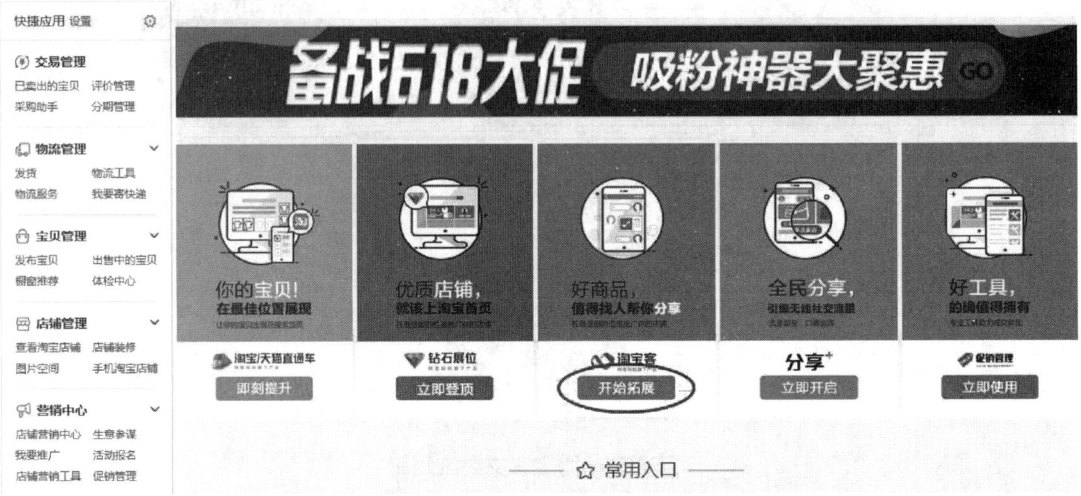

图 5－58 淘宝客入口

（2）浏览淘宝客协议，点击同意协议，如图 5－59 所示。

（3）进入支付宝付款协议页面，如图 5－60 所示，阅读协议并填入需要绑定的支付宝账号和密码。

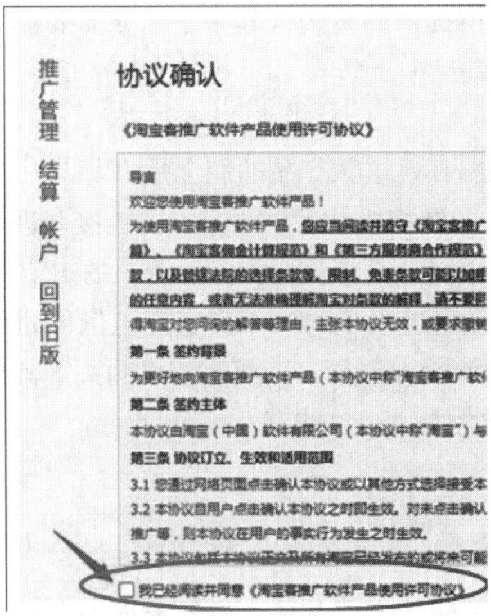

图 5－59 淘宝客协议

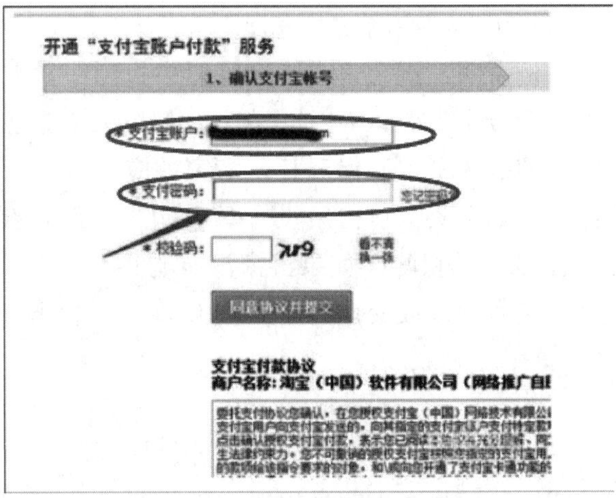

图 5－60 支付宝付款协议确认

（4）完成支付宝捆绑并进入推广计划管理页面，如图 5－61 所示。

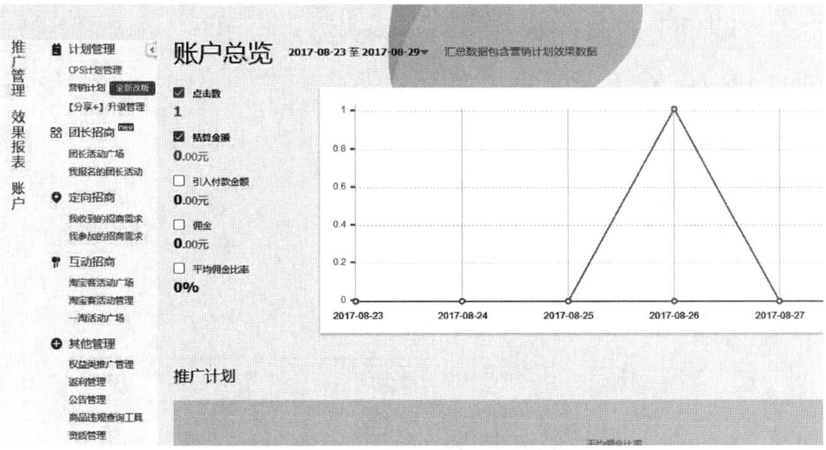

图 5－61 推广计划管理页面

二、淘宝客计划管理

淘宝客计划管理包括 CPS 计划管理、营销计划和【分享＋】升级管理，如图 5－62 所示。

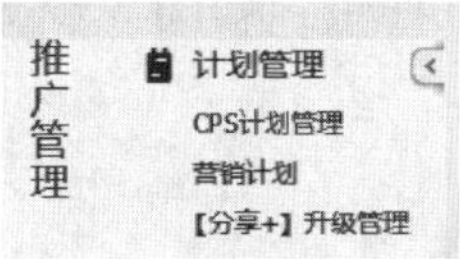

图 5－62 淘宝客计划管理

1. CPS 计划管理

CPS 计划管理又分为通用计划、活动计划、如意投计划、定向计划等四大核心计划，如图 5－63 所示。

图 5－63 CPS 计划管理四大核心计划

（1）通用计划。

通用计划为默认计划，适用于全店的推广计划，可设置 1 个，所有淘宝客都能参加并推广。这个计划不设定任何门槛，新店建议设类目的基础佣金，佣金一般是 1%～5%。主推宝贝 30 款，不能删除，但能修改。佣金比例最高可以设置成 50%，佣金修改之后次日生效。此计划无须申请，且佣金不宜过高。如图 5－64 所示。

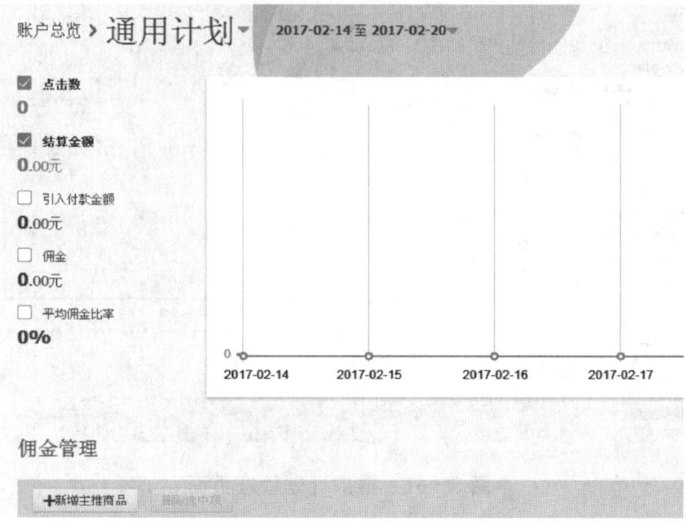

图 5－64 通用计划

点击“新增主推商品”，可以输入商品名称进行推广，如图 5－65 所示；选择后的商品会进入已选中商品，并可批量设置佣金，如图 5－66 所示。

图 5－65 新增主推商品

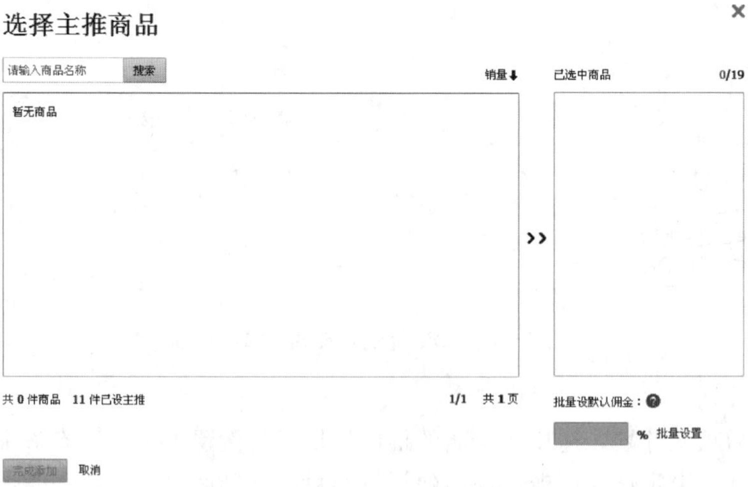

图 5－66 选择主推商品

设置完成的商品会出现在佣金管理页面下方，可进行“编辑佣金比”或“删除”等操作，如图 5－67 所示。

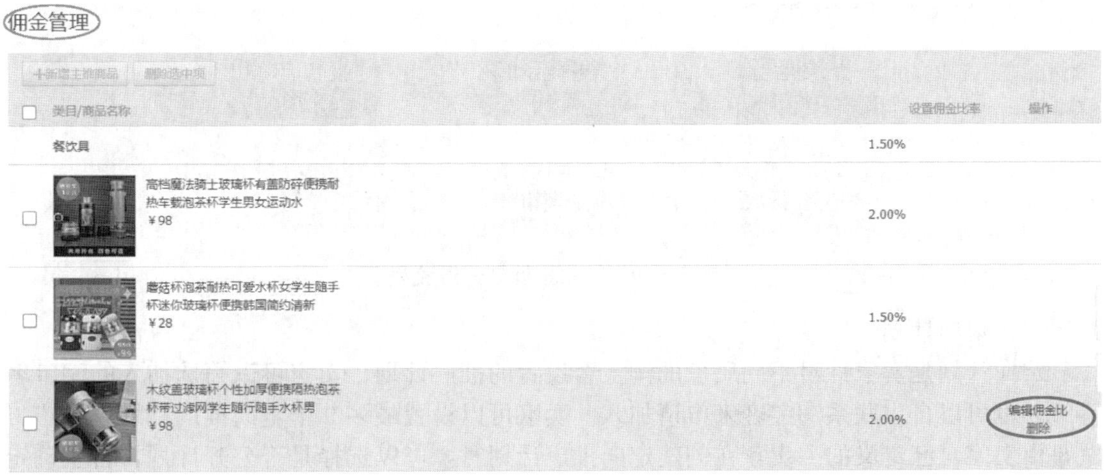

图 5－67　佣金管理页面

（2）活动计划。

活动计划又称为鹊桥计划，是一种集合了多种活动主题的计划，有专门的活动广场来进行展示，不同活动计划的佣金、要求都不一样。

卖家在淘宝客创建的活动广场报名活动，淘宝客对报名的商品筛选后进行推广。活动可以公开给其他淘宝客，若选择公开，则当有其他淘宝客推广该活动时，成交后获得的佣金按一定比例给活动创建者。

活动计划开通流程如图 5－68 所示。

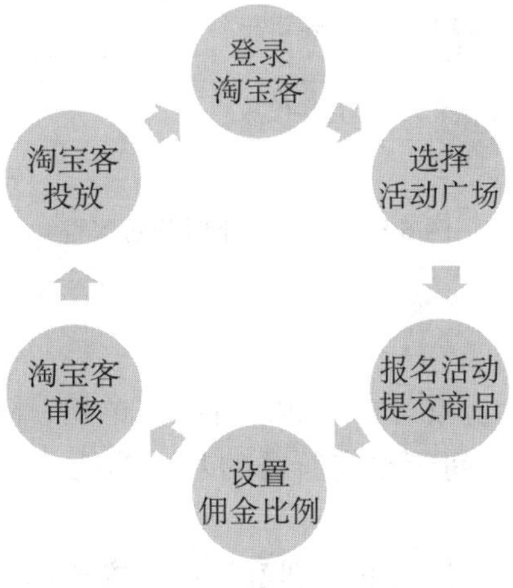

图 5－68　活动计划开通流程

（3）如意投计划。

如意投是系统根据卖家设置的佣金比例和商品的综合质量情况，将商品智能推送到爱淘宝搜索结果页、中小网站橱窗推广等页面上展现的智能精准推广服务。如意投计划由淘宝网实施，不需要找淘宝客，可以帮助卖家快速提升流量。

如意投计划和直通车都是精准定位的推广方式，唯一不同的是直通车是点击收费，如意投是按成交收费。

如意投计划开通流程如图 5-69 所示。

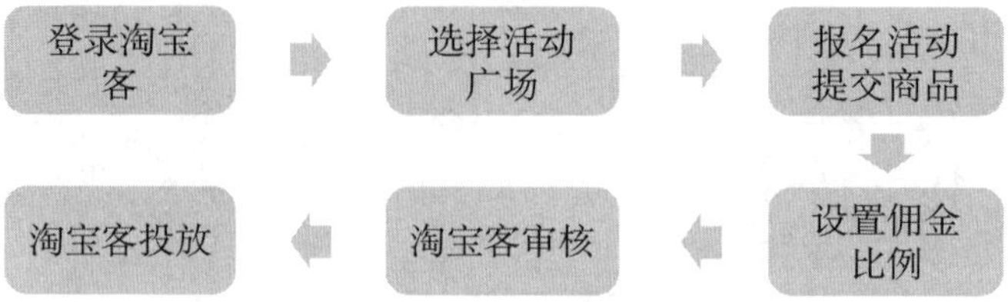

图 5-69　如意投计划开通流程

（4）定向计划。

定向计划是卖家针对不同质量的淘宝客设置的推广计划。卖家可以筛选加入的淘宝客等级，也可以自主联系淘宝客来申请加入。卖家可以设置最多 9 个定向推广计划，推广方式是由卖家自己定义的。卖家在创建定向推广计划时，可以选择是否公开计划，自主确定审核方式以及计划开始和结束的时间。

定向计划开通流程如图 5-70 所示。

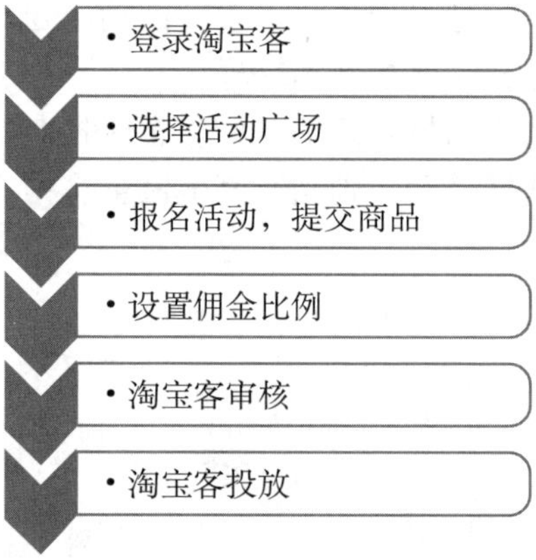

图 5-70　定向计划开通流程

2. 营销计划

营销计划支持单品推广，卖家可自定义设置推广单品、阿里妈妈推广券（即淘宝客渠道优惠券）、推广佣金、推广时间等推广所需的基本功能，并支持查看推广实时数据及多维度推广效果。

淘宝客营销计划和其他计划最大的区别就是：设置了单品佣金后，后台直接展示，淘宝客直接获取链接，主动推广商品。

卖家开通使用淘宝客推广后，需同时符合以下条件，方可开通使用营销计划：

（1）店铺状态正常（店铺可正常访问）。

（2）用户状态正常（店铺账户可正常使用）。

（3）近 30 天内成交金额大于 0。

（4）淘宝店铺掌柜信用≥300 分；天猫店铺无信用分要求。

（5）淘宝店铺近一年内未存在修改商品重要属性（如类目、品牌、型号、价格等）成为另外一种宝贝继续出售被淘宝网处罚的记录；天猫店铺无此要求。

（6）近 365 天因虚假交易（严重违规虚假交易除外）被淘宝、天猫扣分的，累计扣分<6 分。

（7）账户实际控制人的其他阿里平台账户（以淘宝排查认定为准），未被阿里平台处以严重违规行为的处罚，未发生过严重危及交易安全的情形。

（8）店铺综合排名良好。店铺综合排名是阿里妈妈通过多个维度对用户进行的排名，排名维度包括但不限于用户类型、店铺主营类目、店铺服务等级、店铺历史违规情况等。

营销计划开通流程如图 5－71 所示。

图 5－71　营销计划开通流程

3.【分享＋】升级管理

【分享＋】升级版默认淘宝客商家的商品详情页自动开通“分享有赏”功能，通过官方发放权益物，刺激消费者进行分享引流，淘宝客商家免费获得优质的社交流量，分享带来的用户成交后商家才需要支付相应的淘宝客佣金。

【分享＋】升级版仅仅是使用淘宝客的模式来结算，分享者并不是淘宝客，也不知道淘宝客的模式，官方作为中间方收取佣金后发放奖励给分享者。

卖家开通【分享＋】升级版的条件：

（1）已加入淘宝客，且没有因被处罚而暂停淘宝客推广。

（2）近 365 天因虚假交易（严重违规虚假交易除外）被淘宝、天猫扣分，累计扣分<6 分。

【分享＋】升级操作流程如图 5－72 所示。

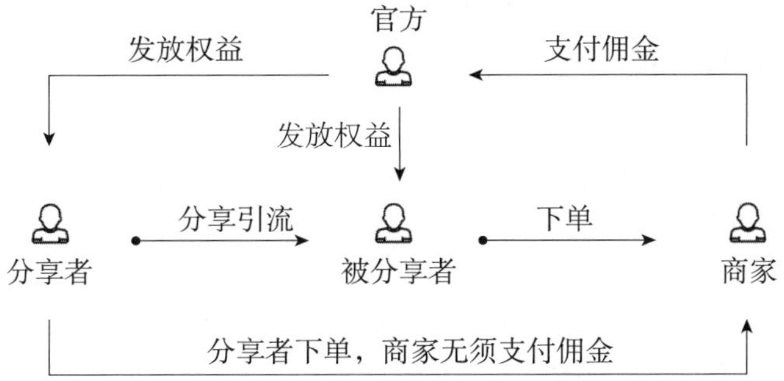

图 5－72　【分享＋】升级操作流程

三、淘宝客招募

招募淘宝客，几乎是每一个淘宝店铺都在做的事。淘宝客招募的主要方式有：寻求合作网站、论坛发帖、寻找资源（利用 QQ 群）、阿里任务。

任务实施

一、为蘑菇杯设置淘宝客计划

（1）开通淘宝客，如图 5－73 所示。

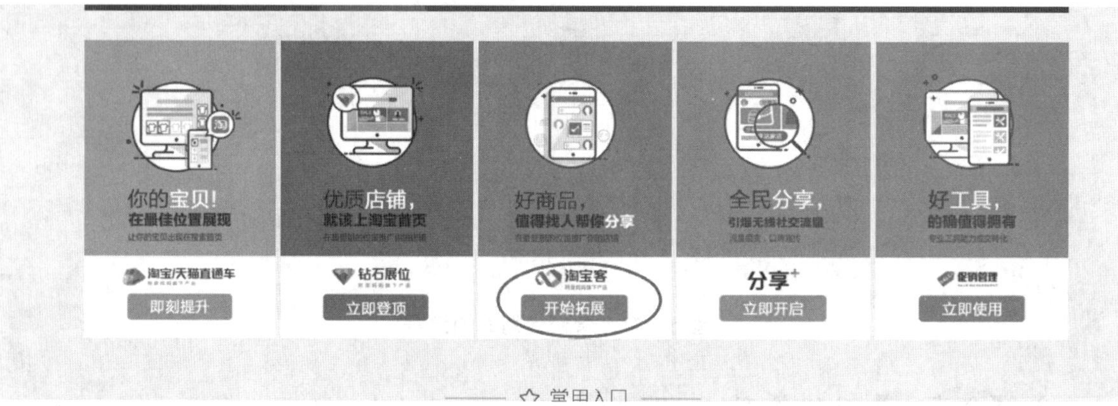

图 5－73　开通淘宝客

（2）选择采用哪种推广计划，如图 5－74 所示。

推广计划　　查看仍有效果数据

⚙自定义字段

状态	计划名称	产品类型	结算佣金	结算金额	平均佣金比率	点击数	引入付款笔数	引入付款金额	点击转化率
	通用 通用计划	淘宝客	0.00	0.00	0.00%	0	0	0.00	0.00%

图 5－74　选择推广计划

（3）设置佣金比率，如图 5－75 所示。

类目/商品名称	设置佣金比率	操作
餐饮具	1.50%	编辑佣金比

图 5－75　设置佣金比率

卖家可以在 1.5%～50%之间根据自身的情况酌情设定佣金比率，若太低则淘宝客不会帮助推广，若太高则要考虑成本。

产品蘑菇杯原价 28 元，设置佣金比例 10%，需要支付佣金 2.8 元，促销价 14.9 元，那么佣金是 1.49 元。如果买家用了优惠券，实际销售价格为 9.9 元，所以佣金金额为 0.99 元。

二、到论坛招募淘宝客

招募淘宝客的方法有很多，论坛招募是一个比较简单而且可行的方法。

小广写的招募淘宝客帖子如下：

店铺名称：建斌商城

店铺属性：淘宝店铺

主营业务：水杯

推广商品：蘑菇杯

商品网址：×××××

佣金比例：佣金最低比例 2%，最高 10%，平均佣金 3%，月推广 100 单以上可申请长期合作，享受 14%高佣金

联系方式：QQ×××××（加好友时请备注自己是淘宝客）

店铺推广网址：×××××

选择我们的几大理由：

理由 1：本店的客单价高，客户购买转化率高

理由 2：本店的产品性价比高，同行业对比领先转化

理由 3：库存量给力，你只管引流，售前售后由我们提供专业的服务，让你无后顾之忧

我们郑重承诺：

（1）一个月成交 20 笔以上奖励 60 元

（2）一个月成交 30～50 笔奖励 200 元

（3）一个月成交 70～100 笔奖励 500 元

（4）一个月成交 100～150 笔奖励 800 元

（5）一个月成交 150 笔以上奖励 1 500 元

同步实训

任务描述

小明想利用淘宝客对店铺的 F158 台灯进行推广，这款台灯的成本价是 68 元，售价是 100 元，该选择何种淘宝客计划？佣金比例多少合适？请你帮小明解决这些问题并设计一个淘宝客招募帖。（台灯资料详见电子素材）

操作指南

（1）填写表格。

商品成本价（元）	商品售价（元）	淘宝客计划	商品佣金比例（%）	需要支付佣金（元）
68	100			

（2）设计淘宝客招募帖。

店铺名称：

店铺属性：

主营业务：

推广商品：

商品网址：

佣金比例：

联系方式：

店铺推广网址：

选择我们的几大理由：

理由 1：

理由 2：

理由 3：

理由 4：

我们郑重承诺：

承诺 1：

承诺 2：

承诺 3：

承诺 4：

承诺 5：

▶ 任务评价

评价内容	分值	评价		
		自我评价	小组评价	教师评价
淘宝客计划选择合理	10			
佣金比例设置合理	30			
招募淘宝客的帖子表达正确	15			
招募淘宝客的帖子具有吸引力	30			
招募淘宝客的帖子有新意	15			
合计	100			

任务四　站外推广

任务导入

小营的店铺主要销售杯子，最近有款杯子特别受欢迎，小营想进行站外推广。他制定了如下任务单（见表 5－4）。

表 5－4　任务单

岗位	工作项目	具体要求	完成时限	验收
运营	选择商品	选择站外推广商品	2 课时	
美工	主图设计	为站外推广商品制作主图	2 课时	
客服	熟悉商品信息	熟悉站外推广商品的信息	2 课时	
推广	站外推广	对选定的商品进行站外推广	2 课时	
验收人				

知识探究

要想使自己的产品销售得更好，需要通过多种渠道，除了淘宝站内推广，站外推广也非常重要。站外的渠道更加多样化，多方面进行推广，能更好地拓宽销售渠道，更好地进行店铺宣传及产品销售。

一、站外推广的定义

站外推广是指在淘宝网以外的其他网站或社交平台做推广。站外推广有助于店铺信息被更多的网友看到，更有利于搜索引擎收录。

二、站外推广渠道

站外推广渠道主要有导购类网站、社交网站、返利网站、团购网站、广告联盟等。

1. 导购类网站

导购类网站有美丽说、蘑菇街、逛啊、口袋购物等，如图 5－76 所示。这些网站对网上购物不熟悉的消费者进行指导，或是把各大网站进行对比后，挑选出一些性价比高的商品推荐给消费者。

图 5-76　导购类网站蘑菇街

2. 社交网站

社交网站，如博客、微博、微信、人人网、贴吧等，卖家以个人关系网络为核心开展关系营销，重点在于建立新关系、巩固老关系，以支持其业务的发展。

（1）博客推广，是指利用博客这种网络应用形式开展网络营销。店铺利用博客这种网络交互性平台，发布并更新店铺或商品的相关信息，密切关注并及时回复平台上客户对于店铺或商品的相关疑问及咨询。

（2）微博推广，是指借助微博平台，通过发布文字、图片、视频等发布企业的产品和服务等信息，通过互动或促销活动，让粉丝和客户更好地了解店铺的产品和服务，最终促进店铺销售。

（3）微信推广，又叫微信营销，是网络经济时代企业或个人营销模式的一种，是伴随着微信的火热而兴起的一种网络营销方式。微信不存在距离的限制，用户注册微信后，可与周围同样注册的“朋友”形成一种联系，订阅自己所需的信息，商家通过提供用户需要的信息推广自己的产品，从而实现点对点营销。

（4）贴吧推广，利用贴吧这种网络交流平台，通过文字、图片、视频等形式发布店铺的产品和服务信息，从而让目标客户更加深刻地了解店铺的产品和服务，促进销售。

（5）QQ 推广，在 QQ 群、QQ 空间发布产品信息进行推广的方式。

3. 返利网站

返利网站与商家达成协议，凡是买家通过合作平台前往商家成功购买商品，商家根据商品金额支付给合作平台一定的费用。现有的返利平台质量参差不齐，需要选择有实力、信誉好的平台。

4. 团购网站

团购网站借助互联网力量来聚集流量和资金，加大网站与商家的谈判能力，求得最优的价格和单独购买得不到的服务。例如，大众点评、美团、百度糯米等，如图 5-77 所示。

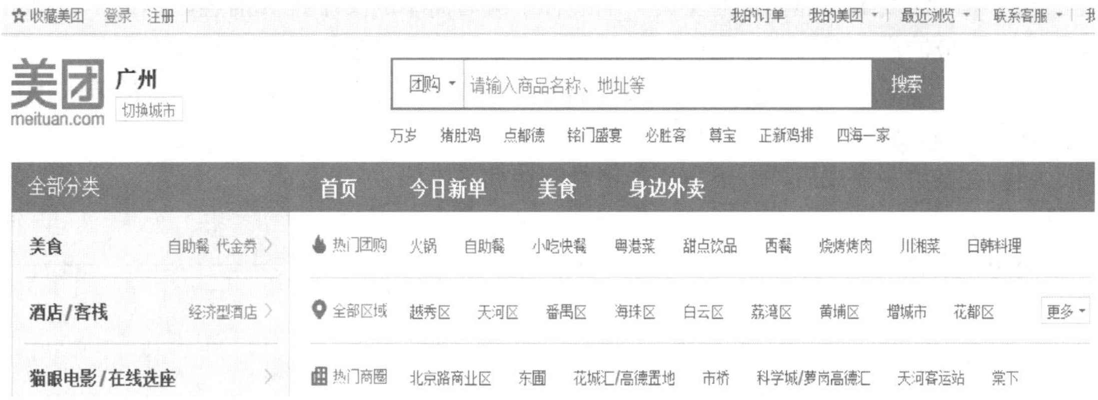

图 5－77　团购网站美团

5. 广告联盟

集合众多网络媒体资源组成联盟，通过联盟平台帮助广告主实现广告投放，并进行广告投放的数据监测统计。例如，阿里妈妈、百度联盟、易传媒、悠易互通等，如图 5－78 所示。

图 5－78　百度联盟

任务实施

小营选择了热销的骑士魔法玻璃杯做站外推广，这款产品的销量、收藏数、评价等都不错，他打算进行博客推广。博客推广不限制字数，而且可以添加产品链接及二维码等，操作起来更加便捷。

进行博客推广的要点如下：

（1）日志标题尽量生活化或者是能够引起读者兴趣的。

（2）准备需要推广的杯子的文案，围绕杯子编写简单的文字推广描述，描述尽量口语化并配上相应的产品图片。产品图片规格相同，拍摄清晰，避免水印，并加上类似买家秀之类的图片，以更吸引买家。一个文案准备了 10 张以上图片，根据不同平台的要求进行减少或者增加。

（3）文案编写完成后，在下方添加产品链接和二维码。

同步实训

▶ 任务描述

小明打算选一款台灯进行微信推广，请你为他做一下台灯的微信推广方案。（台灯资料详见电子素材）

▶ 操作指南

（1）选择哪一款台灯做微信推广？理由是什么？

（2）准备台灯的产品图片或使用图片以及产品文案。

（3）检查并修改，添加产品链接或二维码，然后发布到微信。

（4）填写表格。

微信昵称	微信发布截图	发布时间	评论数	点赞数

▶ 任务评价

评价内容	分值	评价		
		自我评价	小组评价	教师评价
选定的产品适合相关推广渠道	10			
发布时间合理	30			
内容完善	15			
添加产品链接或二维码	30			
发布效果良好	15			
合计	100			

情境总结

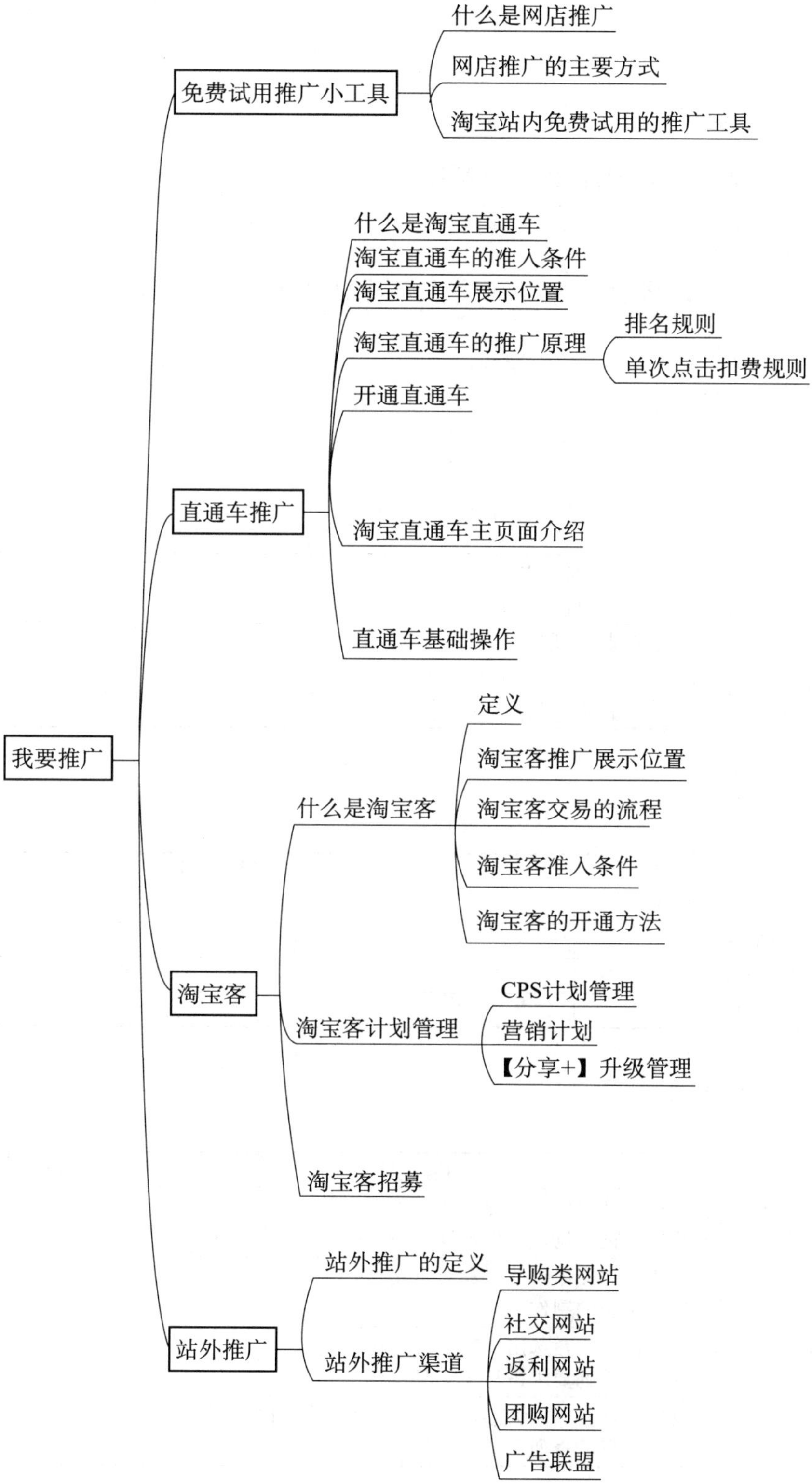
我要推广
免费试用推广小工具
什么是网店推广
网店推广的主要方式
淘宝站内免费试用的推广工具
直通车推广
什么是淘宝直通车
淘宝直通车的准入条件
淘宝直通车展示位置
淘宝直通车的推广原理
排名规则
单次点击扣费规则
开通直通车
淘宝直通车主页面介绍
直通车基础操作
淘宝客
什么是淘宝客
定义
淘宝客推广展示位置
淘宝客交易的流程
淘宝客准入条件
淘宝客的开通方法
淘宝客计划管理
CPS计划管理
营销计划
【分享+】升级管理
淘宝客招募
站外推广
站外推广的定义
站外推广渠道
导购类网站
社交网站
返利网站
团购网站
广告联盟

基础训练

推广计划书

一、实训任务

请根据推广要点制订台灯的推广计划书。

二、任务实施

1. 设定要推广的宝贝、宝贝的卖点及要使用的推广工具

（1）推广的宝贝：

（2）宝贝的卖点：

（3）要使用的推广工具的具体要求和工作计划。

推广工具	具体要求	工作计划
免费试用推广小工具	首选引流工具	
直通车	关键词出价取同行平均水平	
淘宝客	设置合适的淘宝客计划	
站外推广	选择合适的推广渠道	

2. 推广费用预算

项目	预算费用
免费试用推广小工具	
直通车	
淘宝客	
站外推广	

3. 具体工作安排

名称	工作内容说明	人员	完成时间
宝贝的甄选	（1）运营根据店铺宝贝的情况，选出预推宝贝 （2）运营根据预推宝贝进行大数据分析，验证其可行性和推广参数		
宝贝主图的制作	（1）运营向美工提交促销信息和宝贝卖点 （2）美工完成主图的制作		
免费试用推广小工具的使用	（1）运营根据需要，甄选出 2 款引流的小工具 （2）推广根据运营的要求进行小工具试用		
直通车的使用	（1）运营确定直通车的四大参数要求，定好关键词的价格 （2）推广完成宝贝的直通车推广计划		

续前表

名称	工作内容说明	人员	完成时间
淘宝客的使用	(1) 运营根据店铺产品情况选择淘宝客计划 (2) 推广进行淘宝客计划设置		
站外推广	(1) 运营确定站外推广方式 (2) 推广根据要求完成站外推广		
客服部分	客服熟练掌握主推宝贝的促销信息、卖点和参数，准备应对买家的咨询与下单		

三、任务评价

评价内容	分值	评价		
		自我评价	小组评价	教师评价
对免费试用推广小工具中的引流工具比较熟悉	10			
能熟练设置和分析直通车中的数据	30			
能用淘宝客对店内产品进行推广	20			
能掌握站外推广的方法	20			
具体工作安排合理、细致	20			
合计	100			

拓展训练

请你利用免费试用推广小工具、直通车、淘宝客、站外推广对自己店铺的产品进行推广。

学习情境六

活动报名

情境介绍

小营运营了一段时间店铺后发现，除了日常的关联搭配营销、红包优惠券、赠品等，他把精力都放到优化、营销推广、淘宝客、直通车上，而忽略了一个非常巨大且潜力十足的流量聚集地——活动。通过报名上官方活动，能突破自然销量，让店铺快速成长。

学习目标

▶ 知识目标

1. 了解官方活动报名流程及规则
2. 学习制订活动计划
3. 学会团队分工合作

▶ 技能目标

掌握报名活动的要求及报名技巧

任务一 行业营销活动

任务导入

行业营销活动是淘宝官方日常活动之一，可以增加短期内的销量，还可以增强消费者的品牌概念和产品的使用量，从而扩大店铺的知名度与美誉度。小营首先策划报名上行业营销活动，了解行业营销活动的规则。他制定了以下任务单（见表 6－1）。

表 6－1 任务单

岗位	工作项目	具体要求	完成时限	验收
运营	活动策划	负责活动整体规划，制定活动方案	2 课时	
美工	图片制作	制作白底主图及活动海报图	2 课时	
客服	快捷短语制作	制作快捷短语，做好接待客户准备	2 课时	
推广	活动报名	报名“邀请我参加的活动”或“我能参加的活动”	2 课时	
验收人				

知识探究

淘宝网的活动大致可以分为两大类：站内活动（官方活动）和站外活动（第三方活动）。

一、淘宝官方活动

淘宝官方活动大致可以分成三大类，即平台活动、渠道活动及类目活动。

1. 平台活动

平台活动流量最大，可分为节日活动（如过年不打烊、三八女王节）和其他活动（如新势力周、年中大促、双十一）。

2. 渠道活动

渠道活动有天天特价、聚划算、淘金币、淘抢购、免费试用等，此类活动的可选性比较大，卖家可以根据自身的产品和条件来决定要报名的活动。

3. 类目活动

类目活动流量相对较小，主要是类目频道和类目的主题活动，每一个一级类目都有一个属于各自的类目频道，频道内会有固定的频道活动，以及不定期的主题活动。

这三类活动是有层级的，对于中小卖家来说，可以从类目活动做起，这种活动相对来说报名通过更加容易。通过类目活动把店铺整体销量、评分等各种基础做起来后，可以关注渠道活动，此类活动比类目活动流量大，能够帮助店铺稳定增长。店铺的基础销量以及基础权重都优化到一定程度，下一步就可以整合全年运营规划，争取报名平台活动。

二、淘宝站外活动

站外活动主要是指参加第三方网站（如返利网、折 800 等）的活动。随着淘宝逐渐将流量集中在自己网站，站外的销量不计入权重之后，建议以站内活动为主。

三、行业营销招商活动要求

（1）近半年店铺非虚拟交易的 DSR 评分三项指标分别不得低于 4.6（开店不足半年的自开店之日起算）。

（2）除虚假交易外，《淘宝规则》规定的一般违规行为扣分满 12 分或 12 分的倍数之日起限制参加所有营销活动 90 天。因虚假交易被违规扣分达 48 分及以上的卖家与商品，永久限制参加营销活动；其他因虚假交易被违规处理的卖家与商品，限制参加营销活动 90 天。

（3）近一个月人工介入退款成功笔数占店铺交易笔数不得超过 0.1%，或笔数不得超过 6 笔（数码类卖家不得超过 4 笔）。

（4）除出售假冒商品外，《淘宝规则》规定的严重违规行为扣分满 12 分或 12 分的倍数之日起限制参加本自然年度内所有营销活动；因出售假冒商品被违规扣分达 24 分及以上的，永久限制参加营销活动；因出售假冒商品被违规扣分达 12 分及以上 24 分以下的，限制参加本自然年度内所有营销活动。

（5）因各种违规行为而被搜索全店屏蔽的卖家，在屏蔽期间内限制参加营销活动。

（6）卖家不得存在《淘宝规则》中限制参加营销活动的其他情形。

（7）上述标准中，特殊类目及淘宝网特定官方营销活动另有规定的遵从其规定。

任务实施

淘宝官方营销活动中心页面如图 6－1 所示，分为六个模块：行业营销活动、品牌活动、无线手淘活动、去啊旅行活动、活动资金助力、淘营销论坛。

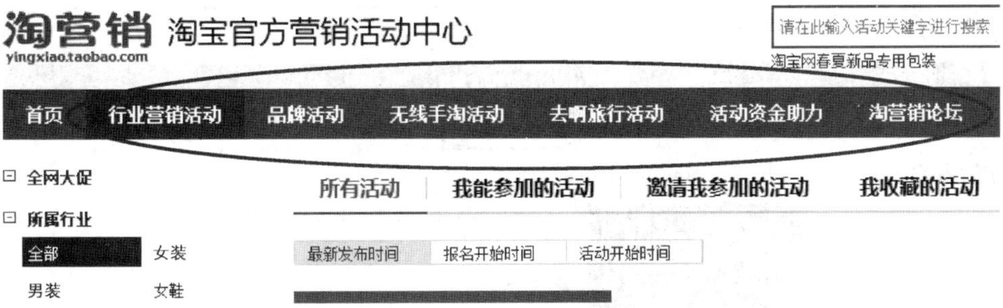

图 6-1 淘宝官方营销活动中心

小营要报名参加行业营销活动，报名流程如下：

（1）输入网址 https：//yingxiao. taobao. com，点击进入。

（2）登录淘宝账号，进入“卖家中心—营销中心—活动报名”，如图 6-2 所示。

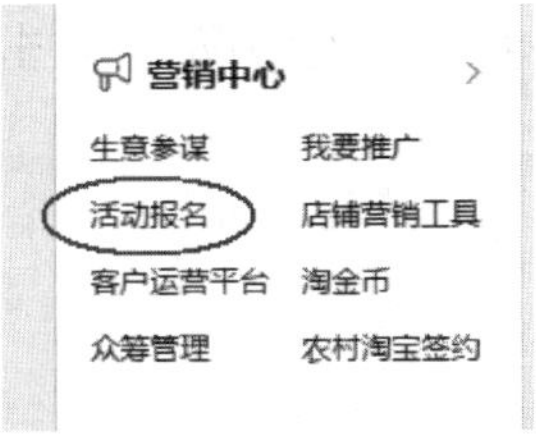

图 6-2 活动报名

（3）进入活动报名界面后，点击查看“我能参加的活动”或“邀请我参加的活动”，如图 6-3、图 6-4 所示。

图 6-3 我能参加的活动

（4）在“我能参加的活动”或“邀请我参加的活动”中选择一个适合店铺类目的活动，点击“立即报名”。进入报名页面之后，选择要报名的活动，仔细查看报名要求及活动时间。

图 6－4　邀请我参加的活动

（5）店铺符合招商资质，点击“立即报名”按钮后跳转到活动协议签署页面。仔细查看协议条款，然后勾选“我同意并签署以上协议”，点击“下一步”，如图 6－5 所示。

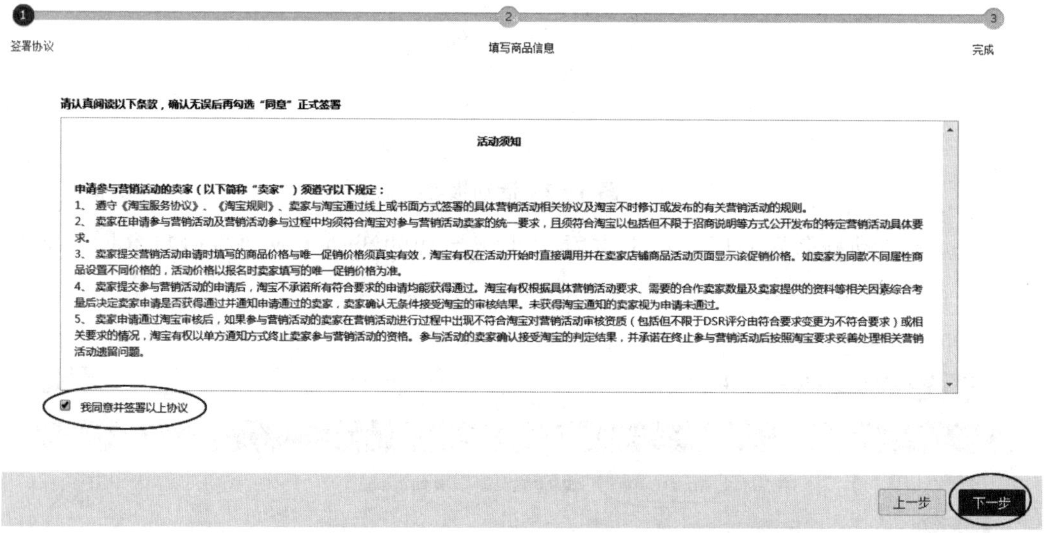

图 6－5　协议条款

（6）填写店铺信息，选择要报名的商品，进入商品信息填写页面，认真填写商品促销价、活动图等相关信息。全部填写完后，点击“提交全部商品”，报名完成，如图 6－6 所示。

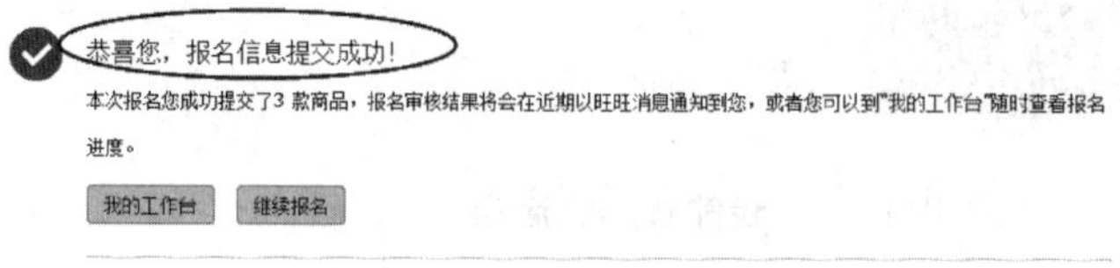

图 6－6　报名成功

（7）完成报名后可点击“我的工作台”查看报名的活动。确定审核通过后，可进行活动设置，在商品页面会显示该商品正参加的活动。

同步实训

▶ 任务描述

小明计划参加行业营销活动，请你帮他确定活动价格、数量等信息。

产品	图片	型号	成本（元/台）	库存（台）
LED 护眼灯		F150	80	1 200
儿童卡通灯		F151	70	520
LED 夹子灯	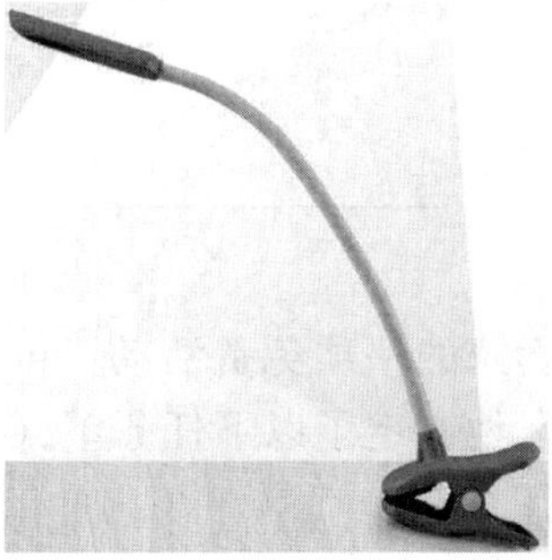	F152	45	851
充电台灯	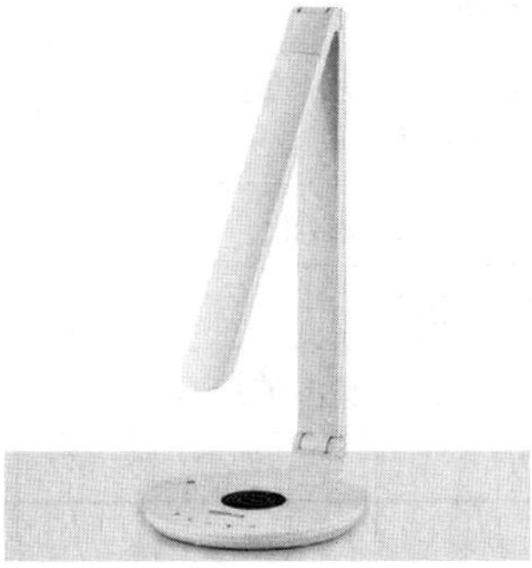	F153	352	268

▶ 操作指南

产品	型号	是否参加活动	参加活动的理由	活动价格	是否有其他优惠	报名数量	预测销量

▶ 任务评价

评价内容	分值	评价		
		自我评价	小组评价	教师评价
活动计划合理	10			
活动价格设置合理	30			
报名数量设置合理	15			
参加活动商品选择正确	30			
参加活动的理由充分	15			
合计	100			

任务二 天天特价活动

任务导入

小营了解到天天特价是淘宝扶持一些中小卖家的一项免费活动，可为店铺带来更多的流量和转化率。小营计划上天天特价活动平台，他制定了以下任务单（见表 6－2）。

表 6－2 **任务单**

岗位	工作项目	具体要求	完成时限	验收
运营	活动策划	负责活动整体规划，活动价 35 元，送杯刷，确认收货优质评价晒图奖励 10 元	2 课时	
美工	图片制作	制作白底主图及活动海报图	2 课时	
客服	客户接待	制作快捷短语，接待客户	2 课时	
推广	活动报名	报 K611 型号，400ml 容量，复古玻璃杯	2 课时	
验收人				

知识探究

天天特价的扶持对象为淘宝网集市店铺（即只招商集市商家），对处于起步以及初级阶段的卖家而言，能够避开强有力的竞争对手。有季节性、品质优良、有特色和性价比高的商品有更多的机会展现在买家面前，可获得更多的展示机会。天天特价首页如图 6-7 所示。

图 6-7　天天特价首页

一、天天特价活动的类型

1. 类目活动

商品主要展示在主题活动页面和天天特价首页或各类目的子页里面，如图 6-8 所示。

图 6-8　类目活动页面

2. 十元包邮活动

商品主要展示在首页或十元包邮页面，如图 6-9 所示。

图 6-9　十元包邮活动页面

3. 主题活动

商品主要展示在天天特价主题活动页面，如图 6-10 所示。

图 6-10　主题活动页面

类目活动和十元包邮为天天特价报名日常活动之一，主题活动是在天天特价常规活动的基础上不定期开设的特色活动。类目活动和主题活动申报不同的活动方式，在天天特价的展示位置也不同。

二、天天特价活动招商规则

天天特价活动的报名要求可以登录天天特价首页，点击右边“商家中心”的“规则流程”查看，如图 6-11 所示。

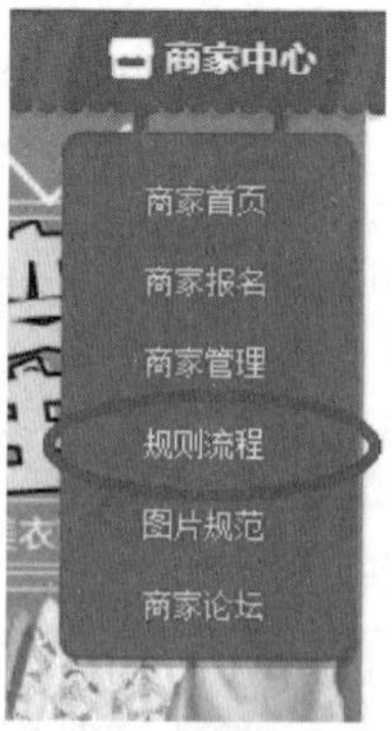

图 6-11　规则流程

任务实施

一、报名前的准备

报名参加天天特价活动不仅能引流很高的店铺流量，而且能带动店内其他商品的成交及整个店铺的成交，对于集市卖家来说是一个很好的跨越阶梯，可以更好地积累一波老顾客。报名天天特价活动之前，一定要做好以下准备工作，这样审核通过率才会高：

（1）店铺 3 钻以上。

（2）开店时长 90 天以上。

（3）最近 30 天交易成功的订单数量≥10 件。

（4）选择应季、特色、优势的商品。

（5）商品下架时间等于报名时间，商品越临近下架，时间权重分值越高，那么店铺的权重就越高。商品下架时间可定在 17：50～18：00，一般审核会在 18：00 结束。

（6）商品名称设置应带上营销关键词，如送礼品、运费险等。

（7）活动价格低于最近 30 天最低拍下价格，商品不得有区间价格（多个 SKU 时必须是同一价格）。

（8）活动库存设置≥50 件且≤300 件（报名最好不要报 300 件整，因为未付款订单库存释放可能导致超出报名库存，如 201 件可以通过审核，但是超出上限 300 件，如 301 件则无法通过审核）。

（9）报名图片用白底图，因为有机会展示在手淘首页。

需注意的是，活动结束后最好不要马上恢复原价，可以通过手机专享价或者打折软件设置比活动价高一点点的价格再卖几天，等下架那天晚上 12 点再恢复原价。

二、天天特价类目活动报名流程

（1）登录淘宝账号，进入“卖家中心—营销中心—我要推广—天天特价”，如图 6－12 所示，点击进入。

图 6－12　报名入口

（2）移动鼠标至右侧“商家中心”下拉栏，单击“商家报名”，如图 6－13 所示。

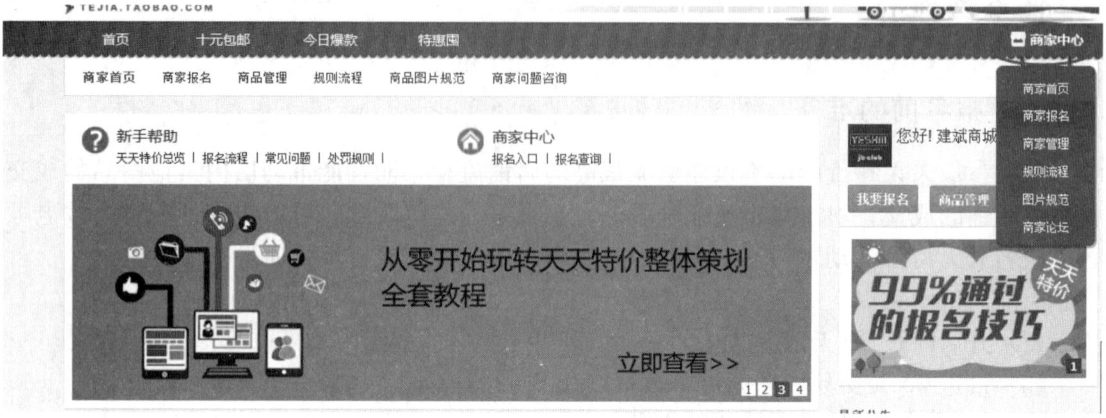

图 6－13 商家报名

（3）进入“商家报名”页面，可以看到日历上的活动排期时间有两种颜色——一种灰色，另一种橘色，灰色表示报名结束，橘色代表可以进行报名，如图 6－14 所示。在报名时选择报名数量较少的，通过率较高。

图 6－14 选择活动日期

（4）选择好报名参加活动的日期后，如果不同时申报主题活动，可点击“不参加主题活动”，直接点击要参加活动的类型即可，如图 6－15 所示。

（5）点击报名后进入规则流程页面，仔细查看规则与商品要求后，点击“我要报名”按钮，如图 6－16 所示。

图 6－15　确定活动类型

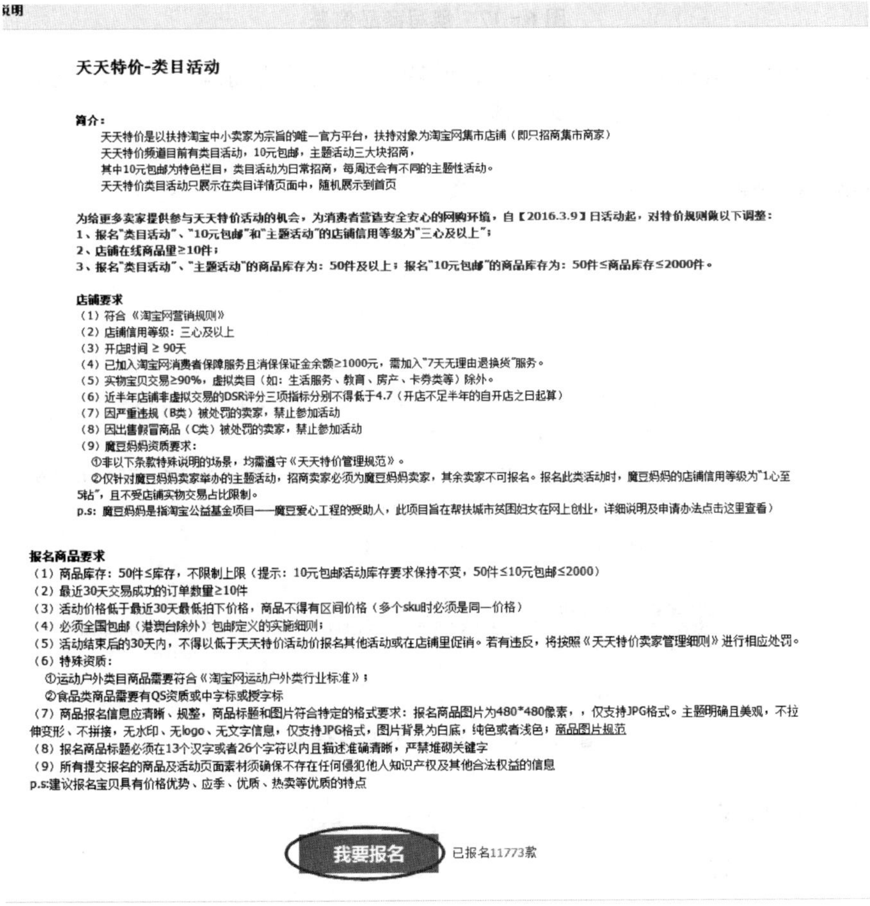

说明

天天特价-类目活动

简介：

天天特价是以扶持淘宝中小卖家为宗旨的唯一官方平台，扶持对象为淘宝网集市店铺（即只招商集市商家）
天天特价频道目前有类目活动，10元包邮，主题活动三大块招商，
其中10元包邮为特色栏目，类目活动为日常招商，每周还会有不同的主题性活动。
天天特价类目活动只展示在类目详情页面中，随机展示到首页

为给更多卖家提供参与天天特价活动的机会，为消费者营造安全安心的网购环境，自【2016.3.9】日活动起，对特价规则做以下调整：
1、报名"类目活动"、"10元包邮"和"主题活动"的店铺信用等级为"三心及以上"；
2、店铺在线商品量≥10件；
3、报名"类目活动"、"主题活动"的商品库存为：50件及以上；报名"10元包邮"的商品库存为：50件≤商品库存≤2000件。

店铺要求
（1）符合《淘宝网营销规则》
（2）店铺信用等级：三心及以上
（3）开店时间 ≥ 90天
（4）已加入淘宝网消费者保障服务且消保保证金余额≥1000元，需加入"7天无理由退换货"服务。
（5）实物宝贝交易≥90%，虚拟类目（如：生活服务、教育、房产、卡券类等）除外。
（6）近半年店铺非虚拟交易的DSR评分三项指标分别不得低于4.7（开店不足半年的自开店之日起算）
（7）因严重违规（B类）被处罚的卖家，禁止参加活动
（8）因出售假冒商品（C类）被处罚的卖家，禁止参加活动
（9）魔豆妈妈资质要求：
①非以下条款特殊说明的场景，均需遵守《天天特价管理规范》。
②仅针对魔豆妈妈卖家举办的主题活动，招商卖家必须为魔豆妈妈卖家，其余卖家不可报名。报名此类活动时，魔豆妈妈的店铺信用等级为"1心至5钻"，且不受店铺实物交易占比限制。
p.s：魔豆妈妈是指淘宝公益基金项目——魔豆爱心工程的受助人，此项目旨在帮扶城市贫困妇女在网上创业，详细说明及申请办法点击这里查看）

报名商品要求
（1）商品库存：50件≤库存，不限制上限（提示：10元包邮活动库存要求保持不变，50件≤10元包邮≤2000）
（2）最近30天交易成功的订单数量≥10件
（3）活动价格低于最近30天最低拍下价格，商品不得有区间价格（多个sku时必须是同一价格）
（4）必须全国包邮（港澳台除外）包邮定义的实施细则；
（5）活动结束后的30天内，不得以低于天天特价活动价报名其他活动或在店铺里促销。若有违反，将按照《天天特价卖家管理细则》进行相应处罚。
（6）特殊资质：
①运动户外类目商品需要符合《淘宝网运动户外类行业标准》；
②食品类商品需要有QS资质或中字标或授字标
（7）商品报名信息应清晰、规整，商品标题和图片符合特定的格式要求：报名商品图片为480*480像素，，仅支持JPG格式。主题明确且美观，不拉伸变形、不拼接，无水印、无logo、无文字信息，仅支持JPG格式，图片背景为白底，纯色或者浅色；商品图片规范
（8）报名商品标题必须在13个汉字或者26个字符以内且描述准确清晰，严禁堆砌关键字
（9）所有提交报名的商品及活动页面素材须确保不存在任何侵犯他人知识产权及其他合法权益的信息
p.s:建议报名宝贝具有价格优势、应季、优质、热卖等优质的特点

我要报名　已报名11773款

图 6－16　活动规则与商品要求

（6）进入报名表单页面，填写商品信息，如图 6－17 所示。

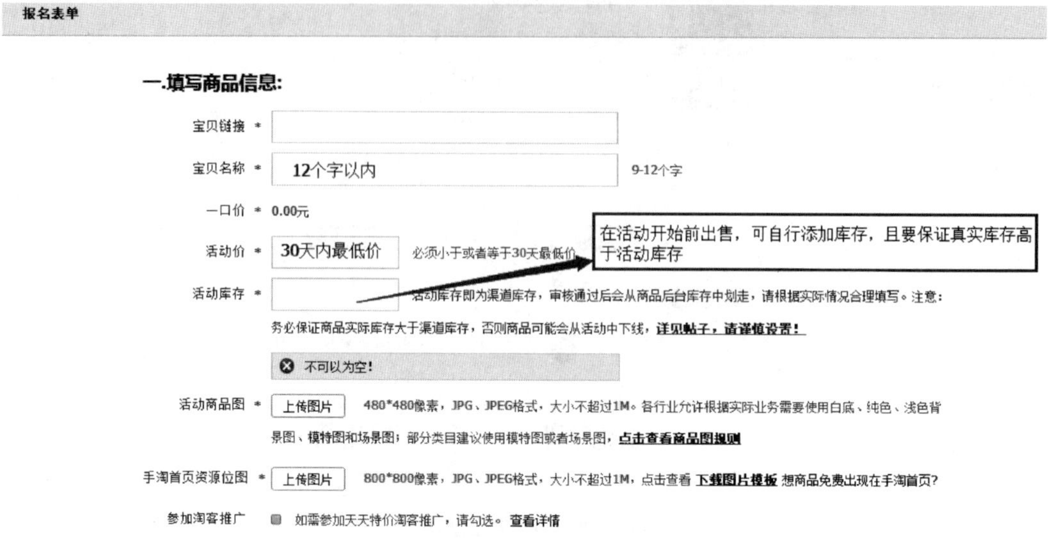

图 6－17　填写商品信息

（7）填写商家联系信息，仔细查看天天特价活动协议条款，然后勾选同意，如图 6－18所示。点击“提交申请”，报名完成。

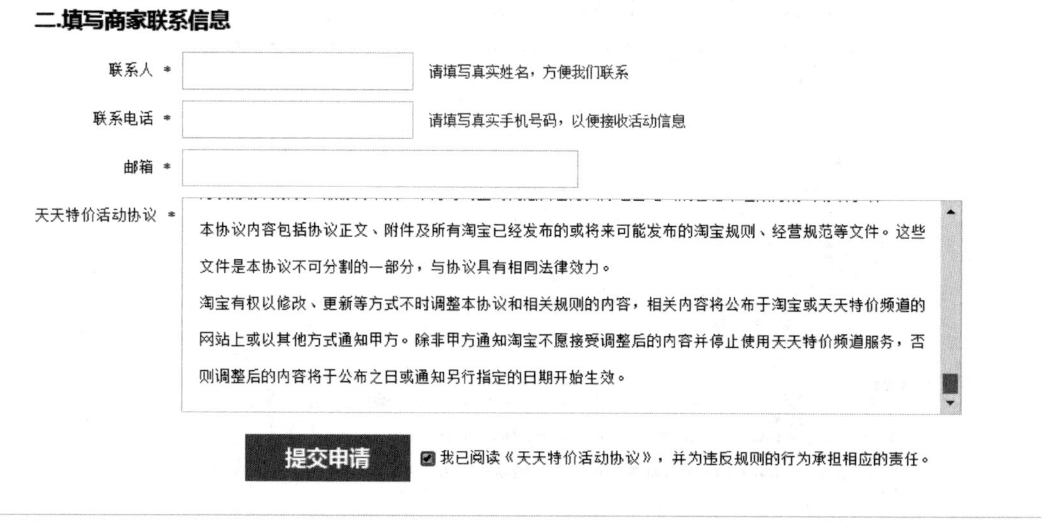

图 6－18　填写商家联系信息

三、系统审核排序

1. 查看活动结果

报名成功后，在活动开始前 3 天 18 点前系统将会发送消息通知审核结果。如果没有收到系统发来的消息，则可以在商品管理页面查看结果。

2. 综合评分

系统根据商品、店铺等综合评分维度进行评分排序。

3. 系统通知

若有图片、授权等不合格的情况，系统会在报名后 3～5 天进行通知。接到通知后，可修改后重新选择日期报名。

4. 审核未通过

审核未通过的，如图 6－19 所示，可在收到未通过消息后重新选择合适的宝贝报名。

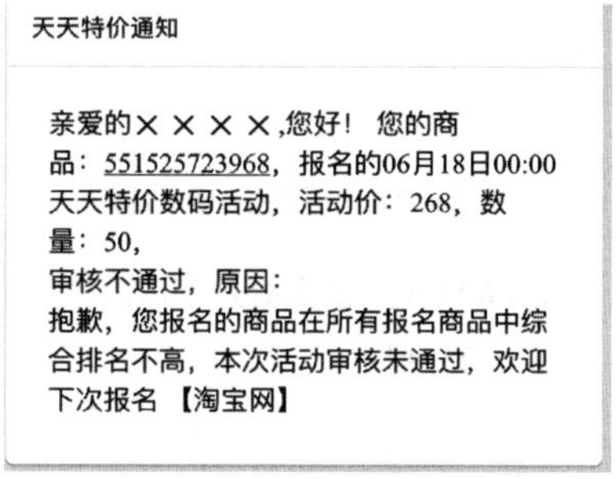
天天特价通知

亲爱的×××× ,您好！ 您的商品：551525723968，报名的06月18日00:00天天特价数码活动，活动价：268，数量：50，
审核不通过，原因：
抱歉，您报名的商品在所有报名商品中综合排名不高，本次活动审核未通过，欢迎下次报名 【淘宝网】

图 6－19　活动审核结果通知

四、活动审核通过后的准备

（1）确定审核通过后，会收到活动商品设置通知，如图 6－20 所示，根据要求对商品进行相应编辑设置。

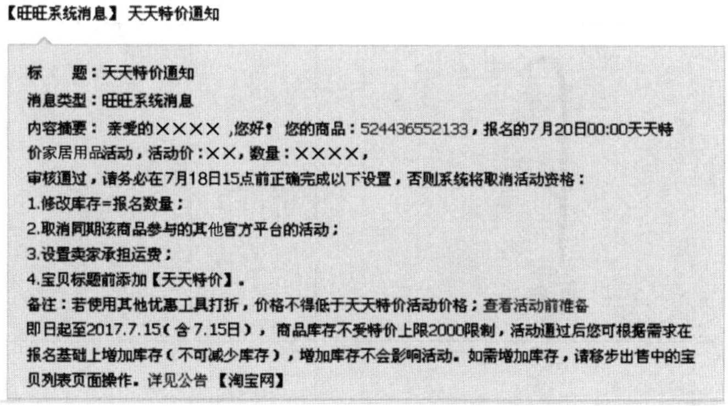
【旺旺系统消息】 天天特价通知

标　　题：天天特价通知
消息类型：旺旺系统消息
内容摘要： 亲爱的×××× ,您好！ 您的商品：524436552133，报名的7月20日00:00天天特价家居用品活动，活动价：××，数量：××××，
审核通过，请务必在7月18日15点前正确完成以下设置，否则系统将取消活动资格：
1.修改库存=报名数量；
2.取消同期该商品参与的其他官方平台的活动；
3.设置卖家承担运费；
4.宝贝标题前添加【天天特价】。
备注：若使用其他优惠工具打折，价格不得低于天天特价活动价格；查看活动前准备
即日起至2017.7.15（含7.15日），商品库存不受特价上限2000限制，活动通过后您可根据需求在报名基础上增加库存（不可减少库存），增加库存不会影响活动。如需增加库存，请移步出售中的宝贝列表页面操作。详见公告 【淘宝网】

图 6－20　活动商品设置通知

（2）修改库存为报名时库存，上下浮动 10%。
（3）取消该商品的促销价格，恢复报名时的原价。
（4）设置运费模板为卖家包邮（港、澳、台除外），如图 6－21 所示。
（5）在商品标题前面添加“天天特价”四个字。

图 6-21 设置运费模板

(6) 对商品页面进行优化，商品页面装修图片的处理一定要清晰美观，提供能够凸显商品质感的图片以及关联销售、活动说明。

同步实训

▶ 任务描述

小明计划在国庆节前参加天天特价活动，请你为他策划一下报名天天特价活动的计划，根据店铺产品类目，确定活动价格、数量、赠品等信息。

产品	图片	型号	成本价（元/台）	库存（台）
豆豆苗 LED 台灯		F123	50	450
折叠 LED 护眼台灯	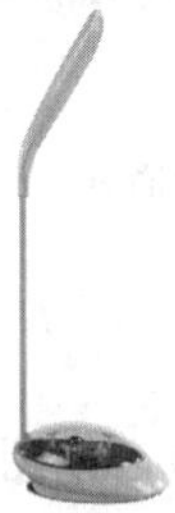	F125	62	550

续前表

产品	图片	型号	成本价（元/台）	库存（台）
留言板台灯		F126	78	650
光宠台灯		F124	49	763

▶ 操作指南

产品	型号	是否参加活动	参加活动的理由	活动价格	是否有其他优惠	报名数量	预测销量

▶ 任务评价

评价内容	分值	评价		
		自我评价	小组评价	教师评价
活动计划合理	10			
活动价格设置合理	30			
报名数量设置合理	15			
参加活动的理由充分	30			
销量预测合理	15			
合计	100			

任务三 淘金币活动

任务导入

淘金币活动给品牌带来的是超高的曝光率，可增加店铺的人气并且快速提升整个店铺的销售额，已经成为淘宝重要的营销活动。小营决定申报淘金币活动，他制定了以下任务单（见表6-3）。

表6-3 **任务单**

岗位	工作项目	具体要求	完成时限	验收
运营	策划活动	负责活动整体方案的制定	2课时	
美工	制作活动图片	根据活动要求优化商品主图、细节图并上传	2课时	
客服	商品图片及相关信息检查与接待客户	对活动商品进行主图、详情页检查，接待客户	2课时	
推广	协助运营执行营销活动	报名活动并进行活动前期宣传	2课时	
验收人				

知识探究

一、淘金币平台的优势

（1）品牌优势：集结1.8亿淘金币黏性用户，超高转化。
（2）资源优势：日均2 000万访客，全网第一大流量平台。
（3）独家优势：活动结束，平台继续输送已购用户回流店铺。
（4）政策优势：免收销售佣金，活动成本低。

二、淘金币活动对卖家的好处

（1）低成本投入：零费用。
（2）稳定流量：淘金币平台专门开设店铺街频道。
（3）优质买家：每天2 000万买家通过各种渠道进入淘金币平台购买商品，卖家通过淘金币活动吸引买家进店消费，拉动店铺成交量。

（4）官方推广：商品搜索淘金币活动专项筛选＋店铺搜索淘金币直达＋淘宝手机搜索优先。

三、活动的类型

（1）日常活动，如图 6－22 所示。

图 6－22　日常活动

（2）主题活动，如图 6－23 所示。

图 6－23　主题活动

任务实施

报名淘金币活动的流程如下：

（1）进入营销中心，单击“淘金币”，如图 6－24 所示。

（2）进入淘金币卖家服务中心，点击右上方的“报名活动”，如图 6－25 所示。

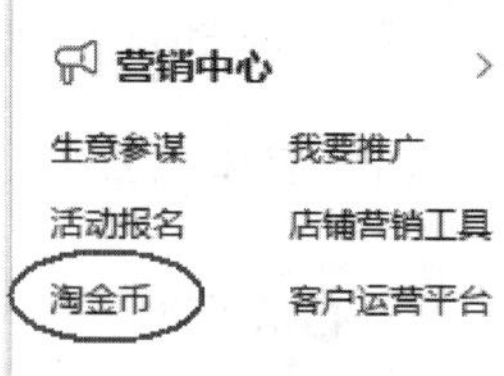

图 6－24 活动入口

图 6－25 报名活动

（3）进入“商家报名”页面，将会看到“金币招商”活动报名排期日历，日历上面的黑色字体日期为活动可选择的日期，可以任意选择一个日期，如图 6－26 所示。

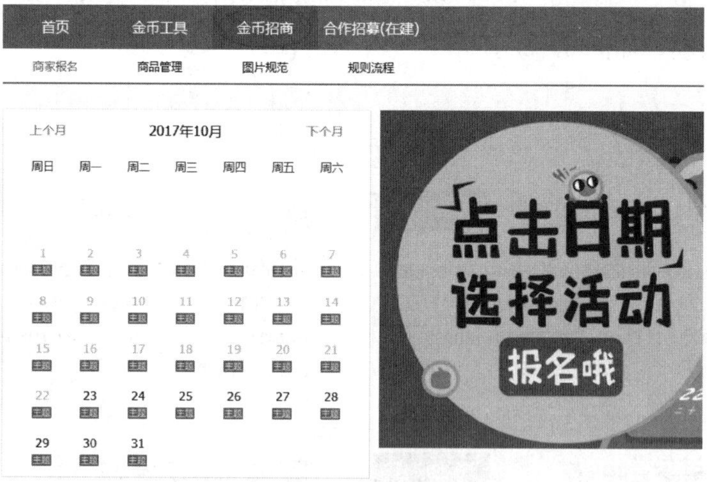

图 6－26 选择活动日期

（4）选择活动的日期后，直接点击日常活动类别中“超级抵钱—五折兑换”旁的“立即报名”按钮，如图 6－27 所示。

（5）仔细阅读活动信息、活动公告，如图 6－28 所示。

（6）填写商品与商家信息，全部信息填写完毕，勾选淘金币活动协议，点击“提交报名”，如图 6－29 所示，报名完成。成功报名活动后，系统审核时间为活动时间前 2～5

天。申报不同的活动，商品展示的位置不同。

图 6－27　选择活动

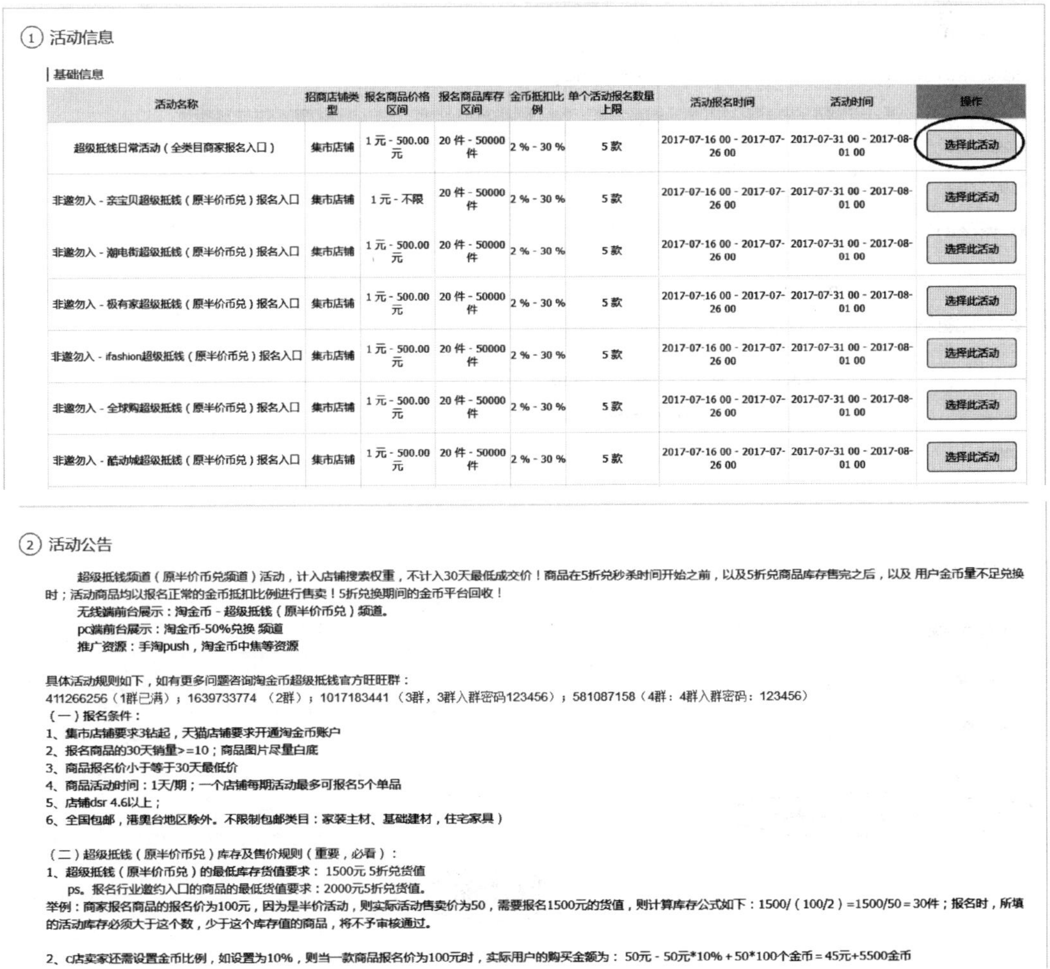

① 活动信息

基础信息

活动名称	招商店铺类型	报名商品价格区间	报名商品库存区间	金币抵扣比例	单个活动报名数量上限	活动报名时间	活动时间	操作
超级抵钱日常活动（全类目商家报名入口）	集市店铺	1 元 - 500.00 元	20 件 - 50000 件	2 % - 30 %	5 款	2017-07-16 00 - 2017-07-26 00	2017-07-31 00 - 2017-08-01 00	选择此活动
非邀勿入 - 亲宝贝超级抵钱（原半价币兑）报名入口	集市店铺	1 元 - 不限	20 件 - 50000 件	2 % - 30 %	5 款	2017-07-16 00 - 2017-07-26 00	2017-07-31 00 - 2017-08-01 00	选择此活动
非邀勿入 - 潮电街超级抵钱（原半价币兑）报名入口	集市店铺	1 元 - 500.00 元	20 件 - 50000 件	2 % - 30 %	5 款	2017-07-16 00 - 2017-07-26 00	2017-07-31 00 - 2017-08-01 00	选择此活动
非邀勿入 - 极有家超级抵钱（原半价币兑）报名入口	集市店铺	1 元 - 500.00 元	20 件 - 50000 件	2 % - 30 %	5 款	2017-07-16 00 - 2017-07-26 00	2017-07-31 00 - 2017-08-01 00	选择此活动
非邀勿入 - ifashion超级抵钱（原半价币兑）报名入口	集市店铺	1 元 - 500.00 元	20 件 - 50000 件	2 % - 30 %	5 款	2017-07-16 00 - 2017-07-26 00	2017-07-31 00 - 2017-08-01 00	选择此活动
非邀勿入 - 全球购超级抵钱（原半价币兑）报名入口	集市店铺	1 元 - 500.00 元	20 件 - 50000 件	2 % - 30 %	5 款	2017-07-16 00 - 2017-07-26 00	2017-07-31 00 - 2017-08-01 00	选择此活动
非邀勿入 - 酷动城超级抵钱（原半价币兑）报名入口	集市店铺	1 元 - 500.00 元	20 件 - 50000 件	2 % - 30 %	5 款	2017-07-16 00 - 2017-07-26 00	2017-07-31 00 - 2017-08-01 00	选择此活动

② 活动公告

超级抵钱频道（原半价币兑频道）活动，计入店铺搜索权重，不计入30天最低成交价！商品在5折兑秒杀时间开始之前，以及5折兑商品库存售完之后，以及 用户金币量不足兑换时；活动商品均以报名正常的金币抵扣比例进行售卖！5折兑换期间的金币平台回收！

无线端前台展示：淘金币 - 超级抵钱（原半价币兑）频道。

pc端前台展示：淘金币-50%兑换 频道

推广资源：手淘push，淘金币中焦等资源

具体活动规则如下，如有更多问题咨询淘金币超级抵钱官方旺旺群：
411266256（1群已满）；1639733774 （2群）；1017183441 （3群，3群入群密码123456）；581087158（4群：4群入群密码：123456）

（一）报名条件：
1、集市店铺要求3钻起，天猫店铺要求开通淘金币账户
2、报名商品的30天销量>=10；商品图片尽量白底
3、商品报名价小于等于30天最低价
4、商品活动时间：1天/期；一个店铺每期活动最多可报名5个单品
5、店铺dsr 4.6以上；
6、全国包邮，港奥台地区除外。不限制包邮类目：家装主材、基础建材，住宅家具）

（二）超级抵钱（原半价币兑）库存及售价规则（重要，必看）：
1、超级抵钱（原半价币兑）的最低库存货值要求： 1500元 5折兑货值
ps。报名行业邀约入口的商品的最低货值要求：2000元5折兑货值。
举例：商家报名商品的报名价为100元，因为是半价活动，则实际活动售卖价为50，需要报名1500元的货值，则计算库存公式如下：1500/（100/2）=1500/50＝30件；报名时，所填的活动库存必须大于这个数，少于这个库存值的商品，将不予审核通过。

2、c店卖家还需设置金币比例，如设置为10%，则当一款商品报名价为100元时，实际用户的购买金额为： 50元 - 50元*10% + 50*100个金币＝45元+5500金币

图 6－28　活动信息、活动公告

图 6－29　商品、商家信息及协议

同步实训

▶ 任务描述

小明准备参加淘金币五折兑换活动，请你为他策划一下淘金币活动计划，根据店铺产品类目，确定活动价格、数量等信息。

产品	图片	型号	成本价（元/台）	库存（台）
卡通灯	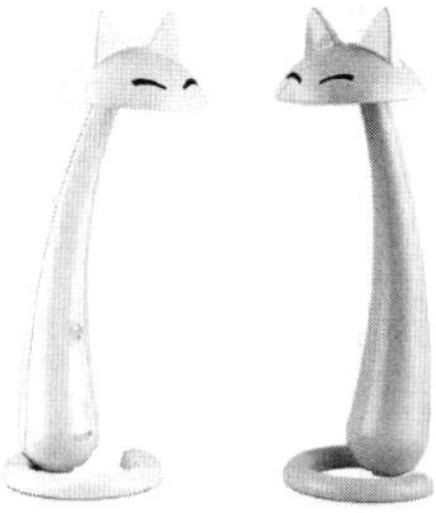	F132	76	860
儿童卡通灯		F131	68	650
卡通护眼灯	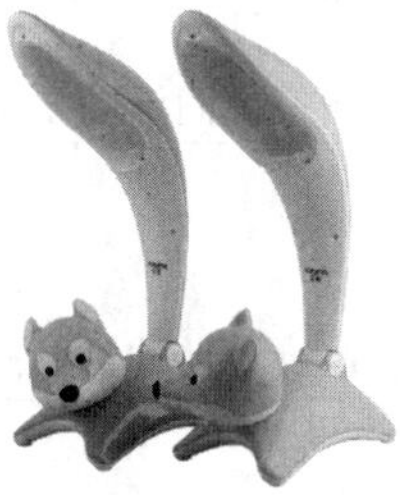	F130	88	588
海豚 LED 护眼灯	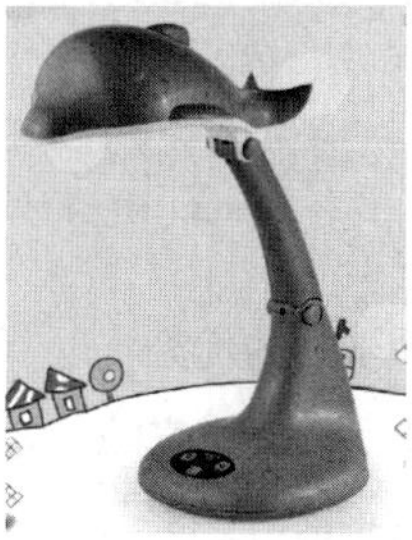	F133	99	368

▶ 操作指南

产品	型号	是否参加活动	参加活动的理由	活动佣金比率	是否有其他优惠	报名数量	预测销量

▶ 任务评价

评价内容	分值	评价		
		自我评价	小组评价	教师评价
活动计划合理	10			
活动佣金设置合理	30			
参加活动的理由充分	15			
报名数量设置合理	30			
预测销量合理	15			
合计	100			

情境总结

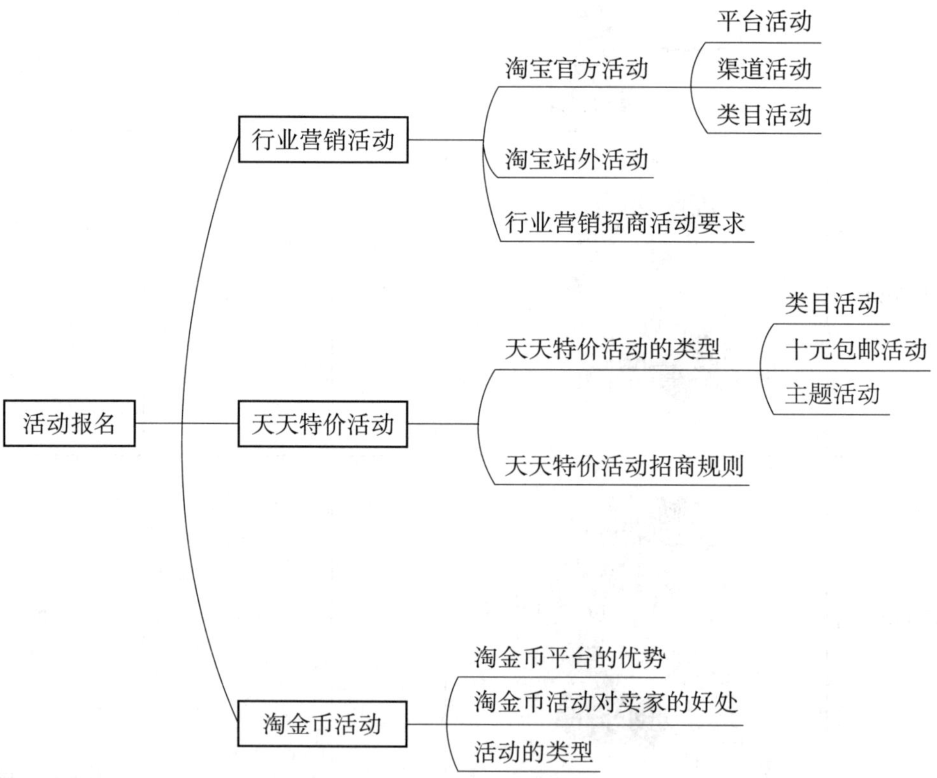

基础训练

“双十一”活动策划书

一、实训任务

策划“双十一”活动，策划内容包括活动销售目标及分解目标、团队分工、活动推广费用预算、活动前后期具体工作安排等，要求按照库存表进行策划安排。

产品	图片	型号	颜色	成本价（元/台）	库存（台）	活动价格（元/台）
带闹钟护眼灯		H132	粉色　蓝色	75	5 400	139
儿童卡通灯	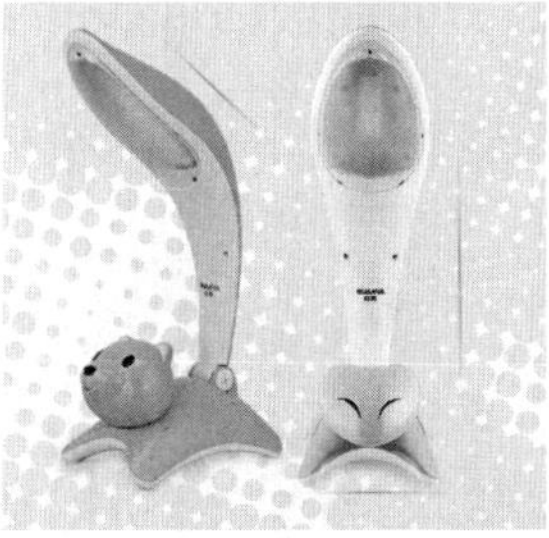	H131	粉色　蓝色	68	3 500	139
卡通护眼灯	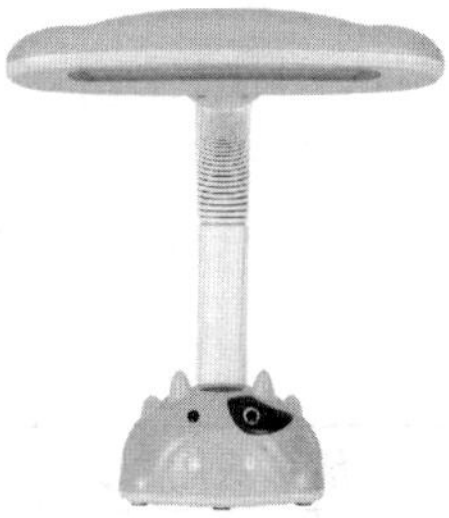	H130	绿色　黄色	56	1 500	118
折叠 LED 护眼灯	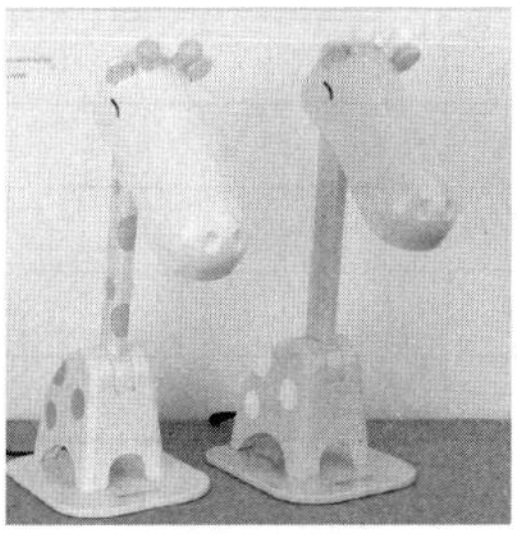	H133	黄色　白色	99	3 500	199

二、任务实施

1. 设定活动销售目标及分解目标

（1）销售目标：

（2）设定该销售目标以及活动价格的理由：

（3）销售目标分解表：

11 月	11 日	12 日	13 日	14 日	15 日	16 日	17 日
分解目标（万元）							

（4）销售目标分解的理由：

2. 团队分工

（1）计划安排的岗位及理由：

（2）各岗位职责及人员分配：

3. 活动推广费用预算

活动推广项目	预算费用

4. 活动前后期具体工作安排

岗位	工作项目	具体工作内容	负责人	要求完成时间	完成情况

三、任务评价

评价内容	分值	评价		
		自我评价	小组评价	教师评价
设定活动销售目标理由充分	10			
销售目标分解及活动价格合理	20			
团队分工合理	30			
活动推广费用预算合理	20			
活动前后期具体工作安排合理、明确	20			
合计	100			

拓展训练

请你从官方活动要求、店铺运营情况、团队分工、推广预算等方面为自己的店铺做一下活动策划。

学习情境七

无线运营

情境介绍

小营的店铺已经正常运营了一段时间，逐渐步入正轨。他了解到，目前淘宝无线端的流量占到了总流量的 7 成左右，所以计划重点在无线端对店铺进行运营。小营首先需要知道无线端的运营工具，了解每个工具的使用要点和方法，才能针对自己店铺的具体情况，使用无线端工具进行运营推广。

学习目标

▶ 知识目标

1. 了解淘宝达人的基本知识以及商家与达人合作的相关知识
2. 了解无线视频在店铺运营中的作用
3. 了解发布微淘的相关知识
4. 了解微海报、码上淘、淘口令和淘宝群聊的知识

▶ 技能目标

1. 熟练掌握使用阿里 V 任务发布任务的技能
2. 学会在无线端详情页中发布视频
3. 掌握发布微淘帖子的技能
4. 掌握运用微海报、码上淘、淘口令和淘宝群聊进行推广运营的技能

任务一 淘宝达人

任务导入

手淘首页淘宝头条、有好货、必买清单、爱逛街等板块的流量越来越大，这方面的流量主要依靠淘宝达人的推荐，所以小营决定拿出店铺的主推款骑士魔法杯招淘宝达人进行推广。他制定了以下任务单（见表 7－1）。

表 7－1 任务单

岗位	工作项目	具体要求	完成时限	验收
客服	归纳使用场景和消费人群	归纳骑士魔法杯的使用场景及消费人群	2 课时	
美工	主推产品图处理	为骑士魔法杯制作无 Logo、无水印、无文字的高清白底图和场景图	2 课时	
运营	撰写任务要求	具体描述任务要求	2 课时	
推广	发布任务	在阿里 V 任务发布一条任务	2 课时	
验收人				

知识探究

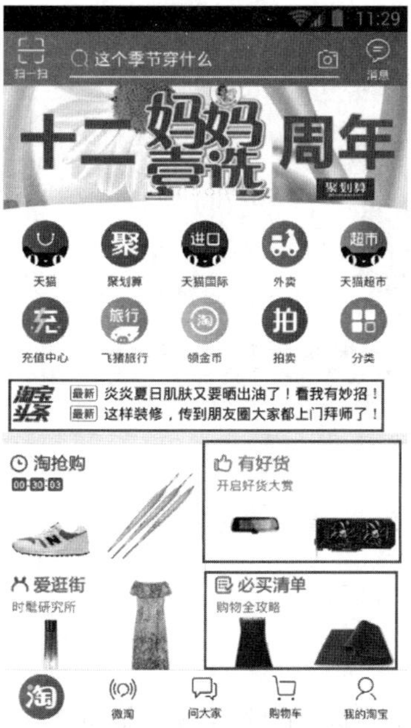

图 7－1 手淘首页

在淘宝网首页，尤其是手淘首页，会看到淘宝头条、有好货、必买清单、爱逛街等板块，如图 7－1 所示。商品只有通过淘宝达人的推荐，才能被放到这些板块中。

一、什么是淘宝达人

淘宝达人（以下简称达人）是淘宝网上对相关领域有专业认识的、乐于购物乐于分享的一群人，可以帮助客户选择更优质的产品。

二、达人与淘宝客的区别

淘宝客是把产品链接发到网站、微信群，他人点击链接形成购买后获得一定比例的佣金；而达人是通过官方渠道把商品以图文的形式推荐发送到淘宝网的官方渠道进行展现，是按照任务收费的。

达人比淘宝客发布的渠道更官方，流量也更大，对店铺有加权作用。

三、达人推广的展示渠道

达人推广的展示渠道主要有淘宝头条、有好货、必买清单、超实惠、天猫必逛、特色好货、热门市场、淘宝直播、我要日报、生活研究所、每日好店、猜你喜欢、微淘等。

四、商家如何与达人合作

没有达人资源怎么办？可以通过阿里 V 任务寻找达人，从而进行新品测评、尖货推广、品牌活动直播、营销活动造势等。阿里 V 任务（https：//v. taobao. com）是商家和达人之间合作的纽带。

1. 商家入驻阿里 V 任务

（1）用卖家主账号登录阿里 V 任务，点击“立即开通”，如图 7－2 所示。

图 7－2　阿里 V 任务

（2）选择“我是需求方”，如图 7－3 所示。

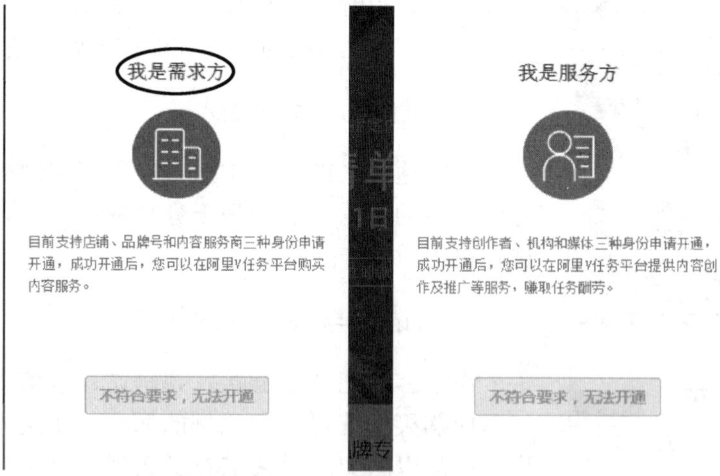

图 7－3　选择身份

3 钻及 3 钻以上且符合淘宝营销规则的淘宝网商家与符合天猫营销规则的天猫商家才

可以申请开通阿里 V 任务平台。阿里 V 任务平台有商家和达人两种身份，若一个账号既是商家账号，又是达人账号，在阿里 V 任务只能选择其中一个身份，且之后都不可更改。

多个身份的账号入驻阿里 V 任务有以下两种情形：

情形 1：在入驻阿里 V 任务的时候，选择了“服务方”身份，就意味着在阿里 V 任务上只能为商家提供服务，是收款方。

情形 2：在入驻阿里 V 任务的时候，选择了“需求方”身份，就意味着在阿里 V 任务上只能付费给达人购买服务，是付款方。

（3）填写商家账号信息，点击“确定”，如图 7－4 所示，这样就完成了商家注册。

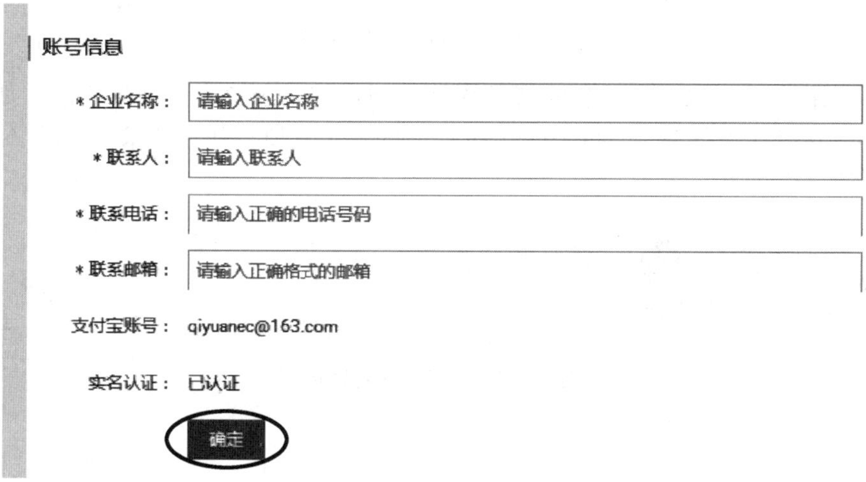

图 7－4　账号信息填写

2. 如何在阿里 V 任务平台找到达人合作

（1）发任务。

任务的类型有：普通任务、头条任务、淘部落，如图 7－5 所示。商家根据自己的需要选择任务类型。

图 7－5　任务类型

（2）在“找创作者”找达人。

“找创作者”是达人发布招商信息的地方。商家可以到“找创作者”页面（如图 7－6 所示），通过创作者身份、渠道、领域等项目进行筛选，也可以按综合能力、完成任务数、任务完成率进行排序，或直接搜索达人昵称找到想要合作的达人。但是如果要合作的达人未在“找创作者”发布任务，则无法搜索到。

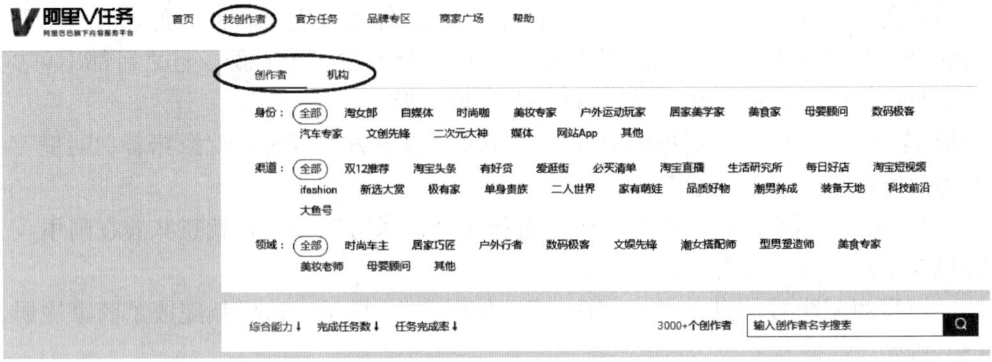

图 7-6 “找创作者”页面

点击某创作者，可以了解该创作者的详情，判定其是否符合自己的需求。如果符合，可点击页面“给 TA 发任务”，如图 7-7 所示；然后认真填写任务要求，如图 7-8 所示，点击“发布任务”即可。

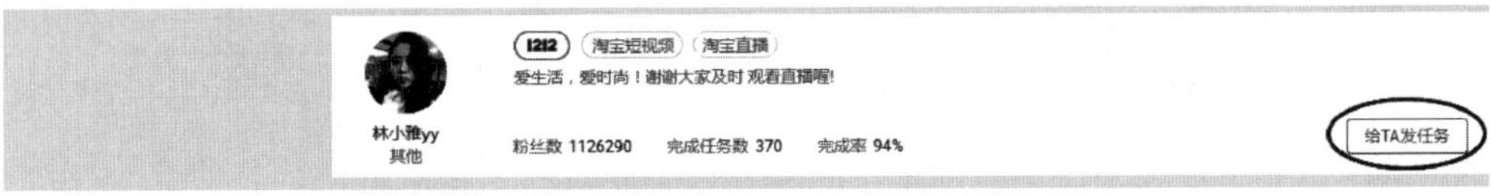

图 7-7 了解创作者详情

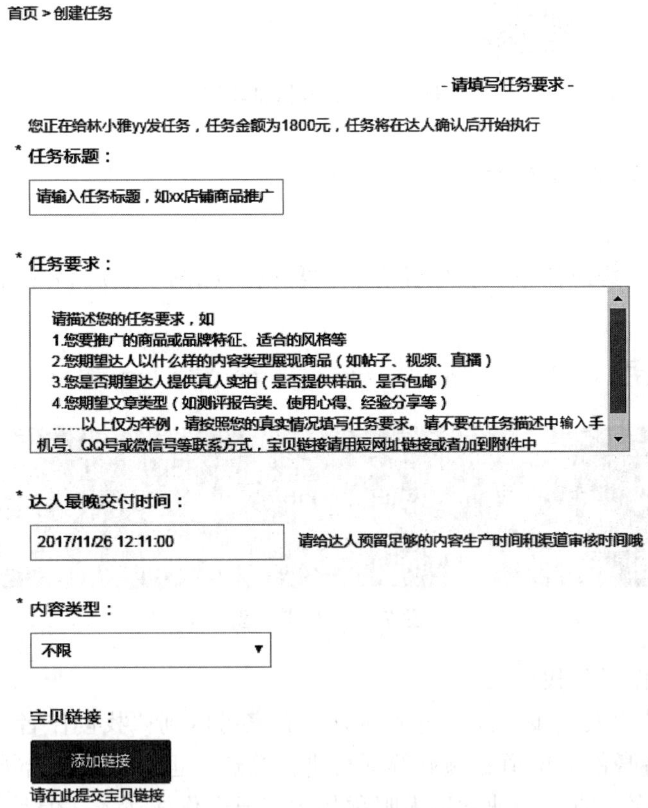

图 7-8 填写任务要求

"找创作者"的商家流程如图 7－9 所示。

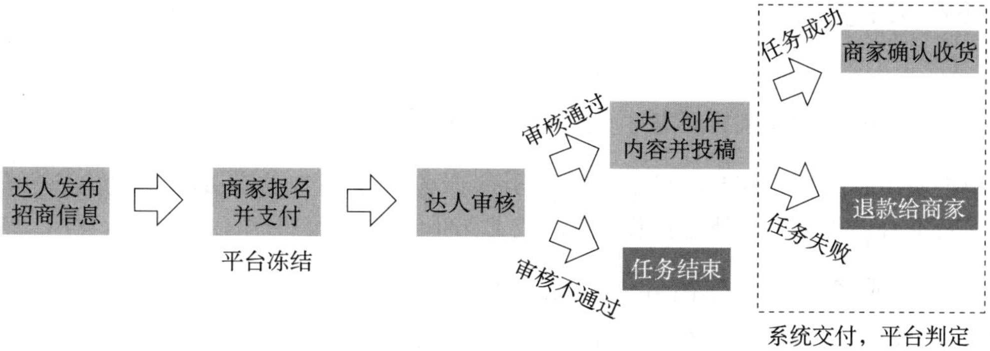

图 7－9　"找创作者"的商家流程

（3）到淘宝各展示渠道找达人。

通过浏览淘宝头条、必买清单、淘宝直播等前台的导购产品，如果发现不错的达人，记下达人昵称，再到阿里 V 任务搜索达人，通常能找到优质达人。

3. 如何查看、评估任务效果

当达人接受商家任务后，商家可以点击"管理"，查看达人的任务完成情况，如图 7－10 所示。

图 7－10　查看任务完成情况

任务实施

一、归纳骑士魔法杯的使用场景及消费人群

根据骑士魔法杯的特点：有提带，便携；有分体杯，可以储存茶叶、花茶、药等，推断其比较适合白领或学生外出旅游、运动或上课时使用。

二、完成骑士魔法杯白底图和场景图

为骑士魔法杯制作无 Logo、无水印、无文字的高清白底图和场景图供达人使用。

三、任务描述

（1）店铺主营：玻璃杯和保温杯，风格以简约、运动风为主。

（2）产品简介：有提带，便携；有分体杯，可以储存茶叶、花茶、药等，特别适合白领或学生外出旅游、运动或上课时使用。

（3）内容类型：帖子。以分享心得感受为主，也可用另类的文案带起粉丝议论、分享，内容丰富有趣、图文结合，传播品牌文化及产品。

（4）可提供素材：图片、视频。

（5）利益点：店铺 5 元红包。

（6）完成时间：5 月 30 日。

（7）帖子审核要求：写好的帖子需要由我方审核通过后再发布，并且在发布时间前提交，防止因修改延误发布时间。

（8）联系方式：旺旺号：建斌商城；备注：阿里 V 任务。

四、在阿里 V 任务发布一条普通任务

（1）用卖家主账号登录阿里 V 任务，点击“发任务”中的“普通任务”，如图 7－11 所示。

图 7－11　发普通任务

（2）按照运营的任务要求创建任务，点击“指定达人”，如图 7－12 所示。

（3）根据各项指标选择合适的达人，在合适的达人后面的选框中打“√”，点击“提交订单”，如图 7－13 所示。

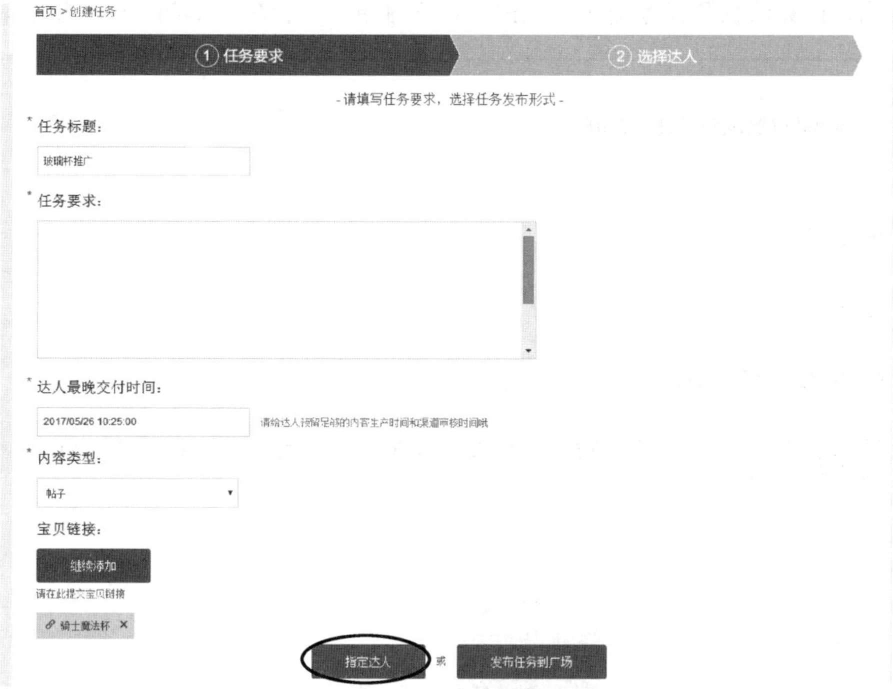

图 7－12　创建任务

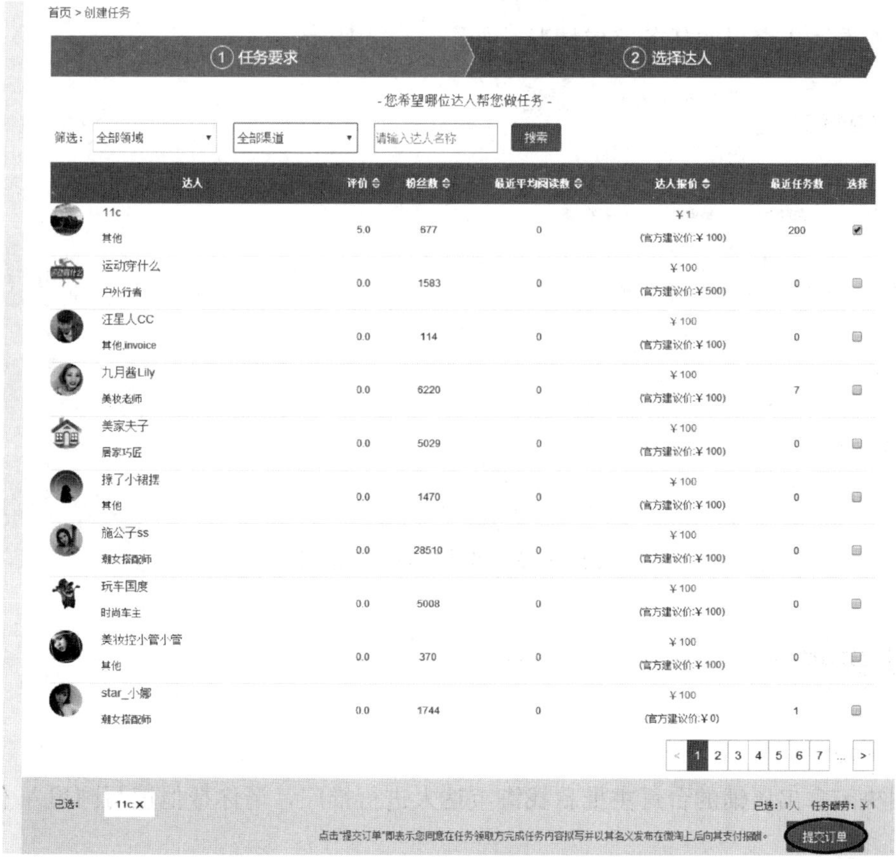

图 7－13　选择达人

（4）确认任务信息和任务金额，点击“提交订单”并付款，如图 7－14 所示。

图 7－14　提交订单

（5）查看达人交付的任务完成情况，如图 7－15 所示。

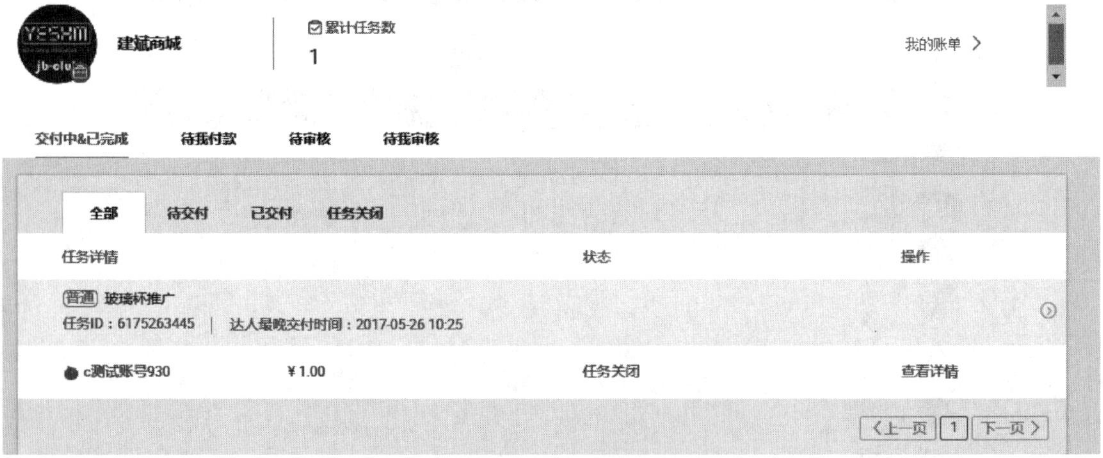

图 7－15　查看任务完成情况

同步实训

▶ 任务描述

小明决定拿出店铺的台灯主推款找淘宝达人进行推广，请你帮他填写阿里 V 任务淘宝头条的任务要求。

▶ 操作指南

请填写任务要求。

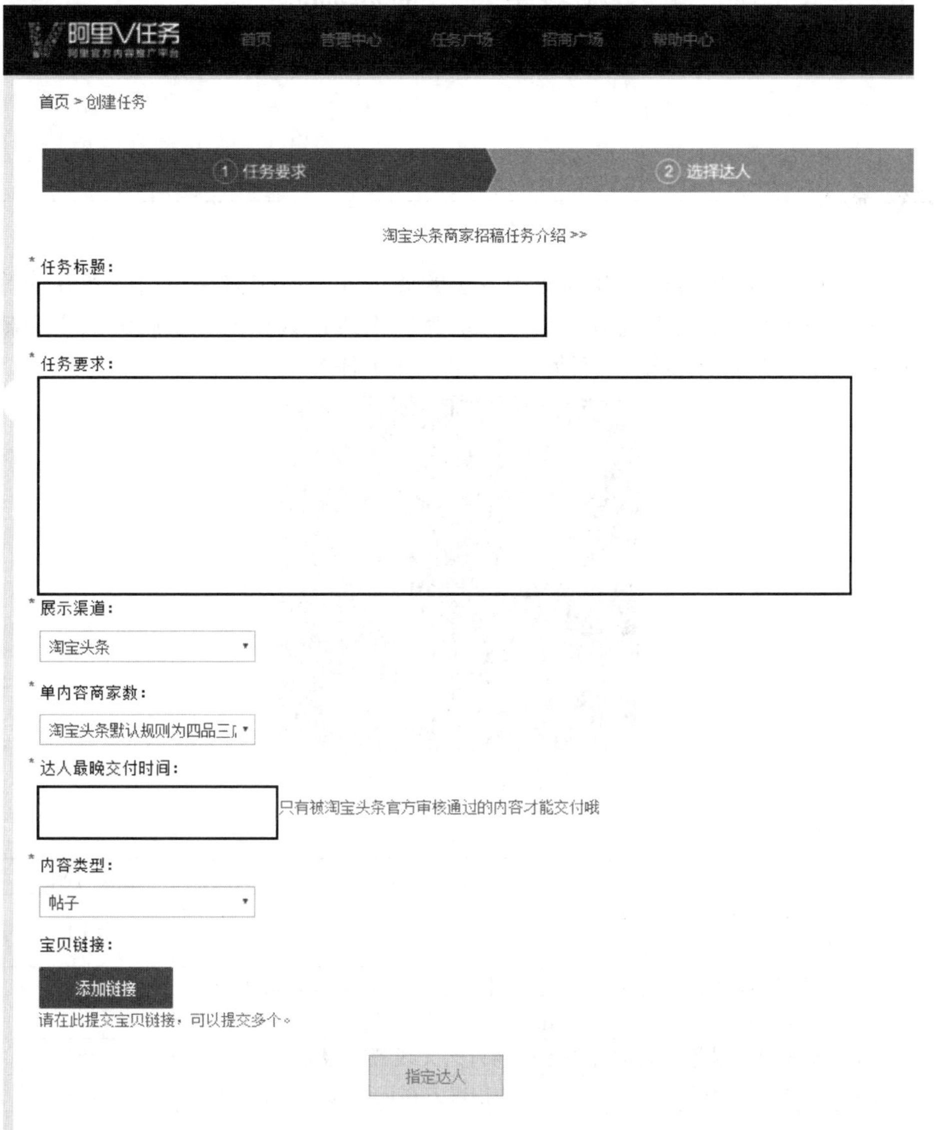

▶ 任务评价

评价内容	分值	评价		
		自我评价	小组评价	教师评价
推广商品的介绍是否突出卖点	30			
推广店铺特征介绍是否定位正确	20			
文章类型的描述是否合理	20			
联系方式是否正确	10			
有无补充其他必要的说明	20			
合计	100			

任务二 无线视频

任务导入

无线视频除了可以进行产品及其使用方法的展示外，还能够在与消费者互动等层面开展更多玩法，为店铺带来更多流量。小营决定开通无线视频功能，为店铺的主推款骑士魔法杯（见图 7－16）进行无线视频营销。他制定了以下任务单（见表 7－2）。

图 7－16 骑士魔法杯

表 7－2 任务单

岗位	工作项目	具体要求	完成时限	验收
客服	提供商品评价里买家关心的问题	为运营提供骑士魔法杯评价里买家关心的问题	2 课时	
运营	制定无线视频的制作要求	为骑士魔法杯制定详情页的无线视频制作要求，提供给美工进行视频拍摄	2 课时	
推广	订购无线视频服务	到淘宝服务市场订购无线视频服务	2 课时	
美工	拍摄并上传无线视频	根据运营给出的拍摄方案进行视频拍摄并上传	2 课时	
验收人				

知识探究

目前，阿里电商绝大部分交易通过无线端完成，使用手机 App 访问淘宝网、天猫商城的用户已远远超过通过 PC 的用户。在淘宝网购时，在店铺首页、宝贝的首图、宝贝的详情页、微淘等地方都可以看到越来越多的视频出现。随着淘宝全面开放无线视频，视频化营销被视为未来淘系商家的一个大趋势，更多品牌会利用短视频展示商品。

一、视频营销

视频营销指的是企业将各种视频短片以各种形式放到互联网上，达到一定宣传目的的营销手段。

二、无线视频的作用及优势

无线视频具有鲜明的导购性，是更直观的促导方式，商家可以更全面地展示产品细节或阐述产品的功能，可以让买家更快捷地了解产品、店铺或品牌等信息，从而提高客户平均停留时间、降低跳失率。

无线视频能多角度形象生动地展示商家的产品，克服买家只能看静态图片的缺点，相对于图文展现，其形式更新颖，方式更简单，内容更广泛，辅助转化能力更强，买家也能获得更直观的视觉感受，从而提高转化率。某商家加视频前后的转化率对比如图 7－17 所示。

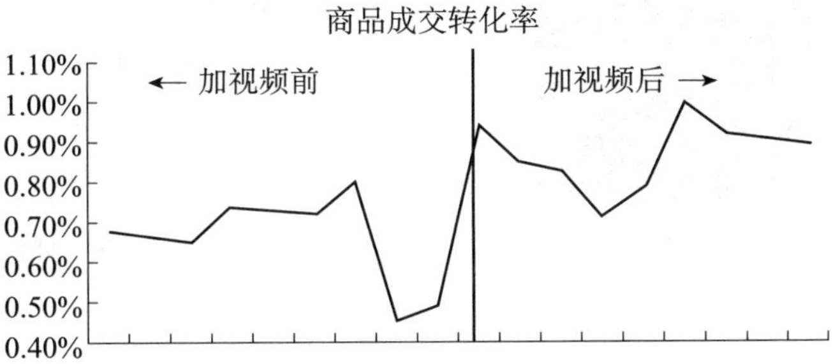

图 7－17　某商家加视频前后的转化率对比

三、无线视频的投放位置

无线视频目前可以在微淘（如图 7－18 所示）、店铺首页（如图 7－19 所示）及详情页（如图 7－20 所示）进行投放。视频投放的位置不同，对视频的时长要求会略有不同。

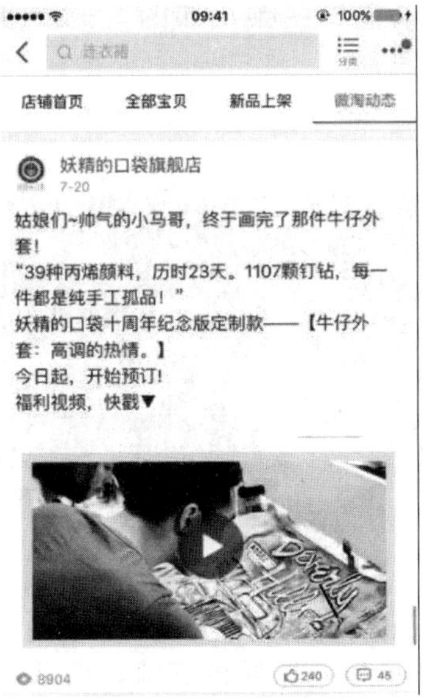

图 7－18　微淘视频

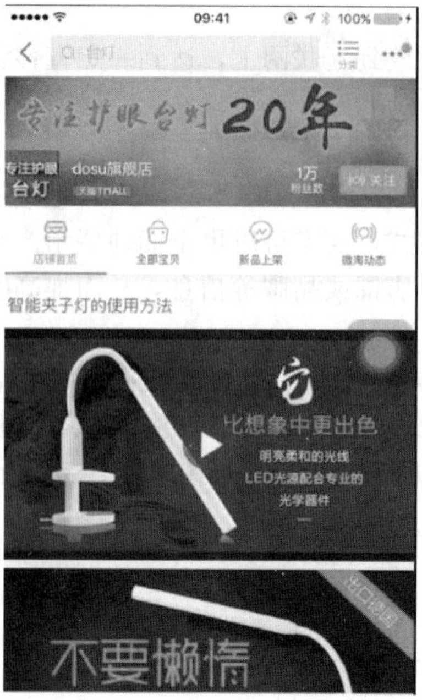

图 7-19 首页视频

图 7-20 详情页视频

四、无线视频的内容

店铺首页的无线视频内容，主要是对品牌或店铺整体的展示，增强买家购买的信心。场景切换不宜过多，尽量只表达一个主题，视频时长在 2 分钟以内为宜。

详情页的无线视频内容，如果是数码、电器这类功能性偏强的产品，可以进行产品功能介绍，突出产品功能；如果是服装、家具、百货、零食等功能一般的产品，可以全方位展示产品细节，突出性价比等。视频时长在 1 分钟以内为宜，要突出 1～2 个卖点或评价里顾客关心的点。例如，反向伞宝贝视频（如图 7-21 所示），突出神奇反向伞的收伞方便。

图 7-21 反向伞宝贝视频

微淘的无线视频内容，注重商家与买家的交流，灵活性比较大。视频时长控制在 3 分钟以内为宜。

任务实施

一、收集骑士魔法杯评价里买家关心的问题

小服通过收集买家评价（如图 7－22 所示），得出：买家最喜欢分体杯的设计，可以放茶叶等。

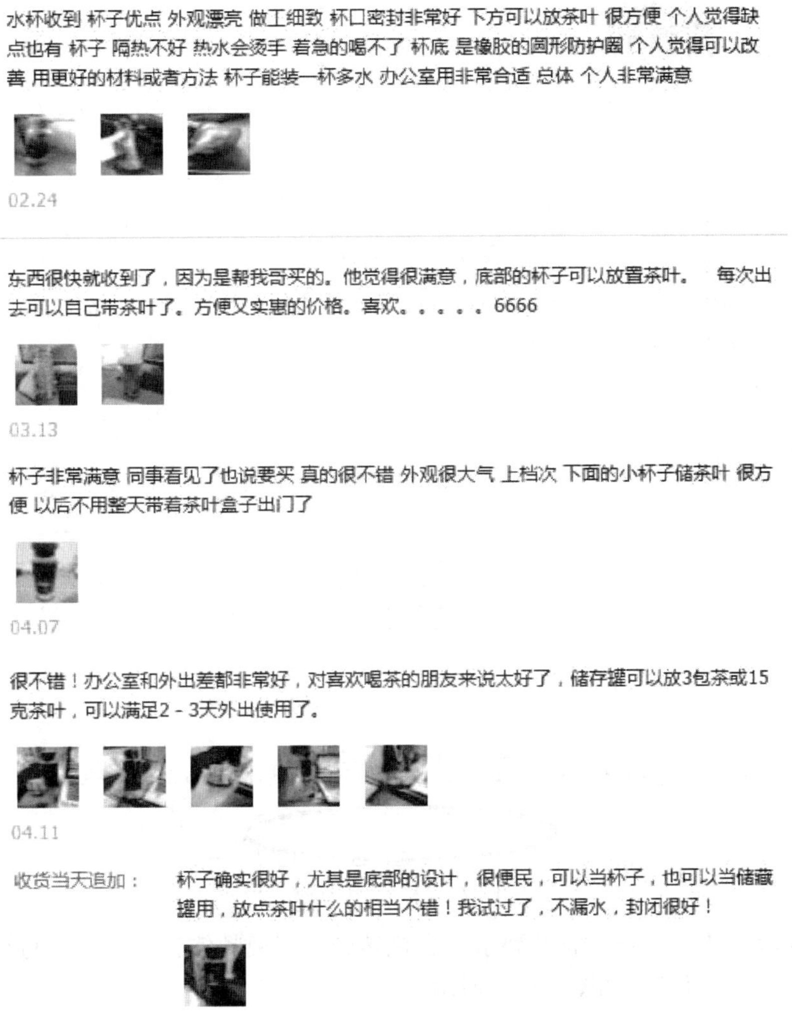

图 7－22　买家评价情况

二、制定骑士魔法杯详情页的无线视频拍摄方案

小营根据小服给出的买家关心的问题，再结合商品的卖点，制定出无线视频拍摄方案：先进行杯子的整体展示和分体展示，接着突出杯子的储物和水杯功能。

三、将制作好的无线视频上传到骑士魔法杯的无线详情页中

（1）在淘宝旺铺管理页面的“素材中心”点击“素材”，选择要上传的是“无线视频”或“PC 视频”，点击“免费开启”，开启完成后再点击“上传”，如图 7－23 所示。

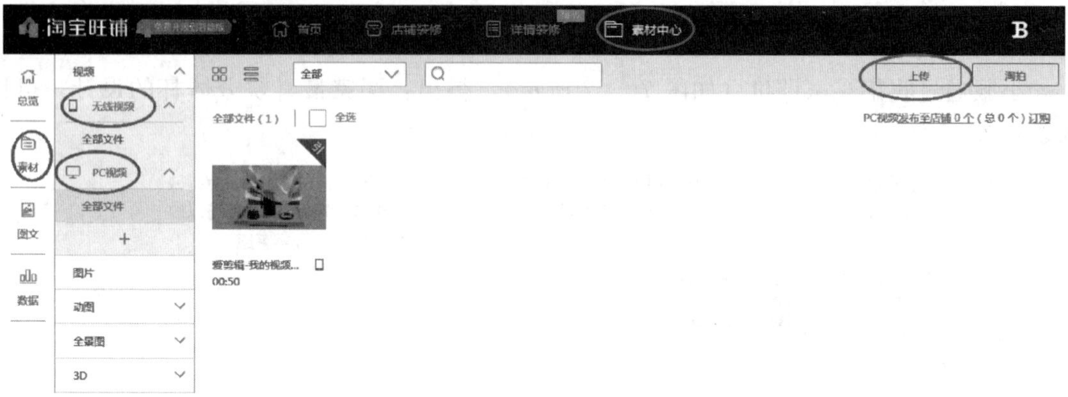

图 7－23　视频管理

（2）在上传视频页面，先看一下要上传的视频大小和格式有没有符合上传文件的要求，再点击“上传”，如图 7－24 所示。

图 7－24　上传视频

（3）如果文件大小和格式符合要求，会跳转到填写视频信息页面，填写视频标题及选择封面后，点击“确认”，如图 7－25 所示。

（4）上传完成后，点击“详情装修”，找到需要添加视频的宝贝，点击“装修详情”，如图 7－26 所示。

（5）选择“基础模块”中的“视频”模块，拖动到宝贝详情中，点击“添加视频”，如图 7－27 所示；弹出“选择视频”窗口，选择要添加的视频后点击“确定”，如图 7－28 所示。

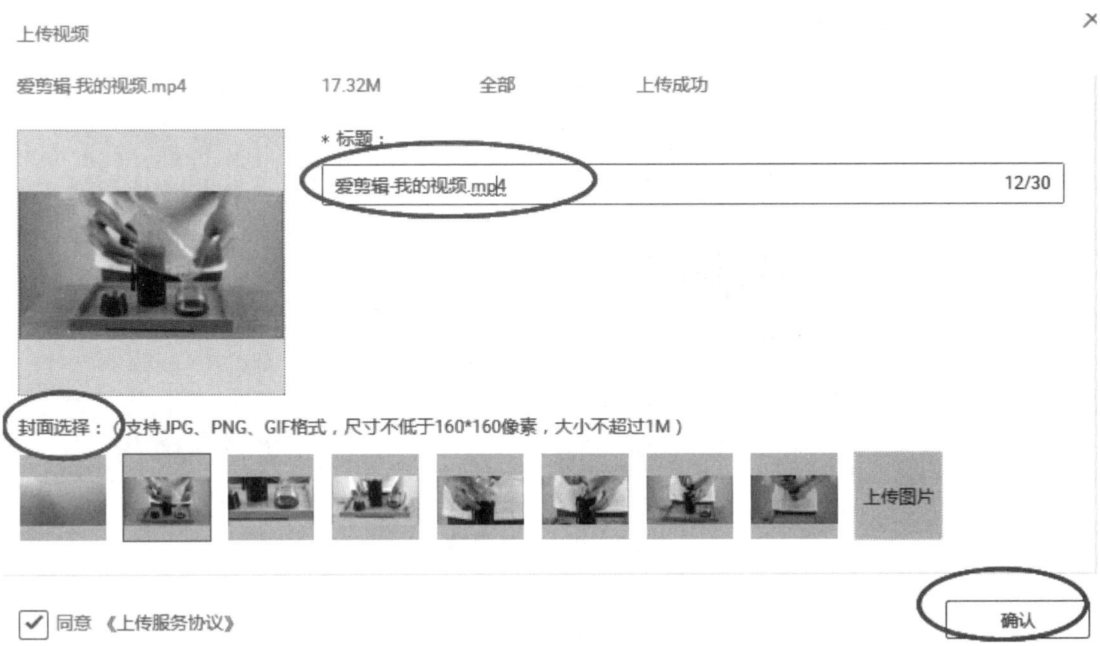

图 7－25　视频信息填写

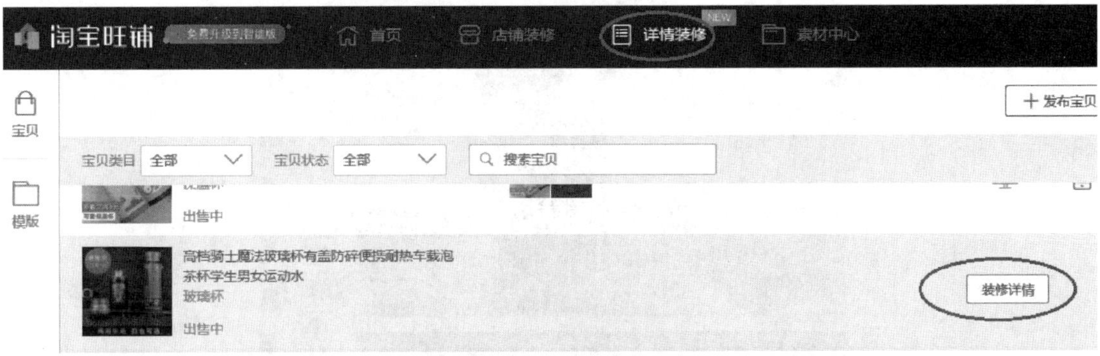

图 7－26　详情装修

图 7－27　添加视频

图 7-28 选择视频

（6）添加视频后的效果如图 7-29 所示。

图 7-29 添加视频后效果图

同步实训

▶ 任务描述

小明顺应淘宝无线视频趋势，打算制作主推台灯的详情页无线视频。请你根据提供的台灯详情及宝贝评价（见电子素材），为小明制定台灯的详情页无线视频拍摄方案。

▶ 操作指南

（1）提炼商品卖点及买家关心的点。

商品卖点 1	
商品卖点 2	
商品卖点 3	
商品卖点 4	
商品卖点 5	
买家关心的点 1	
买家关心的点 2	
买家关心的点 3	
买家关心的点 4	
买家关心的点 5	

（2）台灯的详情页无线视频拍摄方案。

▶ 任务评价

评价内容	分值	评价		
		自我评价	小组评价	教师评价
提炼的商品卖点正确	20			
提炼的买家关心的点合理	30			
拍摄方案要点合理	20			
拍摄方案条理清晰	30			
合计	100			

任务三 微淘营销

任务导入

目前，手机端的流量在整个淘宝的流量中占了很大比例，关注店铺的买家都是对产品感兴趣的客户，也就是潜在客户。在手机端的微淘中进行产品宣传或活动推广，可起到事半功倍的效果。小营打算做微淘营销，当店铺有新产品上架或者进行营销活动时，将信息传播出去。为此，他制定了以下任务单（见表7－3）。

表7－3 任务单

岗位	工作项目	具体要求	完成时限	验收
运营	微淘内容撰写	撰写微淘标题与正文	2课时	
美工	宣传图片设计	设计宣传图片	2课时	
客服	熟悉产品信息	熟悉微淘宣传的产品或者活动信息	2课时	
推广	发布微淘帖子	编辑、发布帖子	2课时	
验收人				

知识探究

一、什么是微淘

微淘是手机淘宝的重要产品之一，定位是基于移动消费领域的入口，在消费者生活细分领域，为其提供方便快捷省钱的手机购物服务。

微淘的核心是回归以用户为中心的淘宝，而不是小二推荐、流量分配，每一个用户有自己关注的账号、感兴趣的领域，通过订阅的方式获取信息和服务，并且运营者、粉丝之间能够围绕账号产生互动。

二、买家微淘查看入口

（1）登录手机淘宝首页，如图7－30所示。

（2）点击手机淘宝底部导航“微淘”，如图7－31所示，即可查看买家关注的店铺发布的微淘内容。

三、卖家微淘发布入口

（1）使用电脑登录卖家中心，点击“店铺管理”中的“手机淘宝店铺”，如图7－32所示。

图 7－30　手机淘宝首页

图 7－31　微淘页面

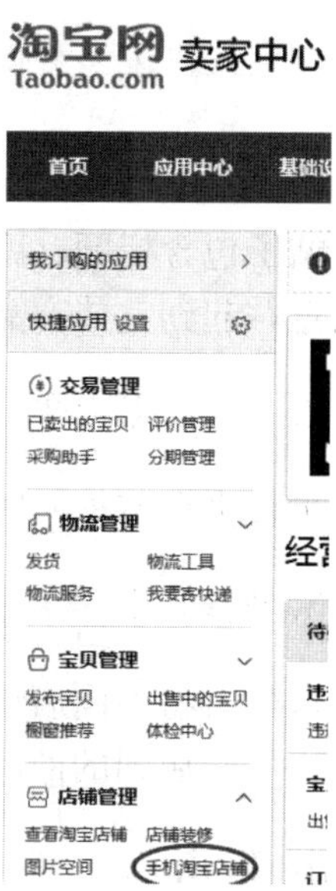

图 7－32　卖家中心

（2）进入无线店铺页面，点击“发微淘”（如图 7－33 所示），即可进入微淘管理中心（如图 7－34 所示）。

图 7－33　无线店铺页面

图 7－34　微淘管理中心

四、微淘发布形式

淘宝提供了多种微淘发布形式，供卖家选择使用。

1. 发帖子

帖子包含标题、副标题、图文以及链接等内容，可通过图文内容展示与本店相关的一些信息，起到宣传商品和店铺的作用。

2. 发宝贝清单

可将多个宝贝同时展示在微淘中，适合同时对多个商品进行宣传。

3. 发跨店清单

可同时将不同店铺中的商品发布在一篇微淘中。发跨店清单与发宝贝清单不同的是，其允许不同店铺的商品发布在同一微淘里。

4. 发图片

同时将多张图片一起发布在微淘中，每张图片可有 40 字的说明。

5. 发上新

发布店铺最新上架的商品，最多允许同时发布 50 个商品。

6. 预上新

发布准备上架的新品，最多允许同时发布 50 个商品。

7. 发链接

可发布链接，客户点击进入查看链接目标内容。

8. 发视频

可发布视频在微淘中，用视频的形式展示产品功能、特点及使用方法等，方便客户全方位地了解产品。

9. 发买家秀

可将客户的买家秀发布至微淘中，让更多粉丝了解买家对产品的评价。

任务实施

一、撰写微淘标题与正文

以知识普及的形式，发布一个有关正确喝水知识的微淘帖子，在帖子中以图文混排的形式，将店铺的水杯主图进行展示，并能链接到相应的产品页面。帖子文字内容如下：

正标题：每天喝八杯水的正确时间你知道吗？

副标题：养成健康的喝水习惯

正文：

第一杯水：上午八点钟

早上起床后是不是觉得昏昏沉沉没睡醒呢？别急着吃早餐！先来杯淡盐水清理一下肠道，然后再喝一杯温开水保护肠胃，最后别忘了吃早餐哦！

第二杯水：上午九点钟

上午开始一天的工作时，别忘了喝杯水，它可以让你精神焕发，提高工作效率哦！

第三杯水：中午十一点半

辛苦工作了一上午，马上就到午餐时间了，吃午饭之前记得喝杯水，避免因为空腹而引起暴食哦！

第四杯水：下午一点

午餐很重要，但是也要适量，如果吃得太饱会给肠胃造成负担，所以要记得在饭后20分钟喝杯水，促进消化。

第五杯水：下午三点半

下午茶时间记得喝杯咖啡或者喝杯水，振奋精神哦！

第六杯水：下午五点半

一天的工作结束了，下班之前记得喝杯温开水，缓解因为工作带来的疲劳哦！

第七杯水：晚上七点钟

这个时间段正是代谢的高峰期，记得喝杯温开水，促进身体排毒。

第八杯水：晚上八点十五分

睡前两个小时之内喝杯水，可以预防血稠，正处于月经期的女士可以选择喝两杯水。

二、设计宣传图片

要求宣传图片中有产品主图、价格、标题、产品卖点，大小适合在图文消息中使用，能吸引客户点击。

三、编辑、发布微淘帖子

（1）登录微淘管理中心页面，在左侧可以看到“内容管理”和“数据分析”，右侧是“微淘发布入口”和“已发送微淘内容”。

（2）点击“发帖子”图标，进入微淘发布内容页面，如图7－35所示。标题内容、副标题和封面图是必填内容。

（3）输完正文内容后，在内容结尾处添加上需要宣传的宝贝链接，方便有兴趣的买家购买，如图7－36所示。点击“发布”按钮，完成微淘发布。

（4）在“已发送微淘内容”处，即可查看到刚才发布成功的微淘帖子，如图7－37所示。

（5）已发布的微淘内容，除了可在手淘端看到外，还可对内容进行推广。点击推广链接，可打开该条微淘的二维码和推广链接，即可对微淘内容进行推广，如图7－38所示。

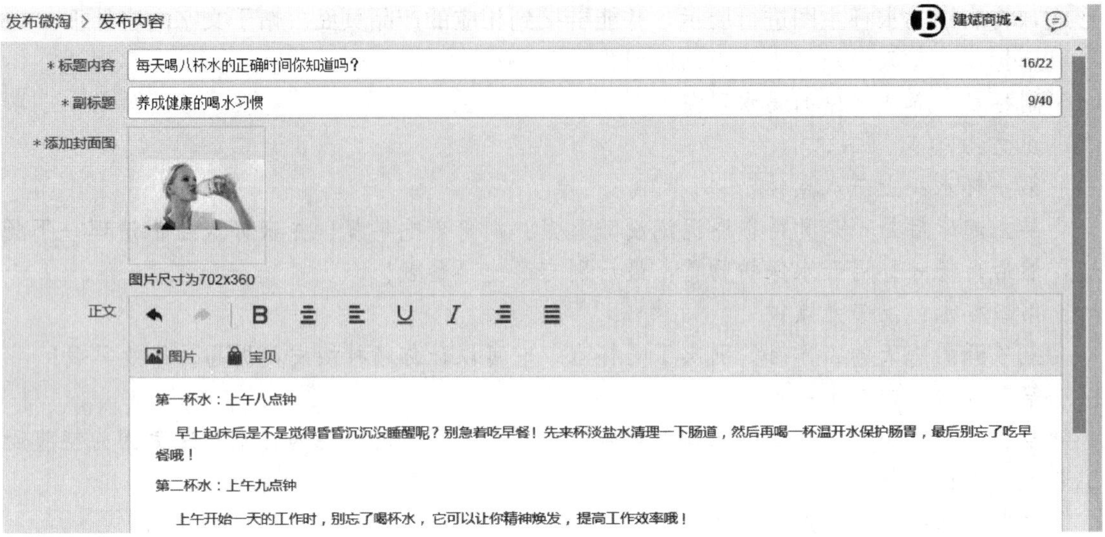

图 7－35　微淘发布内容页面

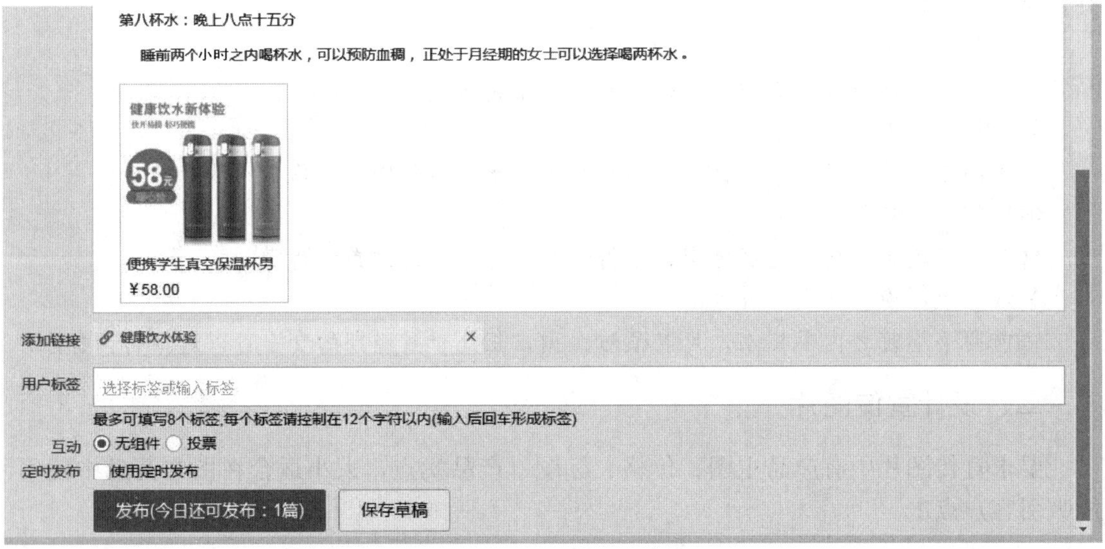

图 7－36　添加商品链接

图 7－37　查看微淘帖子

图 7-38　分享微淘二维码

同步实训

▶ 任务描述

小明运营的台灯店，手机店铺的粉丝已有了一定数量，他计划利用本店铺现有的粉丝进行一次推广活动。推广活动主要内容为：买台灯，满 199 减 20。请你帮助小明撰写一个微淘的帖子，设计一张宣传海报。

▶ 操作指南

（1）分析推广活动内容，确定宣传方案。

（2）撰写微淘帖子标题及正文。

（3）设计宣传海报。

▶ 任务评价

评价内容	分值	评价		
		自我评价	小组评价	教师评价
宣传方案合理易操作	20			
帖子标题具有吸引力	30			
帖子正文内容可读性强	30			
宣传海报效果好	20			
合计	100			

任务四 其他营销

任务导入

淘宝网为卖家提供了多种无线端的营销工具，方便卖家选择使用。在无线端运营店铺时，常用到的营销工具主要有微海报、码上淘、淘口令，小营打算利用这三种工具进行宣传推广。他制定了以下任务单（见表 7-4）。

表 7-4 任务单

岗位	工作项目	具体要求	完成时限	验收
运营	营销工具选择	分析店铺的运营目标，根据不同的需要选择合适的营销工具	2 课时	
美工	设计活动图片	结合运营计划，设计活动图片	2 课时	
客服	熟悉活动方案	了解活动方案，熟悉产品细节、价格等	2 课时	
推广	发布宣传活动	对宣传活动进行推广扩散，让更多买家知道	2 课时	
验收人				

知识探究

一、微海报

1. 什么是微海报

微海报是由淘宝旺铺官方推出的，解决卖家在淘宝网以外进行无线引流难题的 H5 海报工具。卖家使用该工具生成微海报后，可在微博、微信朋友圈、豆瓣等直接分享和传播。点击微海报可直达店铺、商品、活动，实现真正的无线引流，免费流量不花钱，并且能对引流数据进行监控。

微海报的特点：传播高效，制作简单，超强 H5 制作器，流量客观，引导购买。

2. 微海报效果图

微海报是在移动端传播的一种海报，效果图如图 7-39 所示。

图 7-39　微海报效果图

3. 微海报入口

入口 1：

(1) 登录淘宝网，进入卖家中心后台，点击“添加新模块”按钮，如图 7-40 所示。

图 7-40　添加新模块

(2) 在打开的添加新模块窗口中，点击微海报模块下的“添加”按钮，如图 7-41 所示，即可将微海报模块添加至卖家中心。添加完成后，在卖家中心可以找到微海报模块，也可按住拖拽微海报模块上的拖动图标，将该模块移动到你想要的位置。

(3) 想要制作微海报，点击“立刻体验”，如图 7-42 所示。

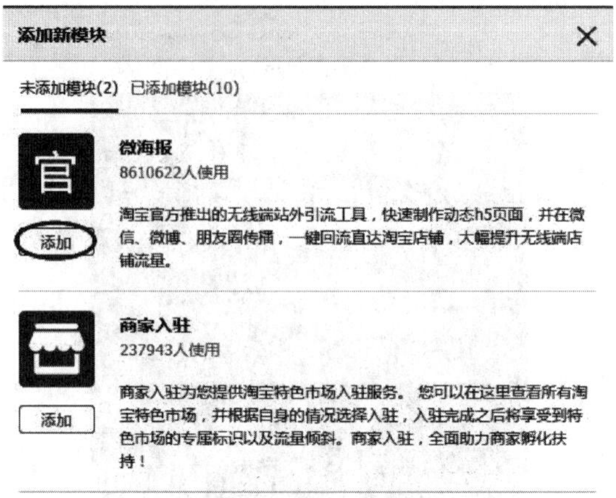

图 7－41　添加微海报模块

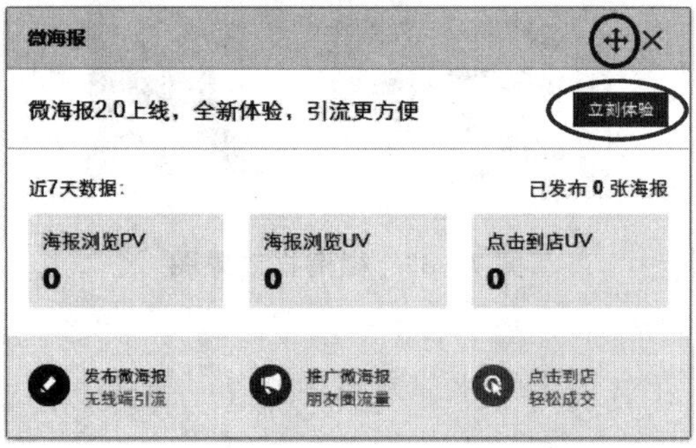

图 7－42　微海报模块

入口 2：

（1）进入卖家中心，点击“店铺管理”中的“店铺装修”，如图 7－43 所示，进入店铺装修页面。

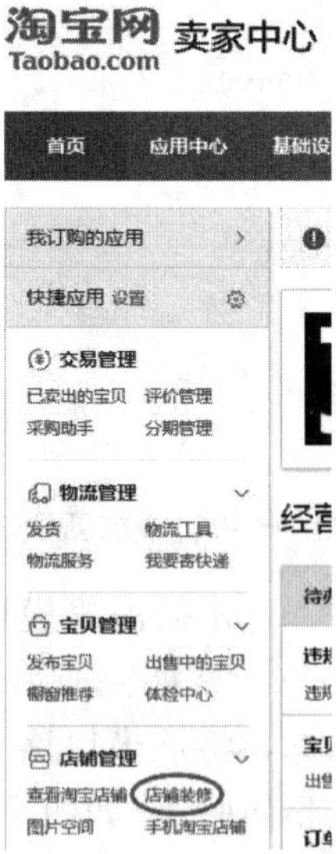

图 7－43　卖家中心

（2）在店铺装修页面，点击“微海报”，如图 7－44 所示，即可进入微海报页面。

图 7－44　店铺装修页面

入口 3：

直接在浏览器中输入微海报的网址：https：//weihaibao. taobao. com，使用淘宝账号登录。

二、码上淘

码上淘平台是以二维码为核心协助企业进行推广促销的平台，企业、商家通过此平台创建营销活动、制定活动规则，根据营销活动的类型提供抽奖、签到、互动游戏、会员管理等服务。码上淘广泛适用于天猫、淘宝商家，其以二维码为纽带，融合移动互联网、自动识别技术，精准投放，用电子化手段促进和帮助企业与商家实现精准营销。

码上淘包括两个方面：码下载和码上淘宝。码下载就是扫描二维码下载东西。码上淘宝复杂一点，通过扫码可以看到商品的价格、溯源信息（产地、生产过程、包装材质等）、防伪信息等，一般是一个商品一个二维码。

码上淘案例效果如图 7－45 所示。

图 7－45　码上淘案例效果

三、淘口令

在千牛移动版应用里，淘口令的发送方在手机淘宝里找到商品、活动页面复制信息，打开微信等即时通信工具以后就可直接粘贴。淘口令可以帮忙商家宝贝直达、店铺直达，是无线引流新方式，其易于传播，买家操作路径更短，可以提升成交转化，让店铺、商家、活动的曝光更直接。

四、淘宝群聊

1. 什么是群聊

群聊是无线时代的店铺粉丝运营利器，能实现卖家与买家在手机淘宝上实时交流，并为卖家提供多种群内权益工具（如群红包、抽奖、投票、拼团等），提高购买转化率，并且可以更好地做私域运营，降低老客召回成本。

2. 创建群聊

创建群聊有以下 3 种方式：

（1）店铺主账号登录手机淘宝客户端首页，点击左上角扫码，扫描二维码（见图 7－46）建群。

打开手机淘宝客户端扫码建群

图 7－46　群聊二维码

（2）店铺主账号登录手机淘宝客户端首页，点击右上角消息，点击

"+"号，选择创建群。

(3) 店铺主账号登录群聊网页版，点击右上角创建群。

五、微海报、码上淘、淘口令的选择

当有多个产品需要在微信等 App 中进行宣传时，可以选择微海报。淘宝提供了多种模板可供选择，方便运营人员设计出精美的微海报。

码上淘适合在线下通过扫码方式，对产品或店铺进行宣传。商家可以将产品信息生成二维码，放在商品包装、物流包裹、宣传彩页、门店海报上供买家扫码查看。

淘口令适合在手机中简单便捷地分享产品，可以直达产品信息、店铺首页，易于分享推广。

任务实施

任务一：店铺上架了几款新产品，小营需要使用微海报对新产品进行推广。

(1) 登录微海报模板市场，点击"新品推广"，如图 7-47 所示。

图 7-47　微海报模板市场

(2) 选择适合自己店铺的模板，点击"立即使用"，如图 7-48 所示。

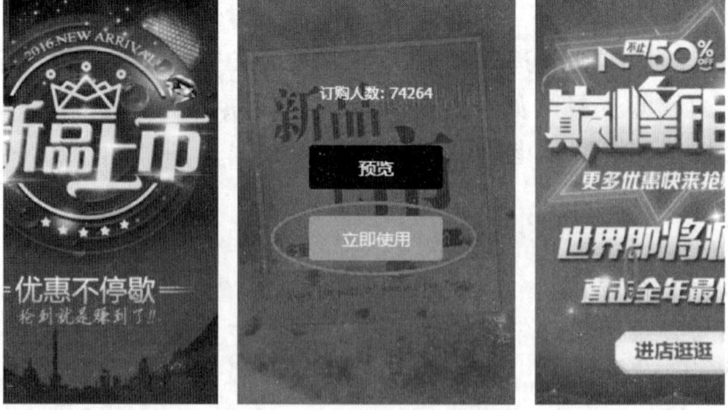

图 7-48　选择微海报模板

（3）进入填写海报信息页面，修改海报页面中的商品图片、文字和链接等信息，如图 7－49 所示，完成后确认发布。

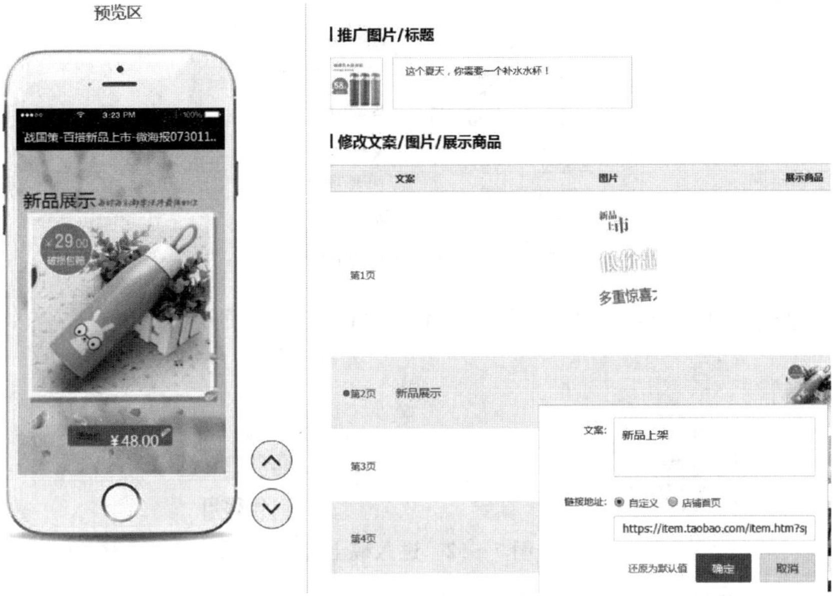

图 7－49　填写海报信息

（4）发布完成后，可将该海报进行分享传播，既可在淘系内部传播，也可在微信、微博、QQ 等平台分享，进行新产品的宣传，如图 7－50 所示。

图 7－50　分享微海报

任务二：店铺上架了一款新产品，需要使用二维码对新产品进行推广。

（1）进入淘宝首页后，点击右上角“卖家中心”。

（2）页面跳转到卖家中心工作后台后，点击左侧“店铺管理”中的“手机淘宝店铺”，如图 7－51 所示。

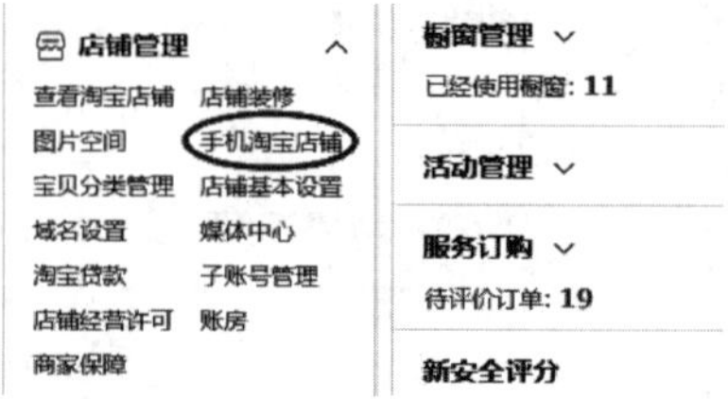

图 7－51　进入手机淘宝店铺

（3）待页面跳转后，点击“码上淘”按钮，如图 7－52 所示。

图 7－52　进入码上淘

（4）在码上淘设置页面，选择创建二维码的方式。主要有通过工具创建、通过链接创建、通过宝贝创建等方式，这里选择通过链接创建二维码，如图 7－53 所示。

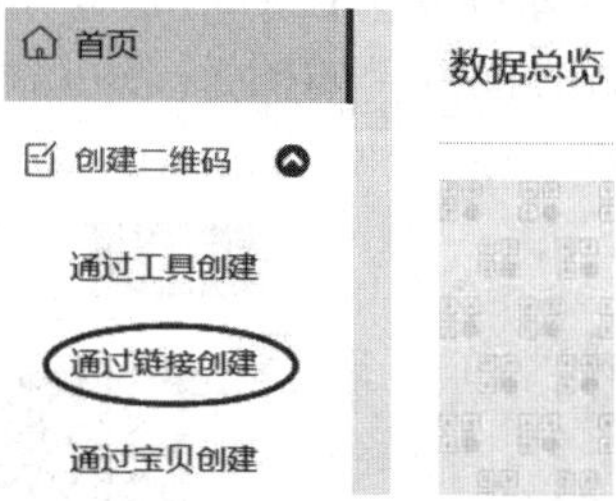

图 7－53　通过链接创建二维码

（5）输入二维码页面链接，点击“下一步”，如图 7－54 所示。

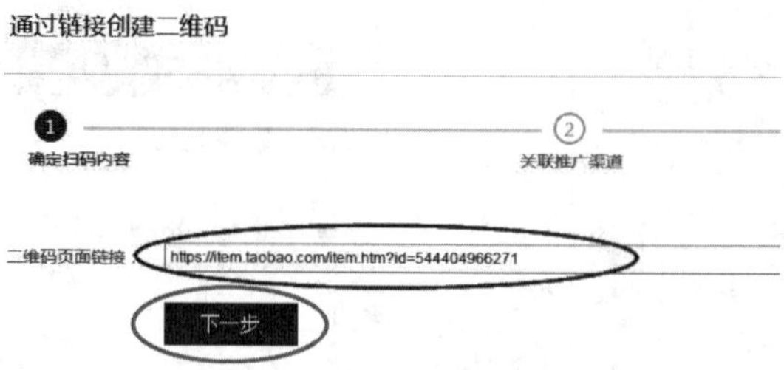

图 7－54　输入二维码页面链接

（6）填写二维码名称、渠道标签，然后点击“下一步”，如图 7－55 所示。

（7）生成二维码，下载二维码就可以通过二维码来推广自己的产品了，如图 7－56 所示。

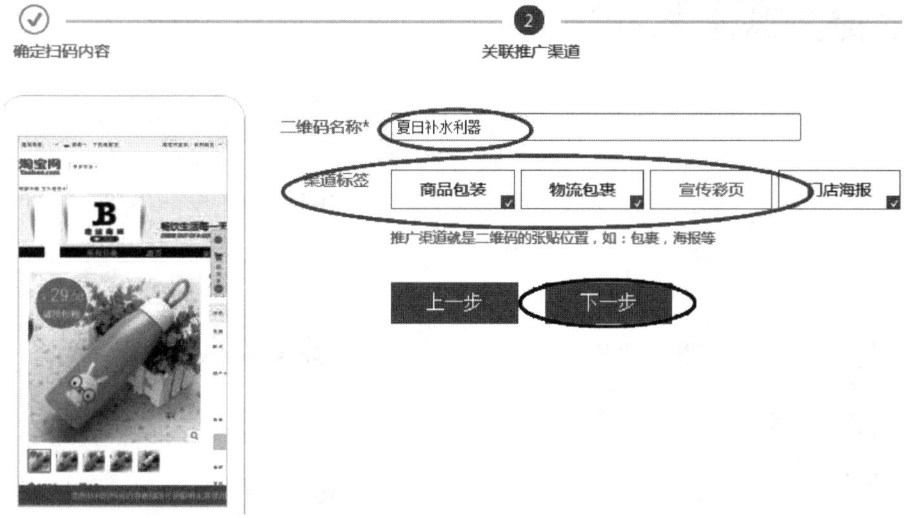

图 7－55　关联推广渠道

图 7－56　下载二维码

任务三：店铺上架了一款新产品，小营计划使用微信、微博、QQ 等工具对新产品进行推广。

（1）登录千牛主页面，找到“营销中心”，如图 7－57 所示。

（2）进入“营销中心”，找到“淘口令”，如图 7－58 所示。

（3）进入“淘口令”页面，选择最下方的“新建”按钮，如图 7－59 所示。因为是第一次使用，不会出现其他内容。

（4）在出现的“淘口令”空白页面，开始配置“淘口令”，在“口令”二字旁输入口令内容“夏日补水利器”，如图 7－60 所示。

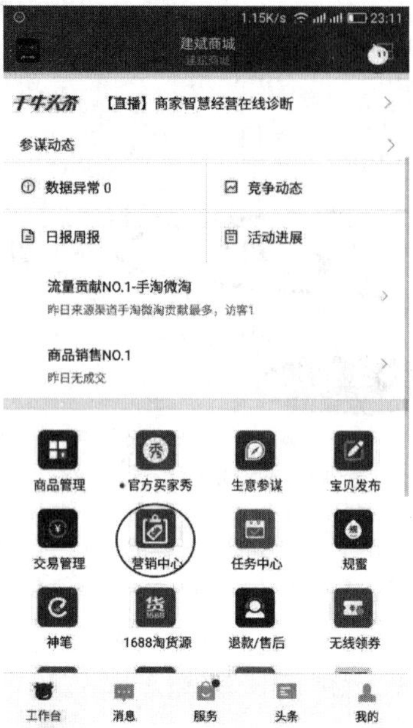

图 7-57　千牛主页面

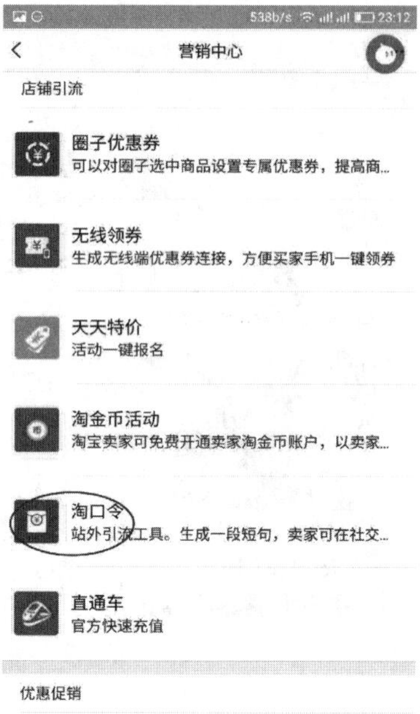

图 7-58　营销中心

图 7-59　新建淘口令

图 7-60　输入口令内容

（5）完成口令内容输入之后，选择关联内容为“我的宝贝”，如图 7-61 所示。

（6）进入关联内容页面，选择新上架的推广新品，如图 7-62 所示。

（7）设置口令起始时间和结束时间，如图 7-63 所示。全部都设置好之后，点击“完成”按钮。

（8）出现“创建成功”页面，现在可以分享给你的好友了，如图 7-64 所示。

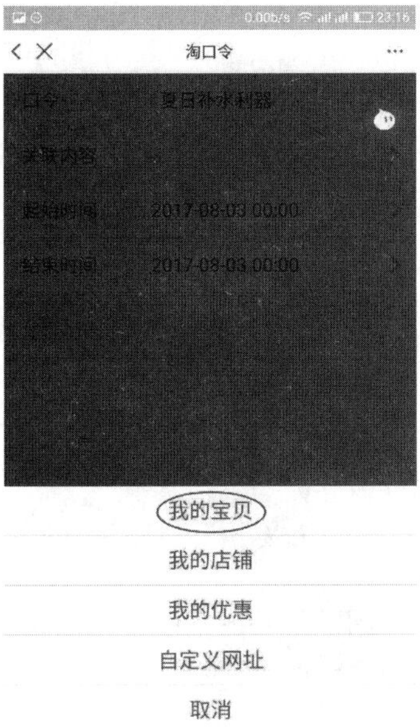

图 7－61　选择关联内容“我的宝贝”

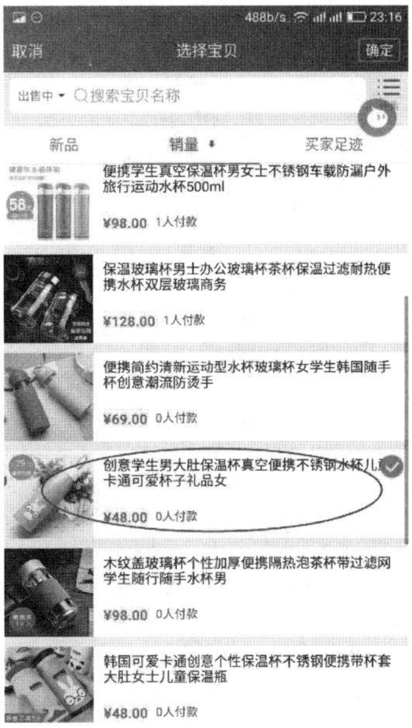

图 7－62　选择口令关联商品

图 7－63　设置口令时间

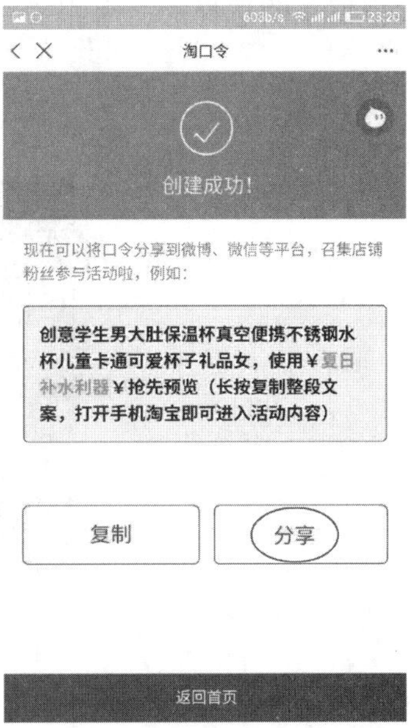

图 7－64　分享淘口令

同步实训

▶ 任务描述

小明的淘宝店铺为迎接开学销售旺季的到来，新上架了几款新品。他计划使用微海报的形式，在微信朋友圈进行新产品的宣传。小明选择了一款家居类型的微海报模板，请你帮助他设计一个微海报，宣传店铺新上架的产品。

产品图如下所示。

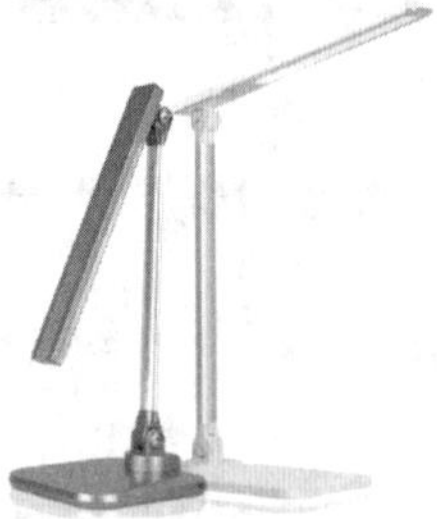

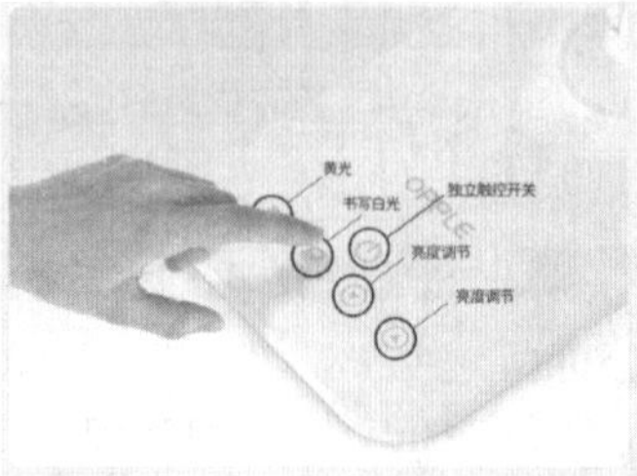

▶ 操作指南

请你根据小明选择的微海报模板，在预览区的右边填写台灯的相应信息。

预览区

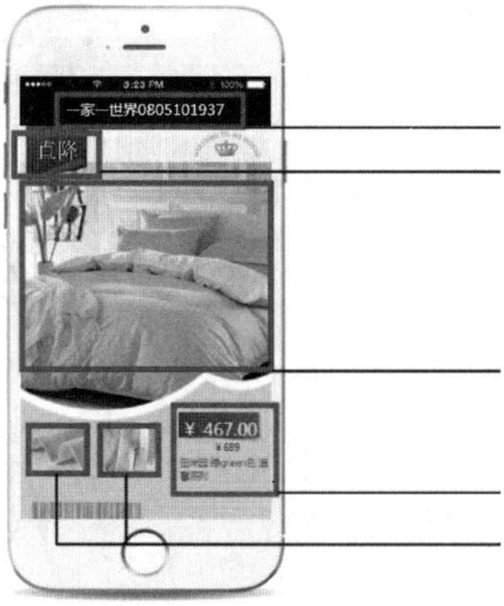

▶ 任务评价

评价内容	分值	评价		
		自我评价	小组评价	教师评价
标题新颖	20			
促销文字吸引眼球	20			
图片选择合理	20			
促销价格合理	20			
文案能引起共鸣	20			
合计	100			

情境总结

- 无线运营
  - 淘宝达人
    - 什么是淘宝达人
    - 达人与淘宝客的区别
    - 达人推广的展示渠道
    - 商家如何与达人合作
      - 商家入驻阿里V任务
      - 如何在阿里V任务平台找到达人合作
      - 如何查看、评估任务效果
  - 无线视频
    - 视频营销
    - 无线视频的作用及优势
    - 无线视频的投放位置
    - 无线视频的内容
  - 微淘营销
    - 什么是微淘
    - 买家微淘查看入口
    - 卖家微淘发布入口
    - 微淘发布形式
      - 发帖子
      - 发宝贝清单
      - 发跨店清单
      - 发图片
      - 发上新
      - 预上新
      - 发链接
      - 发视频
      - 发买家秀
  - 其他营销
    - 微海报
      - 什么是微海报
      - 微海报效果图
      - 微海报入口
    - 码上淘
    - 淘口令
    - 淘宝群聊
      - 什么是群聊
      - 创建群聊
    - 微海报、码上淘、淘口令的选择

基础训练

网店无线端活动推广方案

一、实训任务

针对“双十一”活动，制定无线端的推广方案。参加“双十一”活动的产品如下。

产品名称	图片	型号	颜色	成本价（元/台）	库存（台）	活动价格（元/台）
带闹钟护眼灯		F132	粉色　蓝色	75	5 400	139
儿童卡通灯	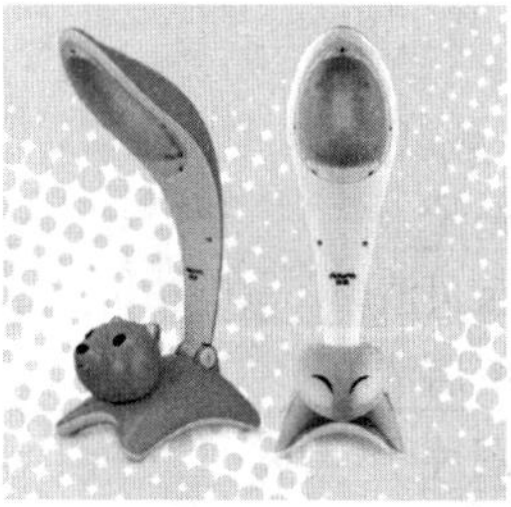	F131	粉色　蓝色	68	3 500	139
卡通护眼灯	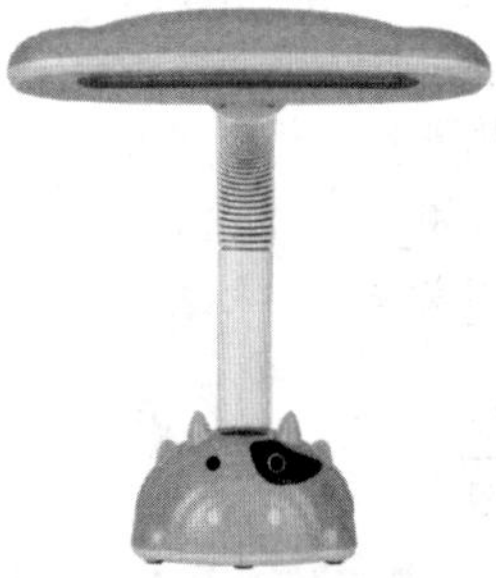	F130	绿色　黄色	56	1 500	118
折叠 LED 护眼灯	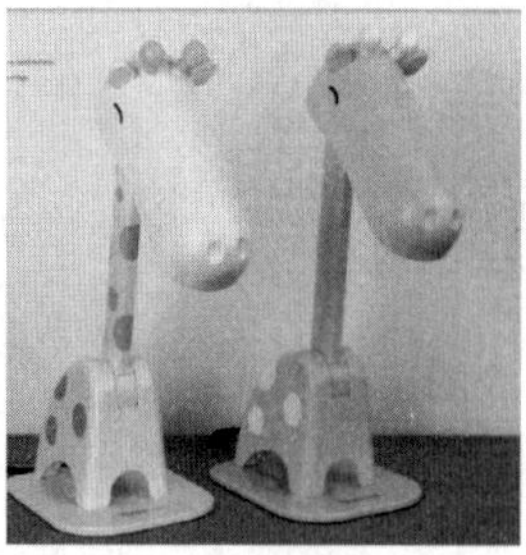	F133	黄色　白色	99	3 500	199

二、任务实施

1. “双十一”活动分析

活动名称	活动内容	目标流量

2. 无线端推广工具选择

无线端推广工具	推广渠道	是否采用	具体内容
淘宝达人			
微淘			
微海报			
码上淘			
淘口令			
淘宝群聊			

3. 引流效果分析

无线端推广工具	推广效果	改进调整措施
淘宝达人		
微淘		
微海报		
码上淘		
淘口令		
淘宝群聊		

三、任务评价

评价内容	分值	评价		
		自我评价	小组评价	教师评价
“双十一”推广活动目标设定合理	25			
无线端推广工具选择正确	25			
推广渠道选择合理	25			
推广效果明显	25			
合计	100			

拓展训练

请你从淘宝达人、无线视频、微淘营销、其他营销等方面为自己的店铺做一个无线推广计划。

学习情境八

运营实例

情境介绍

小忠是一家电器公司的销售部主管，公司主要开发销售电磁炉、电热水壶、电陶炉、电压力锅、电饭煲等系列产品。公司决定建立电子商务部，由小忠担任电子商务部主管，带领团队开拓网络市场。

学习目标

▶ 知识目标

1. 掌握店铺数据分析的知识
2. 了解运营计划制订的流程

▶ 技能目标

1. 掌握店铺优化的技能
2. 能够独立报名参加活动

任务一　运营计划制订

一、前期市场分析

1. 订购生e经店铺数据分析

小忠虽然有多年的线下销售经验，但是对网络市场却不是很熟悉，于是他从服务市场订购了生 e 经店铺数据分析，如图 8－1 所示。

图 8－1　生 e 经店铺数据分析

2. 竞争对手分析

很多线下企业认为：这款产品我们线下卖得很好，直接放到网上一样可以火。这种“搬运模式”结果往往事与愿违。在没有竞争对手的领域或许可以，但线上的竞争是海量的、跨地域的，必须找到竞品，分析同行产品的功能、特点，找到自己的优势、劣势。

3. 确定主推款

小忠分析了市面上主流品牌热卖商品的优缺点后，挑选了两款不同功能的电磁炉，如图 8－2、图 8－3 所示。这两款产品的特点是大功率，用火均匀。

图 8－2　3 000 瓦凹面电磁炉

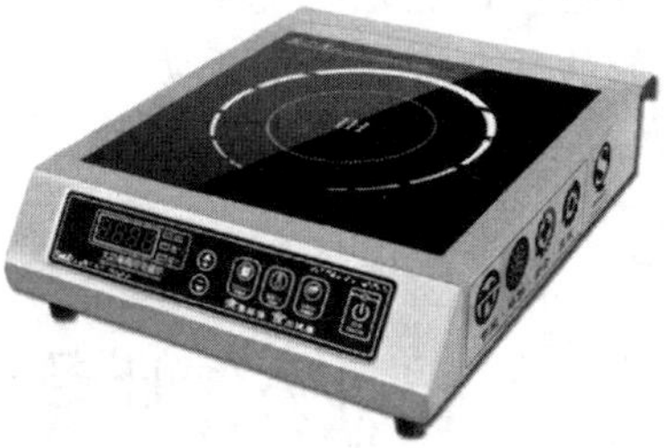

图 8－3　3 500 瓦凹面电磁炉

4. 定位价格

从生 e 经的宝贝价格分析来看，市场上的电磁炉价格高低不等，而售价 300～400 元的电磁炉销量最多，如图 8－4 所示。

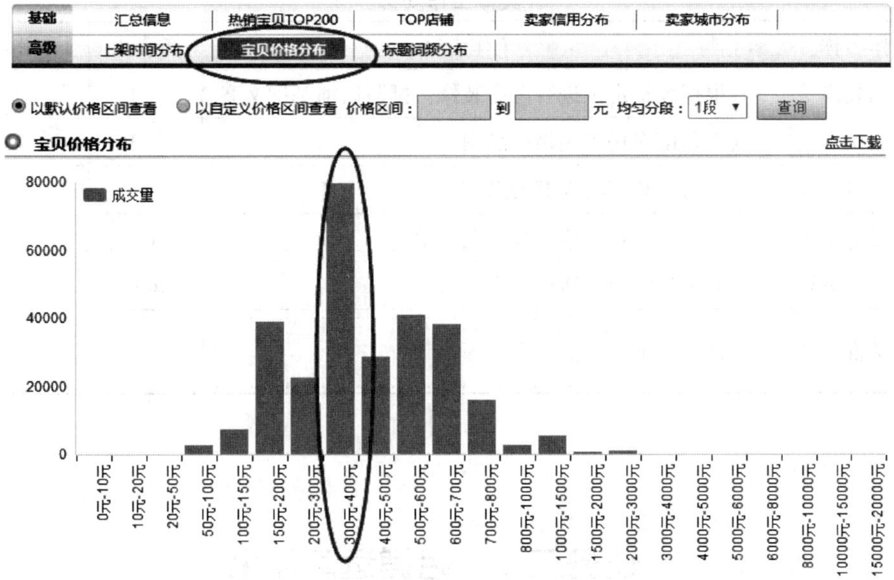

图 8－4　宝贝价格分布

小忠最终确定 PS-30 3 000 瓦凹面电磁炉的定价为 298 元，30 元的优惠券，最终到手价为 268 元，这款产品不赚钱，价格比较有优势，所以作为引流款；GX-35 3 500 瓦凹面电磁炉定价为 508 元，50 元的优惠券，最终到手价为 458 元，这款大功率的电磁炉在市场上比较少，款式比较有优势，所以作为利润款。

二、团队建立

前期团队不需要太多的人员，主要工作还是运营和美工的工作，所以前期的团队人员安排如图 8－5 所示，后期根据需要增加。

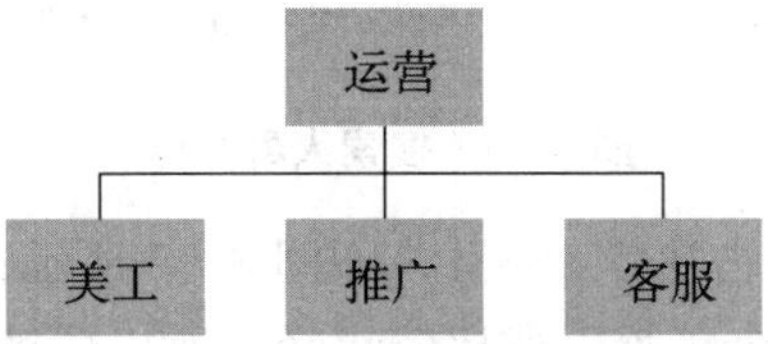

图 8－5　团队人员安排

（1）运营 1 人：制定团队目标与计划，对店铺、产品、装修进行定位，并协调各岗位完成工作任务。

（2）美工 1 人：根据风格定位进行全店装修。

（3）推广 1 人：为每一款产品挖掘卖点，撰写营销文案。

（4）客服 1 人：接待客户，处理售前售后问题并且打单发货。

三、具体工作安排

具体工作安排见表 8－1。

表 8-1　　具体工作安排

工作名称	工作内容	负责人	完成时间
店铺装修	根据风格定位进行全店装修，撰写店铺基础文案	美工	20 天
产品摄影	多角度多场景拍摄产品图	美工	4 天
产品卖点发掘	为每一款产品发掘卖点	推广	5 天
产品上架	产品分类，上传图片，上架销售	客服	2 天
营销活动策划	制定店铺营销活动方案	运营	3 天
营销推广	站内外推广、活动报名等	推广	长期

任务二　店铺运营优化

一、店铺装修优化

在对店铺进行装修优化之前，先搜索人群画像，如图 8-6 所示。

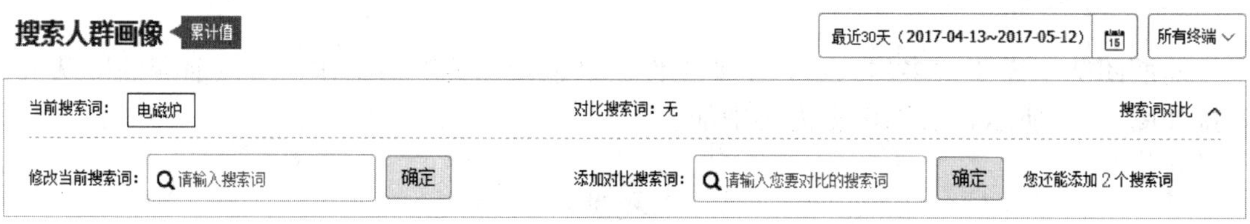

图 8-6　搜索人群画像

搜索结果显示，男性购买占比 55.98%，如图 8-7 所示；年龄主要分布在 18～30 岁，如图 8-8 所示。18～30 岁这个年龄人群比较年轻，所以店铺风格设计得自由、有趣一些，这样比较容易吸引眼球。

图 8-7　性别占比

年龄分布

年龄	搜索点击人气	搜索点击人数占比
18~25岁	36 792	46.70%
26~30岁	27 361	28.36%
31~35岁	15 671	11.21%
36~40岁	9 953	5.33%
41~50岁	11 065	6.33%
51岁以上	5 552	2.07%

图 8-8 年龄分布

1. 首页定位

首页装修风格模板如图 8-9 所示，主色调是白色调，用渐变色增加层次感，其他颜色不超过 3 种。

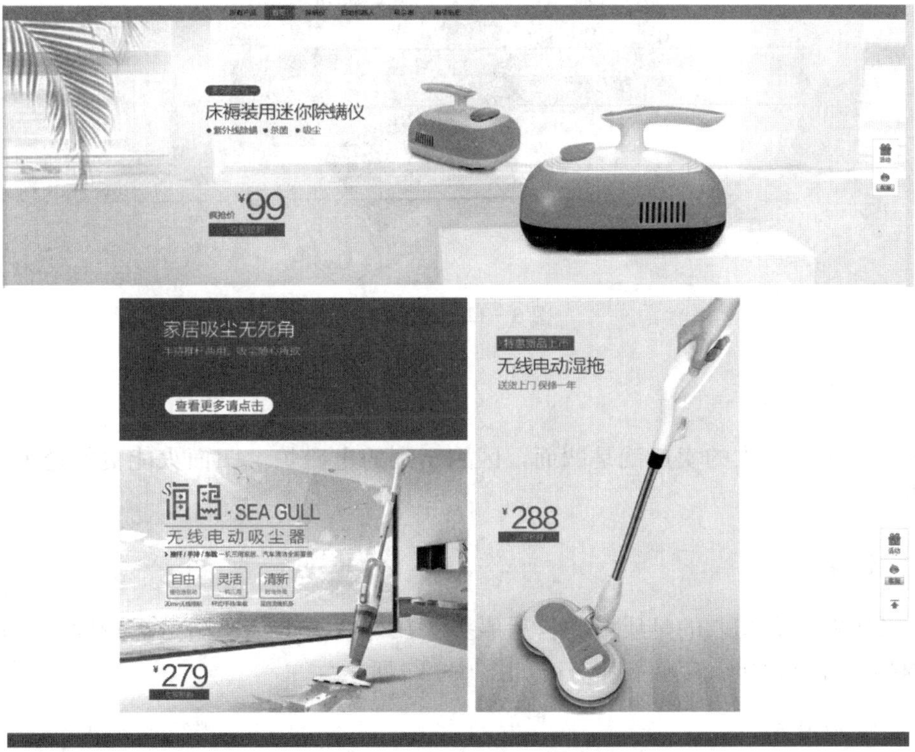

图 8-9 首页装修风格模板

2. 产品图片拍摄

前期筹备工作之一就是拍摄，选择专业的拍摄公司对产品进行拍摄，按要求拍摄以下三种图片：

（1）场景图，即在特定场景下拍摄的图片，不同产品的场景各不相同，如图 8－10 所示。

（2）单品图，即产品置于单一画布前拍摄的图片，如图 8－11 所示。

（3）细节图，即对产品特别之处所拍的特写，可以从前两种图片中截取，也可以单独拍摄，如图 8－12 所示。

图 8－10　场景图

图 8－11　单品图

图 8－12　细节图

3. 挖掘产品卖点

这两款电磁炉最大的卖点就是凹面，区别于别的电磁炉，凹面火能更好地覆盖锅底，加热更全面。

4. 售后保证

网上买商品，最担心的是质量和售后服务。在详情页上注明赠送运费险，支持 15 天无理由退换，并且提供一年换新服务，如图 8－13 所示。

5. 无线端装修

无线首页由店招、海报、分类入口、优惠券、单品展示等部分组成。第一模块的位置，利用无线即时效应，展示主推产品凹面电磁炉海报，如图 8－14 所示。接下来是无线端活动展示＋产品推荐，再用优惠券吸引买家。总的原则就是以新品展示为主、人气产品展示为辅的形式呈现。

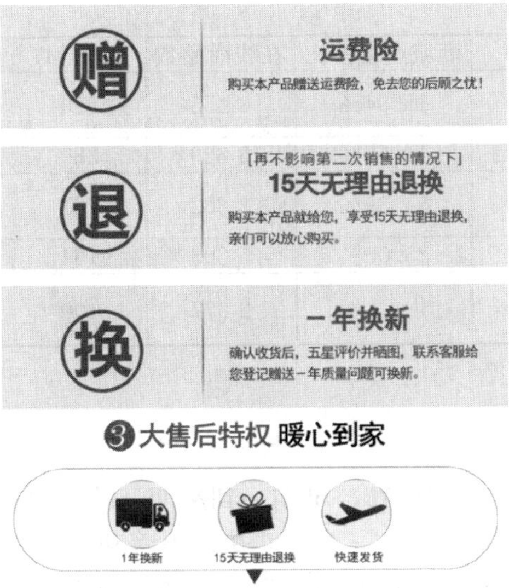

图 8-13　售后保证

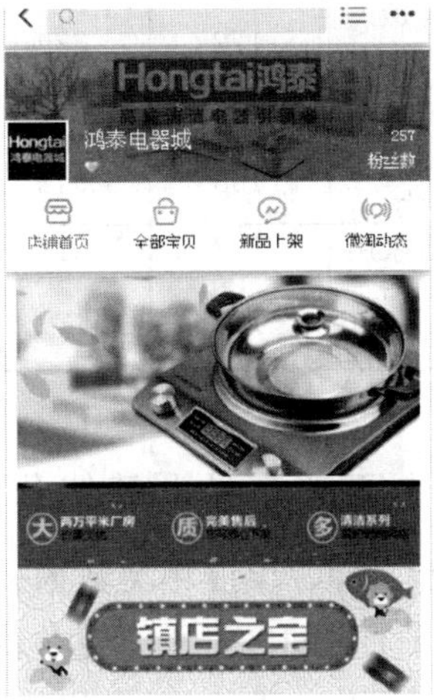

图 8-14　无线端装修

6. 主图优化

主图采用大品牌的精美风格，用黑色做背景，突显产品的高端，把赠品、优惠券等信息突出显示，如图 8-15 所示。

图 8-15　主图优化

二、标题优化

表 8-2 中的数据显示，电磁炉的搜索人气为 21 219，在线竞争的商品数为883 269，可以说竞争非常激烈，而凹面电磁炉的搜索人气只有 1 037，在线竞争的商品数只有17 769，所以为了避开和大品牌竞争对手的竞争，根据电磁炉的特点，决定采用的标题为：GNIES/格妮思正品智能商用凹灶家用 3 000W 大功率爆炒菜凹面电磁炉。

表 8-2　数据分析

关键词	搜索人气	搜索热度	点击率	商城点击占比	在线商品数	点击热度	支付转化率
电磁炉	21 219	57 669	62.72%	77.48%	883 269	43 845	13.17%
凹面电磁炉	1 037	2 998	107.78%	28.49%	17 769	3 146	7.80%
凹面电磁炉家用	408	1 335	105.88%	13.89%	5 693	1 388	6.67%
电磁炉凹面	365	999	105.06%	41.18%	17 769	1 034	3.57%
电磁炉 3 000W	346	979	79.19%	39.42%	4 905	833	19.35%

续前表

关键词	搜索人气	搜索热度	点击率	商城点击占比	在线商品数	点击热度	支付转化率
凹面电磁炉家用爆炒	172	389	143.75%	15.94%	3 455	510	7.69%
商用电磁炉凹面	164	326	126.32%	14.58%	15 829	389	
凹面电磁炉家用凹灶	138	642	120.00%	54.39%	3 882	731	30.00%
电磁炉凹面家用	138	213	72.73%	25.00%	5 693	164	25.00%
凹面电磁炉特价家用	119	129	75.00%		2 977	100	

三、上下架产品调整优化

利用生 e 经，生成相关数据表。从表 8-3 中可知，星期一到星期日的 0～23 时的时间段中，有 6 个时间段是没有竞争商品上架的；从表 8-4 中可知，周六和周日的热卖宝贝数量相对比较少，所以确定 3 000 瓦电磁炉上架时间为周六晚上 19 时，3 500 瓦电磁炉上架时间为星期日晚上 20 时，尽可能避开了竞争对手。

表 8-3　上架时段数据

	0时	1时	2时	3时	4时	5时	6时	7时	8时	9时	10时	11时	12时	13时	14时	15时	16时	17时	18时	19时	20时	21时	22时	23时
周一	1	0	0	0	0	0	0	1	0	1	3	3	1	2	1	3	5	0	3	0	1	3	1	1
周二	1	0	0	0	0	0	1	0	1	5	5	3	1	3	5	3	4	4	2	0	1	2	1	0
周三	1	0	0	0	0	0	1	0	0	4	1	5	1	1	2	1	1	0	2	0	1	2	1	0
周四	2	0	0	0	0	0	0	2	1	2	4	2	2	2	5	1	1	1	1	0	2	1	1	2
周五	1	0	0	0	0	0	0	0	0	4	1	3	0	3	1	3	2	3	2	2	2	0	1	0
周六	0	0	0	0	0	0	0	0	1	0	0	1	2	1	2	3	2	2	2	0	0	3	3	2
周日	1	1	0	0	0	0	0	0	0	1	2	2	0	0	3	0	1	4	2	0	0	3	0	0

表 8-4　上架周段和销售数据

上架周段	成交量	销售额	热卖宝贝数量
周一	32785	16160466.25	30
周二	39283	19586178	42
周三	21863	7892858	24
周四	137930	69241749	32
周五	16996	6262393	28
周六	18714	6774068.3	24
周日	21890	9868466	20

任务三　站内外推广

店铺上线后，每日的访客比较少，数据如图 8－16 所示，销量也不太稳定，这个时候应该怎么办呢？这个时候就要进行推广，可以选择以下几种推广方式。

图 8－16　每日访客数据

一、淘金币

首先进行了全店 2％淘金币的设置，然后针对部分利润比较高的款，另外设置了5％～10％的淘宝币，并且参加了一次淘金币的 5 折兑换活动。

二、微淘

发微淘一定不能少，从微淘的数据来看，其展示曝光量在不断增加。

三、手机专享价

利用无线客户运营平台的客户分析，针对收藏本店铺的客户进行智能营销，制作了专享价格。

四、直通车

从生意参谋的数据来看，3 000 瓦凹面电磁炉的访客数最高，并且有 32 个加购和 27 人收藏，如图 8－17 所示，所以决定用直通车推广 3 000 瓦凹面电磁炉。投放地域避开新疆、西藏、内蒙古等比较偏远的地区，如图 8－18 所示。

图 8－17　商品效果明细

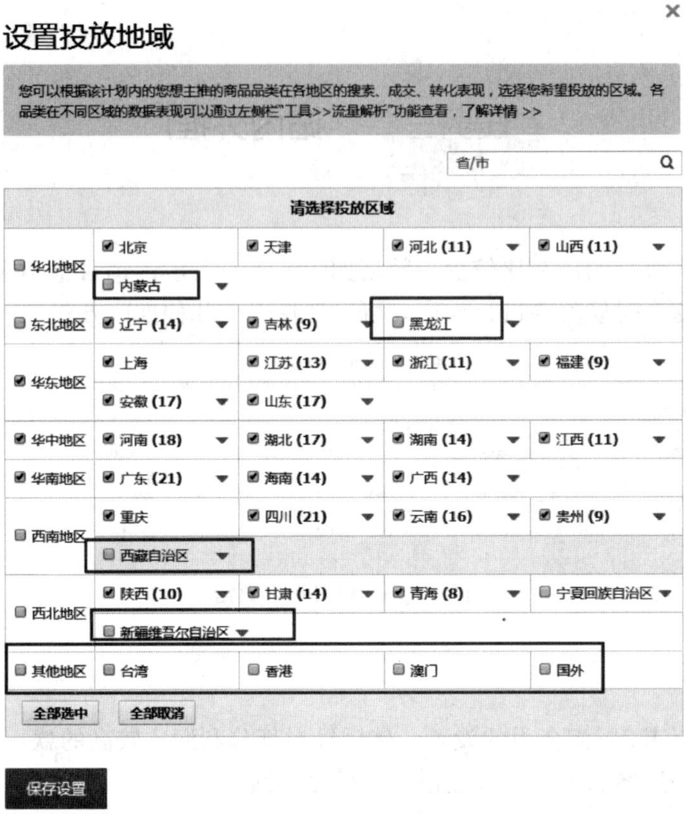

图 8-18　直通车投放地域

参考文献

[1] 阿里巴巴商学院．电商运营．北京：电子工业出版社，2017.

[2] 王利锋．网店运营实务（第2版）．北京：人民邮电出版社，2017.

[3] 段文忠，王邦元．网店运营实务（第2版）．合肥：中国科学技术大学出版社，2016.

[4] 陈志轩，欧丹丽，张运建．淘宝网店运营全能一本通．北京：人民邮电出版社，2017.

图书在版编目（CIP）数据

网店运营/庄标英主编．—北京：中国人民大学出版社，2018．8
教育部中等职业教育专业技能课立项教材
ISBN 978-7-300-25955-0

Ⅰ．①网… Ⅱ．①庄… Ⅲ．①电子商务-商业经营-中等专业学校-教材 Ⅳ．①F713．36

中国版本图书馆 CIP 数据核字（2018）第 139692 号

“十三五”职业教育国家规划教材
教育部中等职业教育专业技能课立项教材
中等职业教育实战型电子商务规划教材

网店运营

主　编　庄标英
副主编　吴小玲　董凤愿　梁敏婷
参　编　段云璐　简三秀　梁小敏　刘　敏
　　　　马伟霞　许云宋　张少瑜　钟建珍

Wangdian Yunying

出版发行	中国人民大学出版社		
社　址	北京中关村大街 31 号	**邮政编码**	100080
电　话	010－62511242（总编室）		010－62511770（质管部）
	010－82501766（邮购部）		010－62514148（门市部）
	010－62515195（发行公司）		010－62515275（盗版举报）
网　址	http://www.crup.com.cn		
经　销	新华书店		
印　刷	山东百润本色印刷有限公司		
规　格	185mm×260mm　16 开本	**版　次**	2018 年 8 月第 1 版
印　张	21	**印　次**	2023 年 1 月第 8 次印刷
字　数	505 000	**定　价**	39.00 元